中國近北極民族研究

题

近北极民族研究丛书

编委会

主　编　曲　枫

编委会成员（按姓氏音译排列）

白　兰　崔向东　范　可　高丙中　郭淑云

何　群　林　航　刘晓春　纳日碧力戈

潘守永　祁进玉　曲　枫　色　音　汤惠生

唐　戈　许永杰　杨　林　张小军

近北极民族研究丛书

主编 曲枫

近北极及其他地区土著民族与小民族生存发展问题研究

何群｜编著

上海三联书店

国家社科基金重点项目"爱斯基摩史前史与考古学研究"

（项目编号：18AkG001）阶段性成果

近北极民族研究丛书总序

依据地理学理论,北极地区指北极圈(北纬66°34′)以北至北极点之间的广大区域。然而,从文化的一般性表述来说,北极概念又往往超出这一范围,这是因为它不单单是一个地缘概念,还包含生态性、历史性和文化性因素在内的文化地理意义。首先,北极并非是静止的地理板块,其苔原与针叶林的界线在历史上随气温的变暖或变冷上下波动,北极人类历史上处于不断地流动与迁徙过程之中,其文化生态一直处于变化和非稳定状态。其次,北极人类与环境生态之间的互动有上万年的时间,北极文化生态体现了人类对寒冷环境的高度适应性。其三,在对特殊环境的适应中,北极人类形成了独特的生计方式与民族文化。

据约翰·霍菲克尔的《北极史前史》①,人类在7000年至15000年之间开始在北极地区定居、繁衍生息,渐渐形成了今天的北极民族。当今北极民族包括北欧的萨米人(Saami),阿拉斯加、加拿大和格陵兰岛的因纽特-阿留申人(Inuit-Aleut),阿拉斯加与加拿大的印第安人以及俄罗斯西伯利亚的数十个原住民集团。引人注意的是,与俄罗斯、蒙古交界的中国北方少数民族与以上所述北极民族在生存环境、生态系统、生计方式、生存策略、艺术与物质文化、仪式信仰等诸多方面都有着强烈的相似性,其中许多民族本身还属于跨境民族,与西伯利亚高纬度

---

① 〔美〕约翰·霍菲克尔:《北极史前史》,北京:社会科学文献出版社,2020年,第10页。本书是聊城大学北冰洋研究中心"北冰洋译丛"系列推出的第一本译作。

地区以及该区域民族有着密不可分的历史关系。由于国际社会对北极国家的认定仍然采用地理学概念,中国政府于 2018 年 1 月颁发的《中国的北极政策》白皮书中将我国定义为"近北极国家"。按照这一表述,我们有理由将有关的中国北方少数民族称为"中国近北极民族"。这一概念强调北极的文化概念,将中国近北极民族视为北极文化圈的重要组成部分。同时,这一概念的建立可以帮助我们将对上述中国境内民族文化的研究纳入到国际北极原住民研究的大框架中,从而构成中国在北极人文社会科学研究方面与世界对话的基础。

北极圈之内的陆地大体为苔原覆盖,而苔原与其南端泰加(taiga)针叶林的交界线基本在北纬 66 度线上下波动。环境意义上的北极既包括以苔原为特征的生态系统,也包括以泰加林为特征的次北极(subarctic)生态区域。北极与次北极生态系统以永久冻土(permafrost)、低温、冰川(glaciers)、特有的动物群(包括陆地和海洋动物)和植物群为特征。这些环境特征构成了北极民族生存的生态情境与地理景观。

北极民族的生计方式主要有三种。一是海猎,是俄罗斯楚克奇半岛、阿拉斯加、加拿大和格陵兰的爱斯基摩人(包括阿留申人)的传统生计方式。二是驯鹿放牧。驯鹿民族全部生存在欧亚大陆上,包括西伯利亚东北部的内地楚克奇人和内地科里亚克人,北欧斯堪的纳维亚半岛北部的萨米人,以及大陆中部的埃文人(Even)、埃文基人(Evenki)、涅涅茨人(Nenets)以及北方雅库特人(Yakut)等。三是人类历史上最古老的采集 - 渔猎经济。此外,一些北极民族如布里亚特人(Buryak)和雅库特人等还从事半定居的游牧业,放养的动物为牛、马、鹿等。引人注意的是,所有的北极民族都有着或轻或重的狩猎和捕鱼经济成份,这是他们适应北极环境的重要生计特征。

中国北方少数民族如达斡尔、鄂伦春、鄂温克、赫哲、满族、锡伯族、布里亚特等民族生存在属于次北极生态系统的泰加林以及森林边缘地带,不仅在生存环境上与北极民族类似,在生计策略上与上述北极民族也极为一致。如中国鄂温克人与俄罗斯境内埃文基人同族,传统上同萨米人、楚克奇人、埃文人、涅涅茨人一样以牧养驯鹿为文化特色。至今,敖鲁古雅的使鹿鄂温克人仍然饲养驯鹿,他们在大兴安岭地区的放牧历史已达 300 年之久。鄂伦春族在历史上也牧养驯鹿,17 世纪中叶迁至黑龙江南岸后因新的居住环境缺乏苔藓而放弃驯鹿,改以狩猎为主要生计。在鄂伦春语言中,"鄂伦春"一词即包含两种含义,一种为"山岭上的人们",另一种为"使用驯鹿的人"。

赫哲族与俄罗斯境内的那乃人同为一族,主要分布在黑龙江、松花江与乌苏里江的交汇之处,即三江平原,以及完达山余脉。传统经济依赖捕鱼与狩猎、饮食以鱼肉、兽肉及采集的野生植物为主。赫哲人喜穿鱼皮服饰,以桦皮船为夏季捕鱼用交通工具,冬季则使用狗拉雪橇旅行,其水猎生计方式、鱼皮文化与爱斯基摩文化有许多相似之处,体现了在高纬度寒冷环境中的适应性生存智慧。达斡尔族也是中、俄跨境民族,生存环境为森林边缘的林地草原地带,传统上依赖农牧渔猎多元混合经济,由于森林生态恶化,现以农业经济为主。其经济方式的变迁轨迹与西伯利亚的南部雅库特人有很多相似之处。居住于内蒙古呼伦贝尔的布里亚特人属于中、俄、蒙三国跨境民族,虽然其生计以畜牧经济为主,但同时有着鲜明的与北极民族一致的狩猎文化特点。

中国近北极民族的社会组织与北极民族一样,以氏族社会为特征。如史禄国在研究通古斯社会组织所阐述的那样:"氏族是一种社会形态,没有这种社会形态,保持通古斯自己复合的通古斯氏族单位就不能存在,因为它形成了整个通古斯社会组织的基础,并由自我繁衍和生物学要求而体现出来"。[1] 无庸置疑,氏族组织是北极民族与狩猎、游牧等生计方式与文化生态相适应的结果。此外,中国近北极民族与北极民族的传统信仰为萨满教,其神灵系统、仪式特征、萨满产生方式、萨满教社会功能等诸方面均有高度的一致性。中国近北极民族的萨满教信仰显然是西伯利亚-北极萨满文化圈中不可分割的一部分。

中国北方民族与北极民族在文化、社会组织与宗教艺术传统等方面的一致性已引起了有关中国学者的强烈关注。内蒙古社会科学院的白兰研究员在多次会议演讲中,极力主张将鄂伦春与鄂温克族称为"泛

---

[1] 史禄国:《北方通古斯的社会组织》,呼和浩特:内蒙古人民出版社,1985 年,第 184 页。

北极民族"。如她在 2019 年 12 月于黑龙江大学召开的"首届东北亚社会文化论坛"上发言所说:"我们在研究通古斯诸集团时,从接壤的地缘、类似的文化模式、相近的体质特质,可以互通的语言选择,就以学术的视野俯瞰和贯穿了中国置身北极地区的必然——我们以文化与北极相连。2008 年,中国敖鲁古雅使鹿鄂温克加入世界驯鹿养殖者协会(这是北极理事会中的三个非政府组织之一)。我们的文化优势是敬畏自然而遵从自然,这是泛北极地区诸族,包括中国的鄂伦春族、鄂温克族、赫哲族等共同的文化理念,在北极治理中有着与工业文明不一样的独特方式。"[1]黑龙江大学唐戈教授也在近期发表的论文中提到:"北极地区原住民文化包括渔猎、饲养驯鹿、生食动物(特别是内脏)、圆锥形帐篷、小集群(相比农业社会的村庄)和游动性、萨满教等多个基本特点。那么在中国,与这种文化最接近的民族就是鄂伦春族、赫哲族和一部分鄂温克族,其中鄂温克族又包括驯鹿鄂温克人和一部分索伦鄂温克人。"[2]

中国近北极民族历史上一直处于迁徙流动之中,与西伯利亚高纬度地区以及该区域民族有着密不可分的历史关系。因而,中国近北极民族的历史构成了西伯利亚北极民族历史不可分割的组成部分。鄂伦春人、鄂温克人、赫哲人与俄罗斯境内的埃文基人、那乃人同属北通古斯语族集团,主要居住在叶尼赛河、勒拿河和黑龙江三大流域。史禄国认为,尽管北通古斯人居住地域辽阔且居住分散,但他们所有的方言都有着密切的联系,因而很可能有着共同的起源。[3]

综上所述,将中国近北极民族研究纳入到北极文化研究的大框架中是十分有必要的,这样可以使我们得以在国际视角中考察中国近北极文化。文化特殊性存在于世界的各个角落,但是没有独立于国际学术领域之外的特色研究。无论是本土化的人类学还是民族学,它们都

① 白兰:《他者我者的鄂伦春一百年——围绕史禄国〈北方通古斯的社会组织〉而论》,2019年 12 月 21 日"首届东北亚社会文化论坛"发言稿。
② 唐戈:《中国近北极民族北方通古斯人及其文化变迁》,《北冰洋研究》集刊第一辑,北京:社会科学文献出版社,2019 年,第 122—123 页。
③ 史禄国:《北方通古斯的社会组织》,呼和浩特:内蒙古人民出版社,1985 年,第 221 页。

应该是世界性学术建构的组成部分。既然我们将中国近北极民族研究与国际上的北极民族研究连接,我们必须意识到,中国的人文社会科学知识生产应该是国际知识体系中必不可少的部分。基于这一思考,聊城大学北冰洋研究中心计划与上海三联书店合作推出"近北极民族研究丛书"。

聊城大学北冰洋研究中心是目前国内唯一的以北极人文社会科学为研究对象的学术机构,于2018年3月在时任校长蔡先金先生的大力支持下成立。成立之后,中心很快建立起一支由国际、国内学者组成的研究团队,与国际上多家北极研究机构建立了学术合作关系。中心研究人员代表聊城大学多次参加国际上的各种学术活动,中心已成为国际北极研究领域的重要力量。2020年2月,中心代表聊城大学加入国际北极大学联盟。

中心于2019年始创办了《北冰洋研究》集刊,同时与社会科学文献出版社合作推出"北冰洋译丛"出版系列。以上成果与即将出版的"近北极民族研究"丛书一起必将为中国与国际社会在北极研究上的合作贡献力量。

感谢上海三联书店对这一出版计划的全力支持。感谢付出辛勤劳动的丛书编委会成员、各位作者、各位编辑。中国北极人文社会科学学术史将铭记他们的开拓性贡献和筚路蓝缕之功。

蔡先金先生虽已调离聊城大学至山东省政府重要岗位上任职,仍时时关心北冰洋研究中心的建设与发展。在得知"近北极民族研究"丛书出版事宜之后,先生应邀欣然为丛书题字。我们在此深致谢忱。

曲 枫

2020年6月26日

于聊城大学北冰洋研究中心

目 录

一、 中国大小兴安岭地区土著民族与 小民族生存发展问题研究

二、 俄罗斯等地土著民族与小民族生存发展问题研究

三、 美国等地土著民族与小民族生存发展问题研究

附　录

前　言

自 1997 年以来,本人除侧重民族社会学与内蒙古社会的探索,很大部分精力放在环境与小民族生存、发展问题研究上,其经历和成果集中体现于博士论文、博士后出站报告,以及所主持、完成的项目。2011年至 2012 年在俄罗斯莫斯科大学留学也将环境与小民族关系作为研究重点之一,希望通过中俄比较研究进一步把握、澄清这一关系。在俄期间有幸赴俄罗斯中西伯利亚、萨彦岭南麓延伸地带驯鹿图瓦人社会进行了实地调查。[①]

博士论文的思考、写作,使笔者深感意犹未尽,遂择所搜集参考文献、资料编辑整理成书,并将读博期间练笔之作若干纳入其中,编著于2006 年 5 月以书名《土著民族与小民族生存发展问题研究》(中央民族大学出版社)问世。此书有幸得到北京大学国际关系学院教授、我国著名非洲研究专家李安山先生惠赐以序,书的价值也得到小民族研究界及有关学科的广泛关注、认可。《近北极及其他地区土著民族与小民族生存发展问题研究》作为该书"续编",将北极及次北极地区环境与小民族生存、发展问题作为议题和问题意识主线。这一启发和动议,也得益于笔者近年与聊城大学北冰洋研究中心——我国北冰洋地区社会、文

[①] 在俄期间有关研究及本次图瓦调查经历参见何群:《我看俄罗斯——一位女人类学者的亲历与思考》,北京:社科文献出版社,2018 年。

化研究劲旅的接触和交流。北极、北冰洋社会科学研究在国际上日益成为一门显学，并日益成为人类学、国际关系等多学科研究领域。2018年，我国政府颁布《中国的北极政策白皮书》，将中国定义为地缘上的"近北极国家"。我国境内北方民族在环境、文化、历史等方面与北欧、北美、俄罗斯西伯利亚、北冰洋地区民族存在诸多相似。鄂伦春、鄂温克、赫哲族等民族本身即属跨境民族，历史及现实社会生活中与俄罗斯西伯利亚、远东地区埃文基人、那乃人等一直存在着或多或少的联系，近二三十年这种联系呈现增多和密切的态势。包括北极及近北极地区小民族在内，因文化类型比较一致，在应对诸如现代化迅猛扩张、气候变化、生态危机、移民文化冲击等方面，世界范围内小民族面临的困境显示出很强的同质性。作为组成人类文化多样性不可替代的一员，小民族的前景、命运，无疑有必要给予持续关注，将小民族文化形态、文化演变，特别是小民族所遭遇和面临的生存、发展问题及原因的内幕给与揭示、昭示。因此，此书不仅对拓宽北冰洋研究视野、繁荣和推进中国近北极研究事业具有助益，同时也是对人类学核心精神（文化理解，搭建文化裂缝之间的桥）、原创性论题的坚守和推动。

本书按照书名"近北极及其他地区土著民族与小民族生存发展问题研究"理路，由"前言"、三十一篇论文、文章及附录构成。正文开辟"一、中国大小兴安岭地区土著民族与小民族生存发展问题研究"、"二、俄罗斯等地土著民族与小民族生存发展问题研究"、"三、美国等地土著民族与小民族生存发展问题研究"三个专题。其中"一、中国大小兴安岭地区土著民族与小民族生存发展问题研究"九篇为本人近年有关研究论文、访谈报告。作为小民族研究领域导引，也作为本书前身，或作为问题意识脉络、历史线索，本书在"前言"部分与"前言"并列，收入2006年出版《土著民族与小民族生存发展问题研究》（中央民族大学出版社）李安山教授的"代序"及编著者"前言"。

小民族、社会科学与人类文化（代序）[①]

李安山

  "小民族"，顾名思义，是人数少、力量小的民族，是"弱势群体"。[②]
我在这里要为小民族鼓与呼，主要想就三个问题谈谈自己的想法：他
们的处境、他们对社会科学的贡献以及他们对人类文化所起的作用。

  首先讲一件自己亲身经历的事情。1992 年，我正在多伦多大学历
史系攻读博士学位。为了准备我的博士论文"殖民主义统治与农村社
会反抗：对殖民时期加纳东部省的研究"，我从多伦多只身来到加纳，
进行实地考察并收集资料。加纳是位于西非的一个非常美丽的国家，
首都阿克拉更是具有典型滨海风光的城市。我当时住在我的师弟纳
纳·布鲁库姆（Nana Brukum）家里。一天，他的妻弟吉米（Jimmy）来
玩，他十分热情地邀请我去参观恩萨瓦姆（Nsawam）——一个曾经因
可可种植业而兴旺的小镇。我十分愉快地跟着他的车来到恩萨瓦姆。
小镇已经衰落，有"绿色黄金"之称的可可已失去了往日的辉煌。吉米
在当地的教会工作，这个教会成立于 20 世纪 40 年代。教会里各种设
备齐全，从抽水马桶到厨房内的电器设施应有尽有。教会还办了一个

---

  ① 此"代序"为尊敬的李安山教授应编著者邀请为《土著民族与小民族生存发展问题研究》
   （中央民族大学出版社，2006 年）。

  ② "国内学术界就'小民族'的定义的基本共识是'小'——是从人口少这一数量概念出发的，
   同时认为小民族具有大多居住在各省区的偏远地区，交通不便，教育与文化、经济设施落
   后等特点。"何群："地域意识行为与小民族发展——以鄂伦春族为例"，《西北民族研究》
   2001 年第 1 期，第 166—167 页。

帮助残疾儿童的自助中心。

我被邀请在教会用晚餐。一起吃饭的有六七个人,除两位在加纳从事传教工作的美国人(其中一位从1946年起就在这里工作)外,其余都是当地的神职人员。为了欢迎我,他们专门买了一瓶法国红葡萄酒。开始用餐前,一位年龄最大的非洲教士拿起酒瓶,准备斟酒。他打开酒瓶塞后,自己用嘴对着酒瓶喝了一口。见到这种场景,我十分诧异,心里想,这可不是咱们中国人的规矩啊!哪能不先让客人喝却自己喝将起来的?正当我在心中暗暗将自己民族的"礼貌"和恩萨瓦姆教士的"无礼"进行对比时,老人喝了一口后十分礼貌地对我说:"尊敬的客人,根据我们的传统,开瓶之后,先由主人尝一口,以保证酒里没有毒药。你已经看到了,酒是好的,没有毒。"说完,他首先给我斟酒。当时,我的心被深深地触动了。假如没有他后面所作的解释,我对这一场景的解读会完全不同。假如我将这种错误理解带回加拿大,再带回中国,在朋友们中间传播,留下的将是一个永远无法弥补的误会与遗憾。

当地的这种习俗如何形成不得而知,但可以肯定的是,当地的土著民族在历史上因喝酒吃过亏。这是上当受骗后总结出来的经验,并在后来待人接物的过程中用礼仪的形式固定下来。也许是先人在奴隶贸易期间因喝过生人的酒成为了被缚的奴隶(这种情况在西非海岸确实发生过)?或者是在殖民统治前期的绥靖过程中因贪杯而误中他人奸计?[1] 总之,这反映了酒与权力之间的一种微妙关系。可以说,在人类遭受殖民主义侵蚀的过程中,作为受害者的土著民族遭受的是一种难以名状的苦难。他们中很多被强者欺骗、愚弄、蹂躏。并非巧合,殖民主义盛行的19世纪正是人文社会科学的现代体制成型的世纪。

---

[1] 在位于西非的尼日利亚,奴隶出身的贾贾通过努力成为奥波博的土王,并垄断了当地的棕榈油贸易。1883年,英国领事休伊特向英国政府力陈将贾贾驱逐出境,但当时并未采取行动。1887年9月18日,贾贾收到一封来自英国代理领事约翰斯顿的信,邀请他到奥波博河畔一家英国商行的"商站"开会。来信写道"如果你明天参加会议,我立誓担保你能来去自由,决不食言"。贾贾与会后,英方在会上宣布为了奥波博的安宁,他必须离开奥波博。他被英舰押送到阿克拉,并死于他乡。[英]艾伦·伯恩斯著:《尼日利亚史》,上海师范大学翻译组译,上海:上海人民出版社,1974年,第222—230页。这是殖民时期非洲人受骗上当的典型事例。

这种成型不仅得益于古代理性的探讨精神和 17—18 世纪科学理想传播的社会环境,19 世纪出现的实证科学、博爱精神和进化观点也为社会科学的形成提供了思想基础。现代社会科学的成形以 19 世纪历史学、经济学、社会学、政治学、人类学(还加上东方学)的学科化、制度化、独立性和国际化为标志。然而,新学科产生的一个重要条件是殖民主义的扩张和现实政治的需要。我们知道,人类学(民族学)之所以能够赶上学科成形的第一班车,这在相当程度上得益于殖民主义统治的需要。当然,我们并不是说人类学的产生是殖民扩张和领土占领的产物,而是想强调,人类学产生于殖民主义的大环境,这是难以否认的。[①] 值得庆幸的是,现代人类学家正在日益摆脱这种殖民遗产,他们或为解决社会面临的实际问题而努力,或不断探求人类发展的基本规律。中国学者已经有所表现:费孝通先生抱着"志在富民"的精神考察城乡结合部的功能以及李亦园先生研究台湾山地民族政策不仅是对决策起着直接指导作用的实践活动,也在社会科学研究方法论上有着重要的开拓意义;而费老提出的"美人之美"的境界和李亦园先生对文化观的诠释,则是他们在人类学更高层次上的理论升华。[②] 他们的学术活动从某种意义上赋予人类学以新生命。

"小民族"的确切含义是什么? 从目前使用的涵盖面而言,大致有狭义和广义之分。狭义主要指中国人数较少的民族。[③] 广义上,它包

[①] Jan van Bremen and Akitoshi Shimizu, ed. , *Anthropology and Colonialism in Asia and Oceania* , Curzon, 1999, p. 6. 关于两者的关系,还可参见 Talal Asad, *Anthropology and the Colonial Encounter* , New York, 1973。

[②] 费孝通、李亦园:"中国文化与新世纪的社会学人类学",许在全主编:《泉州文史研究》,北京:中国社会科学出版社,2004 年,第 1—20 页。原载《新华文摘》1999 年第 3 期。李亦园先生对人类学的贡献,参见曾玲:"李亦园教授与东南亚华人研究人类学的视野与方法",《华侨华人历史研究》2004 年第 1 期,第 60—68 页。

[③] 参见何群:"地域意识行为与小民族发展",表一,第 167 页。在中国,人数少于 10 万的小民族包括以下 22 个:撒拉族、毛南族、布朗族、塔吉克族、阿昌族、普米族、鄂温克族、怒族、京族、基诺族、德昂族、保安族、俄罗斯族、裕固族、乌孜别克族、门巴族、鄂伦春族、独龙族、塔塔尔族、赫哲族、高山族、珞巴族。2005 年 5 月 18 日温家宝总理主持的国务院常务会议原则通过《扶持人口较少民族发展规划(2005—2010 年)》。林昊:"中国力促人口较少民族现代化",《瞭望东方周刊》2005 年 6 月 2 日,第 18—21 页。

括"土著""原住民""初民"等群体。[①] 本论文集主要涉及的是广义的小民族,它们具有以下共同特点。

首先,他们都是真正意义上的"原住民"。[②] 小民族是其所生活地区最早定居的人,长期在这里生存繁衍,他们与世无争,与自然和谐共存。他们被人发现,被人观察,被人研究,被人关注,则是后来发生的事。其次,他们的人数相对较少。这或是因为其群体本身就小(如印度的安达曼人),或是因为被后来的强者剿灭(西南非洲的赫雷罗人被入侵的德国人杀害),或是因为缺乏免疫力而被入侵者带来的疾病所残害(如印第安人被西班牙殖民者所害),或是在发展过程中逐渐失去民族特征,被主体民族吸收或同化(这种情况更多)。再次,他们的生活与生产保持着一种古老而简单的方式(有的学者认为这是"原始"或"落后"的表现)。这主要是因为他们对自然的索取较少,破坏较少,正如一位现代印度人在形容居住在安达曼岛上的贾拉瓦人时所说的:"这些贾拉瓦人并不像我们那样自私和贪婪。""他们需要的是那么少——只稍能与他们的自然环境和谐共处就满足了。"[③]当然,这种民族所具有的文化是否如大部分人所说的"落后",值得商榷。

最重要也是最根本的特点是他们处于人类社会的边缘地区。这既是从地理位置而言,也是从政治权力而言,更是从社会发展而言。正因为他们处于地理的边缘地区,他们与其他人类共同体的交往较少,对人

---

① 国内有的学者将小民族与"第四世界"等同。"第四世界"最早出现在1970年代中期。它意思含混、涵盖面广泛,既可指原住民,如北极的爱斯基摩人、美洲的印地安人、澳大利亚的土著人、新西兰的毛利人以及撒哈拉以南的非洲人,也可包括那些未受到现代化或全球化侵染的地区或人类,甚至发达国家的棚户区或弱势群体也列为第四世界。在后一种意义上,它已不具有民族学的意义。G. Manuel and M. Posluns, *The Fourth World: An Indian Reality*, University of Minnesota Press, 1974; Leo Hamalian and Frederick R. Karl, ed., *The Fourth World: The Imprisoned, the Poor, the Sick, the Elderly and Underaged in America*, New York, 1976. 最新研究可参见 Anthony J. Hall, *The American Empire and the Fourth World*, McGill-Queen's University Press, 2004。

② 李亦园先生对在台湾使用"原住民"一词持保留意见,认为这一名称的采用"将形成新的族群紧张"。参见李亦园:《李亦园自选集》,上海:上海教育出版社,2002年,第33—34页。此处使用"原住民"属泛指。

③ R. 辛格:"弓箭比语言更能表达他们的仇恨——残存的安达曼岛民",《当代原始部落漫游》,刘达成、蔡家骐、李光照编译,天津:天津人民出版社,1982年,第25页。

类发展过程中的争斗、欺骗、暴力、战争的卷入相对较少,他们中相当一部分长期以来与自然的关系未受到或较少受到侵扰,其生产方式相对简单。正因为他们处于权力的边缘地区,从弱肉强食的现代标准来看,他们往往是弱者:既不构成对他人的威胁,也从来不为他人所重视,有时甚至不得不经受权力的任意蹂躏。正因为他们处于社会发展的边缘,他们往往成为被遗忘的人群:他们的处境堪忧,因为现代化的浪潮将他们卷来推去;他们的文化堪忧,因为遭到主流文化的冲击,他们的文化或被强势文化逐渐吞没,或遭遇着急剧变迁的命运;他们的生存堪忧,因为他们属于弱势群体,其传统生产方式已经没有或只有很小的施展余地,其简单朴素的生活方式也难以持续。

当然,社会科学家认为对他们的研究可以为人类的一些共同现象做出解释,因为他们几近原生形态,与自然最为贴近。从人类研究自身发展的学术史的角度看,小民族确实对社会科学做出了十分重要的贡献。

从人类探讨自身历史的角度看

小民族对社会科学的贡献之一是导致了人类学的产生。我们知道,人类学的产生与欧洲人的殖民活动有着密切的关系。在殖民征服过程中,欧洲人遇到了那些"野蛮的""原始的""落后的""闭塞的""未开化的""部落的"社会或民族,"对这些民族的研究构成了一个新的学科领域,称为人类学"。[1] 对婚姻家庭的探讨,对原始宗教的诠释,对行为方式的探索,对社会制度的研究,对初民心理的解读,基本上是通过对三大典型地区(撒哈拉以南非洲、美洲印第安人地区和大洋洲-新几内亚地区)的土著民族或小民族的实地考察后概括总结而来。由于这些人类学家多来自殖民宗主国,他们不仅在政治权力和经济状况上占据着明显的优势地位,在文化和社会心理上保持着"欧洲中心论"的观念,在社会交往和行为方式上也带着不可避免的主人意识。这使人们很难不对其研究的客观性提出置疑。

不容否认的是,正是这些探索和研究为人类解释自己的社会结构

---

① 华勒斯坦等:《开放社会科学》,北京:生活·读书·新知三联书店,1997 年,第 22 页。

和行为方式打下了基础。人类学以其特有的方法促进了它与其他学科特别是历史学的结合。一些历史学家深入实地考察，收集民俗传说以扩大史料范围，很多人类学家则开始重视历史进程，并从人类学的角度来撰写历史。以非洲研究为例。《19世纪的西非王国》一书的作者全部是人类学家，分别对豪萨人、约鲁巴人、阿散蒂人、莫西人、贡贾人等西非民族的王国和社会结构进行了分析。[①] 凡西纳对中非诸王国的研究、基玛姆博对佩尔人的研究、菲尔曼对香巴王国的研究和莫里斯对吉库尤族起源的探讨，都是以人类学的研究方法和以口头传说为资料完成的。加尔赖克和哈夫曼则利用口头传说证实了大津巴布韦是由绍纳人的祖先建造，并研究了其社会组织和宗教意义。牛津大学集体编写的《东非史》和《南非史》的不少作者也是人类学家。

从人类探讨自身方式的角度看

小民族对社会科学的贡献之二在于对传统研究方法的突破。受欧洲中心论的影响，学术界一般将书写文字的存在看作是定义"文明"的主要标志之一。[②] 正统学者认为社会科学特别是历史研究只能依靠文字记录。德国近代史学鼻祖兰克认为"文件愈多，研究愈精确，成果愈多"。法国近代正统史家兰格洛瓦和塞略波认为，"历史学家借助文件工作，文件是以前时代人们留下的思想和行动的痕迹"。英国史学家阿克顿认为，文件档案可以为历史学家提供一切。这种传统观念受到了两个方面的挑战。一为口头传说（oral tration），一为实地考察（field study，一译"田野调查"），均与小民族有关。

既然文字被认为是一个民族文明的重要标志，从事人类社会的科学研究所依赖的主要工具只能是文字。根据这种传统观念，对于无书写文字的小民族而言，其口头传说是没有任何研究意义的。然而，从1950年代始，一些社会科学家认识到，口头传说具有历史价值（这需要从两层意义上看：本身作为历史的口头传说和作为史料的口头传说）。

---

① Daryll Forde and P. M. Kaberry, ed. , *West African Kingdom in the Nineteenth Century*, Oxford University Press, 1967.

② 这方面的权威代表人物是戈登·柴尔德。Gordon Childe, *Social Evolution*, London, 1951, p. 161.

"具有历史学头脑的人类学家"埃文斯·普里恰德等人的支持和身体力行使口头传说开始被学者们作为可利用的资料。[1] 当然,让口头传说成为正统学术认可的资料确实经过了一番努力。以马林诺夫斯基为代表的功能学派认为口头传说是一种"历史的凭照",以证明目前社会、政治和经济制度的合法性。列维·斯特劳斯以后的结构主义学派则认为口头传说主要包括一些具有普遍象征意义的成分,它根据特定的思维模式构成,以表达人类最基本的价值观。历史学家则偏向于将口头传说作为史料。在用口头传说进行历史研究方面作出重大贡献的人类学家凡西纳认为,"口头传说是有意识地通过口头传下来的过去的证据"。[2] 几十年前,奥戈特、阿贾伊、迪克等在伦敦攻读博士学位的非洲学生为博士论文答辩煞费苦心,目的是为了使习惯于传统史料的学界同意将口头传说作为资料使用;[3]在历史学方法论更趋成熟的今天,一篇专论某一地区、社会或民族的学术论文,如果没有口头传说作为资料,则可能被认为是不完善的。受联合国教科文组织委托撰写《社会科学与人文科学研究主要趋势》中历史卷的英国历史学家巴勒克拉夫对口头传说这种新史料给予了充分的肯定。[4]

　　重视实地考察是小民族为社会科学研究方法论作出的另一大贡献。实地考察指"在社会科学中对一种文化或某些社会成员进行直接观察,有别于在实验室或在其他人为的条件下所作的研究"(《简明不列颠百科全书》)。虽然在 19 世纪已有人类学家(如博厄斯)对无文字社会(所谓的"未开化社会")的文化进行过实地考察,但实地考察的方法论意义是在 20 世纪确定的。新几内亚和美拉尼西亚的迈卢人(Mailu)使马林诺夫斯基及其调查报告为功能主义奠定了基础;苏丹的阿赞德

① David Henige, *Oral Historiography*, Longman, 1982, pp. 19–20.

② Jan Vansina, *Oral Tradition; A Study in Historical Methodology*, trans. by H. M. Wright, Routledge and Kegan Paul, 1965, pp. 19–20.

③ T. O. Ranger, "Towards a Usable African Past", Christoher Fyfe, ed. , *African Studies since 1945; A Tribute to Basil Davidson*, Longman, 1976, pp. 17–30.

④ Geoffrey Barraclough, *Main Trends in History*, Holmes & Mcier, 1978, p. 184. 口头传说也有其局限性,参见李安山:"国外对撒哈拉以南非洲古代史的研究(1960—1990)",《世界史研究动态》1991 年第 5 期,第 9 页。

人(Azande)和努埃尔人(Nuer)使埃文斯·普里恰德成为英国第一流的人类学家。南美洲的卡杜维奥人(Caduveo,一译卡都卫欧人)使列维·斯特劳斯认识到,"神圣与俗世之间的两者之间的对比,既没有有时候人们所断言的那么绝对,也没有那么持续不断"。[①] 在波洛洛人的男人会所的经历则使斯特劳斯意识到该会所的意义远非他想象的"只是社会生活与宗教生活的中心",它不但允许各个不同的制度之间相互影响,"同时也综述保证人与宇宙的关系,社会与超自然界的关系,生者与死者的关系"。[②] 这些观点构成了结构人类学的基础成分。同理,巴厘人教会了人类学家格尔兹正确理解宗教作为社会不平等的神圣化象征。巴厘人的斗鸡使他认识到:作为人类学家,只能从这种民族文化的文本集合体的当然拥有者的背后去解读,用一个通俗的警句来说,即"就什么说点什么"。[③] 这些理解成为象征或解释人类学的构成要素。可以毫不夸张地说,如果没有小民族的存在,社会科学研究中这两种方法的突破则成了无源之水,无本之木。

从人类探讨自身问题的角度看

小民族对社会科学的贡献之三在于为研究和解释人类的一些共同现象(如国家起源、战争问题、婚姻家庭、社会结构、宗教礼仪等)提供了基本条件,这一点已为学界公认。以战争为例:人类学家奥特伯恩曾对 50 个土著民族的政治制度进行研究,发现只有 4 个不存在军事组织,即铜色爱斯基摩人(Copper Eskimo)、多罗博人(Dorobo)、提科皮亚人(Tikopia)、托达人(Toda),而这 4 个政治共同体所在的地理位置都比较孤偏。这种地理位置使他们不受外界干扰,与其他民族少有来往。[④] 通过对这些土著民族的比较分析,他将战争起因分为以

---

① [法]列维·斯特劳斯:《忧郁的热带》,王志明译,北京:生活·读书·新知三联书店,2000年,第 212 页。

② [法]列维·斯特劳斯:《忧郁的热带》,王志明译,北京:生活·读书·新知三联书店,2000年,第 296—297 页。

③ [美]克利福德·格尔兹:《文化的解释》,纳日碧力戈等译,上海:上海人民出版社,1999年,第 196—218,507—511 页。

④ Andrew P. Vayda, *Feuding and Warfare*: *Selected Works of Keith F. Otterbein*, Science Publishers, 1994, pp. 44 – 45.

下几种：征服和纳贡、扩大疆土、掠夺、获取战利品和荣誉、报复、自卫等。[1] 专门以雅诺玛摩人（Yanomamö，一译"雅诺马莫人"）为个案研究的拿破仑·查格农则先后对雅诺玛摩人的战争原因提出过四种不同的解释：政治主权、女人、复仇和富饶土地。[2] 同样，关于国家起源的两种主要理论也得益于人类学家、民族学家和历史学家对分布于世界各地的土著部落或小民族的比较研究。"整合论"认为复杂的社会包含着不同组成部分，国家是作为协调和规范这些不同部分的整合机构。"冲突论"则认为国家机构是作为解决因经济分层引发的社会间冲突的一种强制机制而产生。[3] 综上所述，人类学的创立、新研究方法的引进与对早期人类社会现象的解释都得益于小民族的存在。

　　遗憾的是，小民族或土著民族至今一直充当一个固定的角色——被调查者，而调查者与被调查者、"这里"和"那里"、"文明"社会与"未开化"社会的地位并不平等。[4] "民族学是在两种环境中发展起来的，其背景永远是调查人与被调查人之间地位的不平等。这种不平等体现了

[1] Keith F. Otterbein, "The Anthropology of War", in John J. Honigmann, ed., *Handbook of Social and Cultural Anthropology*, Rand McNally & Co, 1973, pp. 923 - 958; Andrew P. Vayda, *Feuding and Warfare: Selected Works of Keith F. Otterbein*, pp. 33 - 73. 实际上，奥特伯恩这里提到的"征服"只是一种现象，难以构成一个起因。

[2] Napoleon Chagnon, "Yanomamö Social Organization and Warfare", in Morton Fried, Marvin Harris, & Robert Murphy, eds., *War: The Anthropology of Armed Conflict and Aggression*, The Natural History Press, 1968, pp. 158 - 159; Napoleon Chagnon, *Studying the Yanomamö*, Holt, Rinehart and Winston, 1974, xi; Napoleon Chagnon, *Yanomamö: The Fierce People*, New York, 1983, 3rd edition, p. 86; Napoleon Chagnon, "Life Histories, Blood Revenge, and Warfare in a Tribal Population", in *Science*, 239 (1988), pp. 985 - 986; Napoleon Chagnon, *Yanomamö*, Fort Worth, 1992, pp. 83, 87.

[3] Jonathan Haas, *The Evolution of the Prehistoric State*, New York: Columbia University Press, 1982, pp. 34 - 85. 谢维扬：《中国早期国家》，杭州：浙江人民出版社，1995 年，第 33—84 页。易建平对国家起源理论进行了评介，通过对中国少数民族非专制与早期国家的探讨提出了自己的观点。易建平：《部落联盟与酋邦——民主·专制·国家：起源问题比较研究》，北京：社会科学文献出版社，2004 年。还可参见李安山："国家起源的困惑：整合论抑或冲突论——斯宾塞关于国家形成的观点评析"，《国际政治研究》2003 年第 4 期，第 15—24，11 页。

[4] 何群认为，要搞清楚我们与"他者"之间的差异是如何造成的这一问题，只有在解决了"研究者与被研究者在'人'的意义上的一致性与平等的问题"的基础上才可以做到。参见何群："田野工作中的三种考验探析"，《云南社会科学》2003 年第 4 期，第 71 页。

调查者社会（群体）与被调查者社会（群体）之间、欧洲殖民者与殖民地人民之间，念过书而城市化的欧洲国家官员与穷乡僻壤的乡村社会或少数族群群体之间压迫和被压迫的关系。一直没能摆脱这层关系的人类学只能越来越招人讨厌。"①这种情况无疑已有所改变。然而，尽管社会科学家们力图采用"参与式调查"，尽管他们极力保持客观公正的立场，但他们毕竟是凡人，是在不同的社会环境中生活的外人，偏见不可避免。小民族之所以引起现代人的注意，无非有以下几个原因：或是他们的居住地（最突出的是亚马逊流域地区和非洲热带雨林）日益引起因现代生活方式而不得不对自然资源进行掠夺性开发的人们的觊觎，或是有人因为旅游目的或消遣活动对他们产生了新鲜感。不容忽略的是，随着人类技术的进步，他们所在地的自然资源正被日益贪婪的开发者所侵吞，这一点使得他们的生存处境被一些具有人文关怀的人（包括学者）所关注。

人类文明是丰富多彩的。世界文明的多样性是人类生存的必要条件。小民族的文化是人类文明的重要组成部分。他们或是与自然维持和谐关系，或是对土地怀着敬重意识，或是对他人保持友好态度，或是对物质只有简单需求，或是对群体怀着献身精神，或是对野外生存具有极强的适应能力，或是对天气灾难有着惊人的敏感度……值得警惕的是，人类在改造自然的同时也在破坏自然，在破坏自然的同时也在伤害世世代代与自然融为一体的小民族。社会发展不断加速的今天，国家民族（或国族）的一体化过程总要牵涉到小民族的前途问题。我总是怀着一种困惑或担心：社会发展和国家民族的整合最终会触及各个民族（特别是小民族）文化的保持。何群博士在"前言"中指出，小民族大多数处在一种不同于其他民族的急剧的同化过程中，"因为小民族的传统文化特点，以及历史、地理等条件的左右，所以小民族现实发生的文化同化，明显不同于一般民族实际上也在发生的文化同化。似乎他们走向衰亡的可能性更大，而实现长久稳定的自身重新调整的能力和条件

---

① 莫里斯·戈德里耶："社会人类学产于西方，就离不开西方么？"中国社会科学杂志社编：《人类学的趋势》，北京：社会科学文献出版社，2000年，第164页。

则十分有限"。人类在对待小民族的过程中正在走着一条自我否定的路:在不断改变自然的过程中,或肆无忌惮地破坏环境并危及小民族的生存;或剥夺他们的传统谋生手段,一厢情愿地将他们带入"现代化"过程;或毫不怜悯地将小民族抛在后面,使之成为"现代化"的牺牲品。

对小民族生存环境的破坏意味着什么呢?这意味着人类发展的逐渐单一化,或"特化"(specialization),最终将导致人类的灭亡。"生物在演化过程中大致都要保持其基因特性的多元化,避免走入'特化'的道路,以免环境变化而不能适应。很多古代的生物种属,都是因为'过分适应'而走上体质特化的死胡同,最终走上灭绝的道路。"①当然,面对危机,小民族的反应迥然各异,既有充满活力的"印第安人复兴运动",也有印第安人以酗酒来表示对未来希望的破灭;既有自强不息的鄂伦春族女博士刘晓春,也有借酒浇愁的鄂伦春妇女。何群在鄂伦春族猎民村实地考察的一次经历使她认识到比物质层面解体更可怕的精神崩溃:"传统的自然环境、社会环境的变化,给这个民族带来的不仅是传统物质层面文化的几近解体,还有一些阶层精神层面的如自尊、自强精神的瓦解。"②对于世界上面临生存危机的小民族,我始终抱着一种崇敬的心情,这绝非同情,而是实实在在的崇敬。因为小民族虽然人数少,但他们自古以来就创造了属于自己的物质文化、伦理文化和精神文化,以独立和自尊屹立于世界民族之林,构成了人类不可缺少的一部分。有学者用"小的是强大的"来赞扬未受到市场禁锢的农民,③有学者用"小的是美好的"来鼓励小型生产方式与消费模式;④在这里,我用"小的是伟大的"来表达我对小民族及其文化的热爱与敬重。

何群博士近年来一直专注于小民族的生存状况,探讨发展、环境与小民族生存的关系,是中国较早利用生态人类学理论,以鄂伦春族为个案,从环境和文化关系视角研究环境与简单文化(一般意义上的"土著

① 费孝通、李亦园:"中国文化与新世纪的社会学人类学",第10页。
② 何群:"田野工作中的三种考验探析",第73页。
③ Goran Hyden, *Beyond Ujamaa in Tanzania: Underdevelopment and an Uncaptured Peasantry*, University of California Press, 1980, pp. 9-37.
④ [英]E. F. 舒马赫:《小的是美好的》,虞鸿钧、郑关林译,北京:商务印书馆,1984年。

文化")、"现代化"带来的环境突变与土著生存问题的青年学者。她的博士论文以鄂伦春族为个案,探讨小民族在社会经济发展过程中面临的危机与亟待解决的问题。[①] 为什么要编这本论文集呢? 她在前言中坦言:"带着环境与小民族文化、环境急剧变化与小民族生存、发展关系的问题意识,将所收集到的相关论文进行了筛选,并收入我的相关文章一篇,组织成该论文集。筛选、汇编此论文集,意在与本人博士学位论文《环境与小民族生存——鄂伦春文化的变迁》构成姐妹篇,相互映照与补充;并希望通过这项工作,为关心现实世界中存在的这部分人群——小民族的生存和未来的人士提供了解和理解上的方便和思路。"我们看到了一位颇具潜力的中国青年学者从问题意识十分自然地转到了人文关怀。在这里,问题意识与人文关怀形成了一种良性互动:因问题意识而进行的研究导致更深刻的人文关怀,而人文关怀进一步激起更深层次的问题意识。

我以为,社会科学的生命力不仅在于探讨规律或理论,也不仅在于对各人类共同体的生存、发展和适应的研究,还在于不断揭示现代社会产生的问题并提出解决办法。换言之,只有当广大社会学者通过社会科学认识自己,发现问题,并提出相应的解决方案,只有当政府部门感受到社会科学在制定政策时不可或缺,只有当普通人理解到社会科学不是少数学者垄断的象牙塔里的"学问"而是可以用得着的工具时,社会科学才会得到社会的认可,才会具有存在价值。惟如此,问题意识才能自觉转化为人文关怀,人文关怀才能升华到更高层次——社会责任感。何群博士对发展、环境与小民族生存关系的关注表明她是一位具有前瞻力的青年学者。作为社会科学者,我们是否应该从她的探讨中得到某种启示呢?

何群博士嘱我为这部论文集写序言。我不是学人类学的,但在学

[①] 何群对鄂伦春族的研究除民族志外,主要包括参与"鄂伦春族现代化研究"项目和主持"现代化进程中小民族发展问题及政策研究——以鄂伦春族为例"项目(国家九五社会科学基金青年项目)。参见何群等著:《狩猎民族与发展——鄂伦春族社会调查研究》,呼和浩特:内蒙古人民出版社,2002年。参与费孝通教授担任学术指导,北京大学、中央民族大学、国家民委联合项目《中国人口较少民族经济和社会发展调查》,主持《资源开发、环境与小民族生存——赫哲族、鄂伦春族个案研究》(国家十五社科基金西部项目)。

术上接触非洲这个素有"民族博物馆"之称的大陆已有 20 余年,加上我对人类学和民族学很感兴趣,在学习中也得益于人类学研究成果;更重要的是,这是一个难得的学习机会,我便答应了她,权当是我的一次学习之旅吧。

恒久的热点与曾经的"前言"①

何　群

　　我在博士论文②中,借助生态人类学环境与文化关系的理论,提出环境与小民族生存的理论假设。在对"小民族"概念进行比较、讨论、界定的基础上,提出小民族文化具有简单性特点的认识。并从小民族文化——简单文化以及简单文化与环境,简单文化与急剧变化的环境的互动关系入手,通过文献回顾,结合自己在狩猎鄂伦春人中的田野调查,探索了所处环境急剧变化与小民族生存之间的互动形态,并对小民族生存与环境之间的关系进行了理论总结。

　　这本论文集所收入的34篇文章,即是我为撰写博士学位论文而收集的部分文献资料。带着环境与小民族文化、环境急剧变化与小民族生存、发展关系的问题意识,将所收集到的相关论文进行了筛选,另收入我的文章2篇,组织成该论文集。筛选、编著此论文集,意在与本人博士学位论文《环境与小民族生存——鄂伦春文化的变迁》构成姊妹篇,相互映照与补充;并希望通过这项工作,为关心现实世界中存在的这部分人群——一些传统文化呈现简单性特点的土著民族和小民族的生存和未来的人士提供了解和理解上的方便和思路。相信这些文章能够扩展人们对当今人类生活状况关注的范围,在阅读、掩卷思索中参悟

---

① 此"前言"为本书编著者何群为十三年前编著《土著民族与小民族生存发展问题研究》(中央民族大学出版社,2006年5月出版)而作。

② 何群:《环境与小民族生存——鄂伦春文化的变迁》,北京:社会科学文献出版社,2006年。

出某种文化与环境、简单文化与变化了的环境之间的关系。从文化差异的角度,进入到构成环境——特别是社会环境的各个层面,发现现代化进程中小民族可能遭遇的特殊困难,探索什么是适合于他们的生存出路和发展目标,从而有望搭建起文化裂缝之间的桥。

"土著""原住民""原始民族""小民族",是社会生活中和文献中,外界对这样一部分人类群体——文化和历史经历具有特色,按照传统进化理论解释往往具有人类"原始时期"特点的这样一些族群的习惯称呼。我国近几年对鄂伦春族、赫哲族等人口相对较少,尤其是在 1949 年新中国建立之初,文化演化表现为传统狩猎、采集以及传统刀耕火种形态的这样一些群体,开始称其为"人口较少民族"或小民族。至于"土著""原住民""原始民族""小民族""人口较少民族"这些称谓之间是否能划等号,目前没有答案。但是作为一个社会事实,这些传统文化具有简单性特点的群体,文化上确实具有较多的同质性,确实曾经经历了并面临着一些共有的现实生存、未来前途问题。基于上述考虑,将"土著民族与小民族"纳入同一视野,权且将这本书定名为"土著民族与小民族生存发展问题研究"。

我们看到,19 世纪末和 20 世纪初以后,分布在亚洲、非洲、美洲等地,从事传统狩猎、采集、简单农业生产的无文字的小民族社会,文化比较简单的族群,在同以西方文化为代表的文化的对峙中,处境往往不佳。他们的社会遭遇到了巨大的冲击,以致传统文化和生活方式残存无几,甚至出现整个群体的灭绝。在 20 世纪以来世界各国不断加快的现代化进程中,这些小民族由于人口少,社会经济发展水平低,"根蒂不深,人数又少"(费孝通语),在全球化迅速扩张的时代,面临传统文化灭亡的危机。例如美洲各国的 500 多个印第安民族,现有近半数的人口降到只剩下几千人甚至几十人。他们目前的状况如何?他们为什么会面临生存问题?他们今后的命运会如何?这是人类学界多年来研究的一个问题。

关于现代化进程中土著民族和小民族生存发展问题的研究,通过文献回顾工作,我感到,国内外相关研究一直围绕以下三方面兴趣在展开:

第一,关于优势文化与处于不利地位的文化汇合时,小民族命运的讨论。

有学者以殖民时期的北美为例,分析指出:除了白人政府对印第安人政策的主导作用,新旧大陆在社会发展水平上的悬殊位置,决定了两个世界文明的接触不可能是和平、平等的。在哥伦布到达美洲时,绝大多数印第安人部落还处于渔猎采集时代。按照一些学者提出的文化优势法则,"那些在既定环境中能更有效地开发能源资源的文化系统,将对落后系统赖以生存的环境进行扩张"。[1] 而当时西欧诸国正逐步走向以工商为主导的资本主义时代,其开发利用自然的能力和制度,远较印第安人发达,而且,其开发利用自然的方式与程度,直接威胁着印第安人的生存环境。其结果必然是具有优势的白种文化日趋兴盛,同化或诱变着处于不利地位的印第安文化。[2]

基于文化差异而引出的文化理解、文化冲突方面的问题确实存在,但是就小民族而言,他们的文化,多是在特定的背景下,中断了自然的进化过程,往往是与强势文化或"与占统治地位的民族接触时,在后者的影响下所发生的急剧变迁……"。[3] 也就是说,小民族的文化变迁或他们可能的未来生活,已主要不取决于他们自身,而主要取决于外部社会文化环境。大量研究指出,这种外部环境,主要包括国家政治的变迁,政府政策的选择,外来移民,大众传播,等等。而且,事实是,外部社会环境的变化往往伴随着传统自然环境的变化,从而根本破坏了小民族文化赖以生存的根基。

我国民族学、社会学等社会科学界,也一直在进行这方面或与此相关的研究。由费孝通教授主持、北京大学社会学人类学研究所承担的国家"七五"社会科学规划项目"边区与少数民族地区发展研究";1992年该所又获准立项国家社会科学基金项目"民族地区的资源开发和脱

---

[1] [美]托马斯·哈定等:《文化与进化》,杭州:浙江人民出版社,1987年,第60页。

[2] 李剑鸣:"两个半球汇合与北美印地安人的历史命运",黄邦和、萨那、林被甸主编:《通向现代世界的500年——哥伦布以来东西两半球汇合的世界影响》,北京:北京大学出版社,1994年。第214页,219页。

[3] [美]克来德·M.伍兹著:《文化变迁》,何瑞福译,石家庄:河北人民出版社,1989年。第46页。

贫致富问题研究"；中国社会科学院民族研究所 1995 年开始组织实施，以调查了解当前少数民族和民族地区发展现状与存在问题为目的的"中国民族大调查"研究计划；中央民族大学西部发展研究中心，以国家西部开发战略与民族发展为研究核心的"西部开发与民族关系问题"的调查研究；2000 年 6 月北京大学、国家民委、中央民族大学组织实施的联合项目"中国人口较少民族经济和社会发展调查"；2000 年以云南大学为主组织实施的以反映云南 25 个少数民族现实社会生活为目的的"云南民族村寨调查"等研究。

第二，对现代化趋势下小民族文化前途、生存前景的探索。

关于文化变迁的结果，有研究指出，虽然人类学家们已经趋向于注视一个附属民族与占统治地位的民族接触时，在后者的影响下所发生的急剧变迁，但其情形和结果可以有很大的不同：也许会获得长久稳定的重新调整；也许一个民族会灭绝；也许会发生同化；也许会合并到其他文化中，成为一个亚文化。

就小民族而言，除去殖民时代发生的一些小民族整个族群灭绝的情况外，20 世纪以来，一些研究成果、而且客观事实也在显示，小民族大多数处在急剧的同化过程中。因为小民族的传统文化特点，以及历史、地理等条件的左右，所以小民族现实发生的文化同化，明显不同于一般民族实际上也在发生的文化同化。似乎他们走向衰亡的可能性更大，而实现长久稳定的自身重新调整的能力和条件则十分有限。

总之，面对土著和小民族这样一种生存境况，或者叫做文化变迁现实，根据不同个案分析和经验研究，有的研究认为，他们正在实现"民族重组"①，实现了现代化生存环境下文化的成功转型；也有的从主体社会现代化进程推进，自然资源开发对当地小民族传统生存环境的破坏，传统文化衰亡等方面展开分析与讨论："变化的步伐令人吃惊……一位关心加里曼丹岛上部落权益的马来西亚议员说，80 年代初佩南部落还

---

① ［美］乔安尼·内格尔，C. 马修·斯尼普："民族重组：美国印地安人的社会、经济、政治和文化生存战略"，《民族译丛》1994 年第 2 期。

有上万人过着捕猎、采集、半游牧生活,但木材工业破坏了他们的林地,马来西亚政府鼓励他们离开村子,现在生活在森林中的佩南人已不足500人。当他们在两个城镇中定居下来后,他们在林中的生活方式的专长也就丧失了。失去知识和传统对于部落本身是最大的悲剧。他们常常并未消亡,但其文化的精髓丧失了。留下的往往是这样一种人——他们既是自身过去的影子,又是身在已开发世界中的我们的影子"①。尽管现代化进程常常伴随各种文化的变迁或消亡,但是,"中心区域的文化变迁通常伴随着新因素、新形式、新的观念体系和新的社会关系的产生"。然而,处于边际地位的民族的文化变迁"则将是彻底的文化消亡,几乎或完全没有文化替代,也几乎没有从本地技术进步和经济增长中发展而来的新的文化形式"。"因此,边际化不仅摧毁了文化,也消灭了动力。对处于痛苦中的部落集团的一个共同评价就是,他们苦于无聊、怠倦和'对生活缺乏兴趣'。"②

总之,对小民族文化前途、生存境况的关注,众多的研究见仁见智。分歧恐怕还是在于研究者对文化变迁理解的不同,对进步、发展等认识的不同,甚至是关于公平、平等等价值理念的不同。正如有研究所言:"人道主义者和进化主义者对生生死死不可能有同样的看法。"③

第三,对政府应该采取怎样的政策保证小民族生存、繁荣的反思。

作为小民族文化变迁社会环境重要因素之一的所在国家的民族政策,是所有相关研究都涉及到的问题。讨论的焦点主要是:政府应该采取怎样的政策保证小民族生存和继续繁荣。这方面的研究,尽管因为案例所在国的历史、政治制度和国情不同,但是研究结果反映出,在现代化话语主导世界的今天,小民族实际面对着一些类似的问题。问题主要是围绕以下方面展开的:国家的现代化总体发展规划和具体实

① 尤金·林登:"失去部落,失去知识",《民族译丛》1993年第5期。
② [美]詹姆斯·F.埃德:"菲律宾的森林消亡与部落解体:巴拉望岛个案研究",《民族译丛》1992年第3期。
③ [西]萨尔瓦多·德·马达里亚加:《哥伦布评传》,朱伦译,北京:社会科学出版社,1991年。

施,如对小民族地区的自然资源开发,如何与保证和促进小民族文化繁荣相协调;如何指导小民族的文化变迁;对全球化、文化多元时代的"发展""公平""平等"理念和人类可持续发展、小民族传统文化价值的再思考。

一、中国大小兴安岭地区土著民族与小民族生存发展问题研究

1. 访谈鄂伦春自治旗政府吴涛副旗长

时间：2009 年 12 月 6 日
地点：北京中协宾馆

吴涛： 加格达，鄂伦春语，有樟子松的地方。那里的樟子松，是天然的，不是种的。本人出生在阿里河，哥哥在黑河出生，父母工作后，调动到自治旗，父亲是 1960 年或 1961 年调旗里工作，建旗十周年时。曲文的父亲是葛德鸿。

我爷爷是佐领，也叫掌丁，部落首领。爷爷——老吴家在黑河非常有势力。爷爷叫什么不记得了。父亲 1986 年去世的。母亲现在阿里河，叫关云洁，是旗医院护士长。

实际上我当年考学、工作在外面 20 多年，在内大经济系，毕业分配到海拉尔工作。我这个人跟他们想法不太一样，回家觉得更好，更自由一些。母亲年龄大了，和夫人一起回来的。

何群： 准备了几个问题。当前鄂伦春族是引起关注的小民族之一。有必要帮助外界了解小民族。因国家大，许多人可能不一定对小民族都了解。

我最后一次去鄂伦春自治旗是 2003 年 10 月。从 2003 年到目前，猎民生产、生活状况怎样？主要在从事什么产业？转产是鄂伦春族大事，一直处在"转"的过程。从定居到"文革"、禁猎，目前七个猎民村主要从事什么产业？七个猎民村是否都一样，还是不一样？那么，可以分为几类？在靠什么获得收入？

吴涛： 我从 2003 年在政府担任副旗长，管民委工作到 2006 年。分工左调右调，2007 年到 2009 年初又管民委，对民族工作有感情，每年都到猎民村看看。

现在还不能说七个猎民村已经实现转产。七个猎民村有900多猎民人口，估计20%的人还可以，80%的不行。20%的人可以说已经成功实现转产。种地、从事养殖业、搞食用菌的是少数。在20%人中，多数是种地，即农业大户，这些人少到上千，多则有上万亩土地。80%的人还转不过来，还是靠政府救济生活。现在猎民享受双重低保，即城镇和农村。农村低保一年人均3000元，月均200多，半年发一次；城镇人月均低保130元，每月发一次。看病、子女入学费用由政府负责。

护林员津贴没了，原来猎民每人每月有70元，后来林业取消了。学生上学补助还有，每月每个学生14元。学生上初中，在学校吃住免费，这笔开资一个学生每月是300—400元。

何群： 80%的猎民转不了，那平时从事什么生产？

吴涛： 从2008年开始，市委书记提出"双80"要求，即80%的猎民要参与到劳动中；80%的猎民要通过劳动年增收1000元。我们的目标是2009年"双80"超3000元，2010年"双80"超5000元。

何群： 目标是不错，问题是猎民从事什么产业？

吴涛： 旗里搞了个基金。旗财政拿出300万元、海拉尔市给补助500万、大杨树农场给了200万，共1000万，基金全部用于猎民村发展生产项目。2008年七个猎民村大部分搞了黑木耳种植。最小的投资给20万，种40万袋。其中乌鲁布铁搞杆子菇种植。尽管2008年实际上效果都不太好，但是这些投资下去后，确实带动了大部分猎民参与到生产中，因为有工资发。按雇佣农民工待遇，一天能挣30元、20元。劳动组织是集体性质，集体劳动，类似猎民集体农场。去年（2008年）是个尝试，今年投下去不少，猎民真正得到了不少实惠，哪怕一天挣十元，干2个月，挣600元。当然，不是一年常这么干，一般一年劳动3到4个月。不让砍树了，种木耳采用地栽木耳，用锯末掺上这个、那个，包成段，然后打进木耳菌，摆在地上，浇水，到秋天长成了再摘、晾晒、再卖。猎民去干活就行，得现钱，十天、半月打一次工资。但是让猎民独立干不愿意干，集体形式干愿意，就像上班似的。木耳从种到收、到卖等过程都由集体负责，猎民干活就行了。80%的猎民都去了，热情还是非常高。

现在也没有多少集体土地可分给猎民种了。早期八、九十年代,鼓励猎民开地,每个猎民给30—50开发指标,大部分都开出来了,但是不会种。另外,土质也不太好,好地农业大开发时都让大杨树占去了,只剩下犄角旮旯。有的地离水远,种一年收不了多少钱。后来逐渐出租,租出去。租来租去,有这样一种现象,如:我是租你地的,你缺钱花,问我借。我租金也给你,你还不够花。我借给你。借给你还不够花怎么办?算了,地就给你了,我也不要了。这样,大部分地流失到租种猎民地的人手里。也有一部分猎民,就像现在猎民中20%的农业大户,他们也是这种办法,逐渐把土地集中到自己手里。你不种给我吧,给你些钱。反正我也不愿意种地,拿点现钱花得了。这样,1996年禁猎、从事农业,土地逐渐集中到少部分人手里。对此,政府干预不了,因土地产权归猎民个人。最后,这些人地也没了,钱也花光了,还是伸手向政府要。但是,从去年(2008年)基金施行、推动一些项目以后,我觉得效果还可以,尽管效果不太好,但这是三年目标的初期。三年目标(2008年、2009年、2010年)到明年(2010年),通过努力每人增收5000元,补贴照常给。只是这些项目有的需要扩大劳动规模,可能实现起来也有困难。问题是,否则猎民增收计划达不到目标。因劳动发工资,而产品有效益还会给发钱。

现在,托河乡与公司合作,搞了一千只(1000只母羊,100只种公羊)基础羊工程,到年底按90%成活率分给每个猎民。900只羔子得360只,这360只就分给猎民。

何群: 猎民怎样参加此项工程?

吴涛: 鼓励猎民到牧点(牧场)干活。牧场是承包性质,鼓励猎民去劳动。将来分羊羔可能要分到猎民手中,如一户分10只,自己养,自己干活。猎民参加生产是个学习过程,因养羊不会养,需要向别人学。承包者是旗内食品加工厂一人员,属于私营企业,厂主以厂子作为抵押。若把羊直接分给不太会养的猎民,可能因不会养而失败。承包给个人后,这样可以保持一千只基础母羊基数不变,每年给我分这么多羊羔,这样,项目投资就会立于不败之地。因过去直接把牛、马、猪分给猎民家庭自己养,用不了两年都没了。以前有失败教训,没人搞,也不会搞,不会管理,不会饲养。现在的办法,猎民若有能力,第一年养10只,慢慢养殖,第二年15只。若没能力养,可以把羊羔卖了,可以变现钱,然后明年还能分。相对来讲,在托河乡,希日特奇猎民村好一些,去牧场劳动的多些;而木奎猎民村老、弱、病、残多,无劳动能力的多一些。

猎民知道干活能挣钱了,以前让干也不干。养羊对猎民生产有带动作用。这些项目的实施,对鄂伦春猎民生产积极性具有极大促动。

何群: 是否种木耳、养羊等畜牧业在旗内七个猎民村都试图推行?

吴涛: 不是。现在我们基本上是有侧重点地在推行。去年投托河乡二百万元,作试验菌生产车间。过去买现成木耳袋,成本高(一元五),加上运输成本,一袋最多生产出 1.78 元钱木耳,2—3 毛钱的利润,再加上用电、猎民工资,没啥挣的。现在基金不是白给的,使用期为三年,三年要还给旗里,还不回来,项目实施者是第一责任人,乡里乡长、党委书记终身责任制,还不回来,调走也要带着走,影响考核、晋升。

古里,包括诺敏猎民村条件相对好些,有地的猎民比较多。这两个地方发展食用菌无利可图。这两个地方种地还可以,而且他们畜牧业也发展起来了。如古里百头牛工程,每年分到不少钱。诺敏也有羊和牛,猪也买了,200 头猪 300 只羊,基金给的。

何群: 古里百头牛养殖业的组织方式是什么?

吴涛: 也是个人承包,猎民到那里干活,挣工资。乌鲁布铁有种植桦子菇的,还有养羊、猪、牛的。朝阳村搬迁到大杨树镇附近,行政上划属大杨树管理。朝阳村搬迁到大杨树是我一手操办的。开始于2004 年,一开始时,这些猎民不搬,跟你干,村民大会就开了三次。

何群: 村民为何不愿意搬迁?

吴涛: 决定搬迁,是旗里的决定。因老村那个地方交通不便,离镇里也远;再一个是历史以来就在那个老地方呆着,总也发展不起来。从上级争取到异地移民资金。全旗七个猎民村中,最穷的就是朝阳村,所以,下决心搬。把一些专项资金用到此村整体搬迁,而且就是要选大杨树镇和镇周边,孩子上学、看病各方面都方便。我在大杨树镇周围转了几圈,可没有现成的地块,要征地。新朝阳村离大杨树镇四公里,在镇西,那里有个鹿场,新修了通往朝阳村的柏油路。此村重在发展旅游业,种些菜,养野猪、鹿等,猎民在行,心里非常愉快。现在已经形成猎民小区,房盖是红色的,墙是白的,一栋两家。房子分两类:75平方米,40平方米,村名现在改为多布库尔猎民村,村名是旗里定的。朝阳村,这个老猎民村的名字消失了。朝阳村大部分都搬了,有个别的因老村有地而来回走种地。共62户,一户作村公所。全住满了,一户也没有空。老村离公路远,山高皇帝远,有事没人管。过去朝阳村矛盾多,100多户猎民,186人,分三股。现在村委会经改组,好了。孟雅静任村书记。

老朝阳村的房子后期拍卖了,钱归旗里。新朝阳村上级投资500万,实际花了900万,给的不够。一开始,猎民不愿意搬,主要是担心到了新村靠什么活着。本身在那儿,也没有地。好在新朝阳村有1000多亩集体耕地,租出去可以给猎民分些钱。搬过去后,政府给搞了标准化牛舍,让他们养牛,后期牛养得不太成功。

搬迁之前,旗里已经考虑到猎民到新定居点后从事生产问题。我们当时想:一是发展民族旅游业,民族特色餐饮等,如现有20匹马,盖了撮罗子民族村,以及野生浆果采摘等,因离大杨树近,交通便利。游客来了,可以骑马,鄂伦春族小伙子都成了表演家。你明年或后年有机会去看,那里快形成规模了。猎民在那里干活,有做民族工艺品的,无论集体还是个人都有好处。孩子上学离大杨树也近,去镇里有中巴车,车票一块钱。这个路子还是对的,在接近我们的设想,猎民也觉得高兴,有钱了。搬迁动员工作2—3个月。另外,新址所占地不用花钱,不是占用林业局的地,是旗里自己的土地。

林地矛盾现在还是有,不过好多了。

转产,逐渐在转,有希望。尽管80%的猎民转产尚未完成,但是生存没有问题了,两个低保加上就医、上学政府负担。只是离富裕还很远。这是我们需要做的。若是将20%富裕户收入平均到百分之百猎民中,猎民收入可以达到一万元;但是把20%大户的收入从中排除,猎民收入就少了。

何群： 听您介绍，现在鄂伦春族"转产"，是否思路已经发展调整，即"转产"并不意味着完全转变为从事农业或转变为从事某种产业，只能是因地制宜。而按照过去"转产"指向，似乎总是意味着"转产"，就是要全部转向农业或畜牧业。

吴涛： 对。下一步，我们也正在运作保护、传承、挖掘鄂伦春族传统文化工作，如可能搞一个鄂伦春文化博物馆。因林地是林业部门在管理，我们想争取一部分林地归猎民所有。这些林地不是用来砍木头，是用于发展鄂伦春族风俗旅游业。如建一个大型的狩猎场。狩猎场不是用来打野生动物，可以去养殖，如养成千上万的狍子、上千头野猪、上千只鹿。前期定量地往狩猎场里放，放养。招一部分懂鄂伦春族传统文化的人，老、中、青结合。类似美国印第安部落似的，让他们从事鄂伦春族过去的生产、生活方式。但是，政府一定要有足够的财力扶持这些猎民。在开拓性阶段无收入，需要政府补贴，让这些人衣食无忧。或者在城里给猎民盖房子。若在林中待久了，想换换环境，可以回城里住；在城里待久了，又可以回林子。这样的话，恐怕我争的林地也不会小。

何群： 跟谁去争？

吴涛： 肯定是跟林业部门去争。让他们让出一块。因鄂伦春自治旗属地近六万平方公里，让出五千平方公里总可以吧，七个猎民村给我五千。我原来计划一个猎民村一千平方公里，总共七千平方公里。我想把整个一块招个投资商运作此事。

何群： 这个想法可行吗？林子里有车站、有各种社区，这些东西怎么弄出去？

吴涛： 难。但是我完全可以找没有火车站、没有社区的地方，有这样的地方。我只不过把林业部门设立的那些林场、护林站这些人清出去。我争来的林子，这些人就没必要在这里生活了。护林完全归鄂伦春自己管理，他们也会管理好。

何群： 那么您觉得清得出去吗？清到哪里去？

吴涛： 只要林子我能争取来，这些人就能清得出去。可以清到镇里,生态移民,通过国家生态移民项目,给些安置费,到城镇从事第二产业。

何群： 您觉得有猎民愿意像您说的那样到林子中生活吗?

吴涛： 有。如我们旗里老领导托新在托河建有二、三个撮罗子,不少猎民都愿意这样。这样的话,把这个地方圈起来,可以搞现代化撮罗子,现代化民俗村。

何群： 这似乎不是恢复到原汁原味的狩猎文化,而是利用这样一种形式展现传统文化在当代还有。

吴涛： 因为你不是讲究环境吗?鄂伦春族环境载体没了,环境没了,从何谈传统文化保护、传承?如鄂伦春语,大部分产生于狩猎生产、生活环境,环境没了,语言也快没了。

何群： 但是实际上您说弄出有一块地方专门这样,恢复的也不是过去的狩猎文化。

吴涛： 也应该说是过去的。养上鄂伦春猎马,让猎民再穿上狍子皮衣服。不是说搞旅游吗?游客来了,林子里的每个猎民都是导游。你打一只狍子,向你要二千元,打一只野猪,要你八千元可以吧。有闲钱、闲时间的人很多,非常有可行性。

现在难在林地,能不能协调、争取来林地。你想,农民有地,叫农民;牧民有草场,叫牧民。那么我们猎民什么也没有,怎么叫猎民呢?总得给我点生存空间吧。你说建国前后或建国前,整个大兴安岭都是鄂伦春族的猎场。解放后,改革开放,把我们生活空间全掠夺走了,没了,从哪里也说不过去。一个嘎仙沟也不是我们鄂伦春人的地盘,那里也没鄂伦春人生活,是归旗里管,共15800平方公里。而这与全旗面积六万平方公里比,差太远了。林权制度改革,怎么也得考虑当地土著民的一些利益。民族区域自治法从法律上规定下来的事情,到我们那实行不了,穷就穷在这里。若当年禁猎是针对鄂伦春族以外的人,鄂伦春人肯定是富裕户了。1996年之前,一只狍子600—700元,一冬天可打五只,那会是多少钱。

何群： 听说禁猎之前狩猎半径已经很大,需要开车去打猎,猎业已经基本指望不上。

吴涛： 鄂伦春人打猎不是骑马，就是步行，说开车打猎是对鄂伦春人的污蔑，都是其他人在这样打。现在篝火节前后给猎民一些打猎指标，让他们去打猎。一直都是这么做。枪发下去，一个村子给7—8只狍子指标。当然还有人会打，一些人也采取其他民族的做法，即开车去打，打着就行。

何群： 有一个问题，即猎民乡镇、包括猎民村的发展，与旗内其他乡村比较，有何特殊问题、特殊发展困难？

吴涛： 无非是强加给猎民的一些项目，他们不认同，不认可。如种木耳，要让猎民挨家挨户种，他们还真种不了。有失败的例子。科技局曾搞个项目，让猎民种五千袋木耳。当时有这种情况，若前面有个小水泡，有水，知道打水浇，旱得不行时，水泡没水了，猎民就不知道该怎么办了，一点没利，全没长出来，眼看着五千袋木耳全完了。也没人反映，一个部门的项目。总体来看，一方面，更主要是推行的项目猎民愿意不愿意干。种木耳，还是不愿意干。你要是让他们上山打猎，搞采集，是愿意干的。再一个局限和限制，是没有地，没有林地。到秋季，可能要采集一些野生浆果，如稠李子，还有榛子。防火期一戒严，什么人也别想上去。没有空间，没有他们的生存空间。

何群： 没有他们的生存空间，那猎民村以外的异族村屯，不是也有这种情况吗？

吴涛： 一样。如不少有地的猎民，我们过去总说他们没事干。有地的，不会种，租出去，收租金，没事干了；没有地的，更没事干了，也呆着，喝酒，惹点事。

何群： 给地的，租出去，后来地没了。为什么要把地租出去？一是劳动力不够；一是担心收成不好。另外，资金不足、买不起农机具。

吴涛： 再一个原因，是干脆不会种，不会管理。若会管理，有兴趣，劳动力不够，可雇人，没有资金，可贷款。还是从内心不爱种地。

何群： 目前猎民劳动力中40—50岁的人，如果说他们的父辈是狩猎者，是否他们已不太爱打猎了？

吴涛： 也想打猎。这更多是从小受父辈影响，文化熏陶，骨子里就想和这片林子融为一体。可能外人不太理解。打着东西，会有成就感。在林子里可能会体现他的人生价值。到林子里,即便伸手不见五指,但不转向。过去鄂伦春人转向活不了。但是,在现代社会,猎民很难找到自己人生价值了。

可能是环境塑造了鄂伦春人的豪爽、特别好客。可能是环境造成的心理。林子里人少,见到客人当然亲切。听长辈讲过,如奥伦(仓库)的利用方式。这一带就那么几个人活动,谁不知道谁怎么回事。从仓库里取了东西,必须要还,不还,没有诚信,就怕没人搭理了。打猎生活本身就孤单,再孤单,更受不了了。

何群: 还有一个问题:您觉得影响鄂伦春生存、发展主要因素是什么?

吴涛: 一是管理体制问题。归根结底,即地方和林业的矛盾问题。这种体制在鄂伦春地区是最特殊的,这种体制的制约,直接影响鄂伦春经济、社会发展。如修路、架桥、架线、盖房,都受林权制约。若动用林业属地,存在"四大费用"(林地补偿费、菌木补植费、植被恢复费等),要交高额林地利用费用,一平方米交 128 元钱。修条路要占多少地,要交给林业多少钱。二是,国家实施"天保工程",只考虑当地森工企业利益,没有考虑当地政府、老百姓利益。如保护一片林子,国家给多少钱,但是钱只给到林业部门。"天保工程"实施后,从 2000 年开始,以往国家规定的税种——林业给地方农林特产税全部取消,地方财政收入少了一大块。过去旗里 80% 收入来自林业交的农林特产税,现在连 10% 都不到。并且,森工企业从外面招来的工人、家属等,都在地方生活,都纳入为地方政府管理,地方政府还需要保证他们的最低生活保障。如森工企业形成的社区,那些享受最低生活保障者的费用,要由地方财政负担。林业企业所有负担,都推给了地方政府。所以说,"责、权、利"不统一,地方政府有这方面的责任,但没有这方面的权利。第三,"天保工程"实施后,旗内人才流失严重。林、农业的开发,六十年代后一直到"文革"时,一些知识分子下派,当地人才济济。改革开放、八十年代之后,人才流失严重。原因一是因此地没发展,二是工资也不高并气候寒冷。连同他们的子女都走了。他们是大学生,子女也差不了。

旗内鄂伦春族 2509 人(最新统计)。鄂伦春人穷还是富,不会影响鄂伦春旗发展,不会影响到三十万人口鄂旗的发展。只是旗内各族都很落后,都很穷。当然,鄂伦春族作为鄂伦春旗主体民族,其穷与富,会直接影响上级领导关注程度。但是,不能使旗内各族发展差距太大。

目前,鄂伦春族最大的问题是,民族文化消亡的速度有点过快。如40—50岁以下会说鄂伦春语的可能没几个。这不就是鄂伦春族在消亡,或名存实亡。和满族不同,他们有文字,还有人懂满文。然而,鄂伦春族没有文字,只要会说鄂伦春语的老人去世,鄂伦春语言就等于消失了。除非到时去俄罗斯去学鄂伦春语,如蒙古族的呼麦,是从外蒙古学回来的。因此,建立鄂伦春族生态博物馆,是多方面都有意义的一件大事。一、保存了鄂伦春语言;二、把与生产、生活密切相关的文化保存下来;三、猎民可以获得丰厚收入。还能把当地环境搞好,不砍林子了。现在旗里正往这方面在努力。

现在旗里正在搞"鄂伦春未来十年经济社会发展战略规划",聘请清华大学搞地方发展战略的咨询公司专家帮助论证,正式稿很快就出来了。当然他们要征求我们的意见。

何群: 这种办法比较时尚,但是旗里根据什么信任他们论证出来的东西?

吴涛: 我们请的这家咨询公司,在全国二千多家此类公司中名列第三。在我们自己做不了、没有这样的能力和资质时需要这样做。但是,好多观点吸收了旗里"四大班子"领导的想法。他们做了好多访谈,把我们的想法提取出精华,用一种标准化的格式描述出来,论证拿出来后,还需几方面的论证。

何群: 刚才谈到转产事。听您介绍,主要还是采取集体组织方式,不采取分给一家一户干的做法。

吴涛: 将来发展方向走到个人—家庭来做,集体来组织。但初期要集体去组织,可以由此培养猎民兴趣,否则让他们自己做不感兴趣。

何群: 1998年猎民集体农场还有,效果还不错,后来都解体了。现在承包给私人公司—集体组织方法,优越性在哪里?

吴涛: 猎民集体农场解体后,土地都包出去了,效果不错,只是那都是表面的。现在让公司承包,猎民来做工的做法,没有风险。如古里牧场,一千多只羊,要让猎民自己搞,过不了二三年就会没了。让公司搞,天灾、人祸造成损失,公司来赔偿。他们都通过公证,与公司签有正式合同,羊所有意外死亡,都由公司自己承担。公司每年交政府360只羊是铁定的,而且,每年培养2—3名猎民到牧场工作、学习养殖技术,再给些工钱。公司是民营企业,合同中规定要让猎民进公司工作。猎民进这种公司工作的比例不大。

何群： 这种生产组织方式前景怎样?

吴涛： 政府设想,通过3—5年努力,猎民进民营企业—牧场工作,学习技术,以期实现自我生存发展,或通过一代人努力,解决生产问题。初衷是如此,应该行。

何群： 建国后,鄂伦春族转产几起几落,中间似乎无一次得以坚持下来的。

吴涛： 好在现在我们有一千万基金投入,并且自治区十八个厅局在帮扶我们;每年给猎民项目基金也不少,这些基金足以撑起猎民生产。现在的问题是规模小。若规模达到一定程度,可招商引资,通过就地转换加工,可以增值。不仅解决猎民转产问题,而且增加旗里财政收入。

何群： 现在问题是外部资金一撤,猎民就不好办了。不像农民有地就有饭吃。

吴涛： 关键是政府得长期坚持这种做法。除非下一任领导有另一种更好的办法替代,即猎民能接受并能挣钱更多的办法。

何群： 猎民自己想从事什么产业?

吴涛： 其实猎民自己也不知道该从事什么。除了让他们打猎他们知道外。当然也有猎民出去打工的,但因不懂得维权,不懂得签定合同,境况如农民工一样。

何群： 鄂伦春族饱经沧桑。

吴涛： 转产往往是雷声大,雨点小,违背自己规律。鄂伦春族想发展,有一个极端的办法,就是把森工及家属全部生态移民走。这个地方人太多了。定居时旗内人口778人,鄂伦春族774人。过去鄂伦春族地盘很大。极端的做法是不现实,但可通过生态移民做法,把鄂伦春以外的人全部移民,集中到阿里河、大杨树,集中到几个大的镇。大兴安岭恢复力极强。如年久失修的房子上都长树,稍微有点土就长。过去修路,三年不走车,就又长出草和树。而且人工种树,总不如自然长的好,成不了材。种子总是在适合的地方发芽。30多年前,一九七几年时进林子打猎,两人合抱粗的树很多。上百万的产业工人进去,林子受不了。社会是进步了,加上我们这里好生活,一家人进来,开块地就能生活。

何群: 谈传统文化保护,怎样的保护是最好的保护? 白银那村搞了民间艺术团,表演、展示民族传统歌舞、服饰等,并有收入。这可能是一种好的传统文化保护方式。如他们挖掘出300多件民族传统服饰,也挖掘出过去不为人知的传统歌舞。通过这些活动,增强了民族自尊、自豪感以及自我认同,社区也因此焕发出生机。

吴涛: 现在环境下只能这么做,也是好的方式。但治标不治本,长久不了。对这些有兴趣的鄂伦春人没了,这种方式也就没了。因他的下一代要考学,要融入现代社会生活,不会为挣几十块钱去参加那些活动,因此长久不下去。将来有更好的选择时,村民也不会从事这个。这种保护方式,可能兴旺一时,但不会长久。

何群: 那么哪种保护方式具有生命力?

吴涛: 如刚才我谈过的,给鄂伦春族一块保留地,让有文化素养并愿意的鄂伦春人到里面生活,里边没有学校,学校在城里。有商店、有吸引游客的超五星级宾馆,有最古老的仙人柱,游客可以体验传统狩猎文化,每个猎民都是导游,通过此获得报酬。总之,用民族文化支撑起这块保留地,或叫鄂伦春族生态博物馆。里边的山、水、人都是原生态的,凡进去的鄂伦春人必须效仿传统长辈,不能开汽车等。

何群: 有人愿意回到这种生活吗?

吴涛: 应该有人愿意。因在里边收入高,高兴了可以去北京逛一圈。

何群: 您的思路来自什么启发?

吴涛: 到旗里工作时分管旅游。当时与上级旅游部分负责人通过努力,曾搞过一套鄂伦春旗旅游规划。2004年提出的口号是:鲜卑民族先祖地,中华文明北归源。怎样把保护鄂伦春族传统文化与发展旅游业联系起来? 只有在鄂伦春地能体会到狩猎文化,而猎民可以帮助游客实现体验狩猎文化的旅游愿望。多布库尔猎民村现在外边来游客时,也表演传统舞蹈。传统民族服装有的是旗里配的。但是真正体会传统狩猎文化,不恢复传统生存环境,不会长久。五十年代,那些关于鄂伦春族的文学作品,为什么又多又好? 因描述对象的生活在,现在只是听人讲。王肯写过《1956 鄂伦春手记》,是 2003 年写的,赠给我母亲一本。我姨、母亲、姥姥经常接受王肯的采访。因此,要营造一种环境,让猎民真实地生活在那里,可以在传统与现代之间穿行。现代社会竞争压力大,小学、中学、大学读书很辛苦,还不如从小在林子里过一种安逸、舒适生活好。

何群: 人要读书,趋利避害,希望通过调整适应所在社会,这是人性基本内容。因此,是否会有人接受您的设想,尤其是年轻人。长辈现在能够决定年轻人的选择吗? 我了解到家长都表示希望子女考大学、研究生。是否有可能更多猎民会选择往外走,而对您说"生态博物馆"缺乏兴趣?

吴涛: 送孩子读书,是因压力大,生活逼迫的需要读书。如果生活安逸,可能就不需要非上学、多读书。

何群: 但是人的发展设计是有比较的。到北京读书、生活与在猎民村过一辈子是不一样的。让人恢复传统生活不知可能性有多大。

吴涛: 北京我是不愿意待,不适合人类生存。小住几天还可以。有一年到厦门挂职,头一个月还好,环境、气候都好。一个月后就待不住了,气候、饮食适应不了。闽南人说话也听不懂,为人处世方式和我们不一样。其实当时我们各种活动也挺多,但是我不适合在那里生存。也许未来的鄂伦春人能在外生活。可能真正的传统鄂伦春人不愿意离开那片林子。

何群: 那么,接上面思路,您觉得现在鄂伦春族基本群众在怎么考虑自己的生活? 他们觉得怎么样更好些?

吴涛: 我认为他们也感觉迷惘,也不知道怎么样才能更好,可能觉得比现在好一点就行。实际上鄂伦春人欲望不是很多、很大。这是鄂伦春族的特点。只要明天生活比今天好点,就非常满足。这是我多年和鄂伦春人接触得出的感觉。因过去鄂伦春人生活在林子里,打着好多好东西,无论是以物易物也好,搞买卖也好,但是没有出现商人。如果有的话,如果有经营意识,欲望大,猎物、山珍会换来好多财富,可是没有。就是想多养几匹马,家里养的马多,就是财富多,但是没有想到当牧场主。

何群： 您认为这是影响一个民族发展的内在因素？

吴涛： 就是,本身鄂伦春族索取欲望就不强,往往满足现在的生活。现在一些团结户有告状的,是另一民族人诱导、胁迫的。过去鄂伦春人很少有告状的。历史并不遥远。文化传统不是几年、几十年就会消失的,包括这种欲望强弱的惯性。

何群： 您觉得您对鄂伦春族欲望不强的看法,会得到族内许多人认同？

吴涛： 是的,大部分人会响应我的观点。如去年(2008年)实施项目后,猎民手头有钱了,医疗费、学费及时报销,就没有几个猎民跑政府了。原来朝阳、木奎的,老有人来政府找旗长。现在有钱了,够花了。这一点,就是鄂伦春族和其他民族的区别。就是不太想以后,眼前有钱就可以,不再想再生产、原始积累等等。我的这个认识是多年管民委工作得出的。我母亲上小学二年级,后来上的完小;父亲毕业于包头医学院。过去父亲打猎,邻居来了随便分肉,不去卖。老一辈就是这么过来的。到我这辈如果从事打猎,猎物一定会去卖。

何群： 如果说以往鄂伦春人"发展"欲望不那么强,那么,现在已经变化了。

吴涛： 主要是猎民发展欲望还低,而职工、干部好些,但还是不愿意求人,不会低三下四。因过去能打到东西,是有能力的人。低三下四同样也是一种没能力。狩猎回来听人家讲打猎壮举,你不行坐那儿说啥呀！低三下四也没用。鄂伦春人喝酒时愿意说话,不喝酒时话少,尤其是男性不爱多说。我这说话,也是大学毕业当老师锻炼出来的。话为啥少？没啥可说的。鄂伦春人很少有吹牛的,混血的吹牛的多些。啥也没干,说啥。

何群： 作为一个群体，还是有其特殊性，因此存在特殊发展困难，有必要让外界更多了解这些特殊性和特殊困难。如一些产业猎民可能不擅长，若让他们干他们擅长的，可能还谁也比不过。

吴涛： 问题是，我们的政府总是让猎民从事他们不擅长、不愿意做的事，如非得让猎民种地、养牛、养羊，有的真是不愿意做，有的也不见得不会，都是学习过程，认真学总能学会。但是他们不愿意学。

何群： 可以看到，政府对于民族发展作用极大。您作为自治旗政府主要负责人，认为好的政府在处理民族问题时应考虑到哪些？就鄂伦春族，过去没考虑或考虑不周到的事情主要有哪些？

吴涛： 现在政府有些工作做不了，如过程谈到的划一块地作为鄂伦春族保留地的事。一个林权就把我们治了。做不了还得做，只能变换一些方式，采取其他一些方式弥补。现在只能做一些力所能及的，如类似新朝阳村那样，组织猎民唱唱传统民歌、跳跳民族传统舞蹈，但是，这些办法不能从根本上解决鄂伦春族传统文化传承、保护问题，是治标不治本。

2. 访谈关金芳[①]会长：怎样保护鄂伦春文化，促进民族发展

时间：2009 年 8 月 20 日

地点：呼和浩特市

_____**内容提要：** 学者作调查，要力求真实，最好不要照搬照抄别人的，

_____

[①] 关金芳，黑龙江省呼玛地区人。鄂伦春族，黑龙江省大兴安岭行署红十字会常务副会长，曾担任黑龙江省呼玛县人民政府副县长。1974 年高中毕业回村务农；1975—1977 年在白银那中心校代课；1977 年考入大兴安岭师范学校，毕业后在白银那中心校任教；1985—1987 年，在黑龙江省委党校大专班学习，获得大专学历。1995 年到呼玛县政府办担任副主任，1996 年担任县长助理；1996—2002 年，担任呼玛县副县长；2002 年—2003 年，担任呼玛县副主任。1995—2003 年，担任呼玛县委委员。1995 年，参加黑龙江省第五次党员代表大会；2004 年 10 月，参加全国第八次红十字会会员代表大会。任黑龙江省鄂伦春族研究会副会长。

不要越研究越没正事。另外，需要增加文化理解。

何群： 不知上次送您的那本书，就是我写的《环境与小民族生存——鄂伦春文化的变迁》，您觉得写得怎样？

关金芳： 你写的东西挺有个性的。那本（指《环境与小民族生存——鄂伦春文化的变迁》，2006年4月，社会科学文献出版社出版）就差一点没看完，后来我们宣传部的朋友拿走了，说啥也不还我了。我想他们是汉族人，我希望他们能了解民族方方面面的东西，他们愿意看，我就送给他们了。鄂伦春旗2008年编了一本书，是鄂伦春人写的关于鄂伦春的论文，也有我的一篇。凡是鄂伦春族的佼佼者们在那里都有论文，谈大家对鄂伦春的思想。

现在进行民族调查的人不少，调查资料也挺多。每个人的调查角度都不一样，但是来回照搬硬抄或虚拟没意思。"文化"是个大概念，里面内容多，关键是谈的什么问题。我想说调查、分析现状，必须是真实的，别越写越失真。

我在帮人翻译萨满教唱词时，发现其中有的意思不对，有的根本不是那回事，不真实。这是可能走向世界的，如果不真实，世界上的人以为就是这样的。我二姑就是萨满，是鄂伦春族唯一在世的萨满。

> 以农为主，多种经营，依托文化资源产业开发，使其兼具民族传统文化挖掘、保护，振兴社会，提高文明程度，以及作为增加经济收入来源之一等多重功能。

何群： 自1953年内蒙古、黑龙江鄂伦春族全面实现定居，由猎业向农业等其他产业的转换，即"转产"，一直到目前仍作为困扰鄂伦春族半个多世纪生存、发展的问题。有众多学者对此进行研究，各级政府也为此绞尽脑汁。您的家乡白银那村猎民目前从事什么产业？大致情况怎样？

关金芳： 种地，是农民。今年开始种植木耳，另外有一部分人制作桦树皮盒、桦皮桶等桦树皮工艺品。现代的做法包括用胶粘的、刻花工具等,也有采用传统方法做的。外边来的人喜欢买传统样式和工艺的,如颜色上喜欢桦树皮本色的。人们欣赏程度也不一样,有的并不了解这个民族,对桦树皮制品也没有深刻了解。以往桦树皮制品都是家庭作坊式的,没有形成经营。今年(2009年)我儿子承包了白银那乡桦树皮制品厂,成立了齐兴荣达科技开发有限责任公司。这个公司主要经营桦树皮工艺品,还经营木耳、桦树茸茶(桦树茸,即鄂伦春人说的"桦树泪",桦树上一滴一滴滴到树干上的液体形成的大包。鄂伦春族经验认为此物有抗癌功能,长期服用能治好糖尿病)。工厂在村里,主要是为老百姓提供制作桦树工艺品场地、就业机会。也不叫"工人",就是村里的鄂伦春农民。有的在家干,在家方便,饭前饭后抽空都可以干。需要的时候来厂子一下,如利用厂子的压花机给桦树皮制品压花。领导来参观,把他们集中到厂子来干活,省得一家一家跑不过来。

2006年,经我倡导,县里支持、扶持,成立了白银那村民间艺术团。事情经过是:2006年3月,白银那失火搞救助,当时我就在黑龙江省大兴安岭行署红十字会工作。当时见到呼玛县县长,就把憋在心里几十年的想法说了:咱们呼玛县是边缘、少数民族聚居山区,要搞汉族文化保护等,肯定搞不过全国,不如搞独到的文化,那就是打出鄂伦春文化品牌,不如就成立白银那村民间艺术团,将白银那鄂伦春族村变成民族歌舞村。民族传统文化挖掘和保护需要一个载体。现在鄂伦春传统文化遗产保护势在必行,传统文化已经走到了最后的边缘,再不保护,原来的没了,正在以惊人的速度消失。这不仅是鄂伦春族自己的责任,也是政府的责任。政府不是代表国家的吗?我说成立一个村级的民间艺术团,把鄂伦春族文化好好挖掘挖掘。县长、县委书记对我讲的非常有兴趣,说县里也在考虑。我说听我的,我说的有道理,就把这个工作交给我。好多村里的年轻人都不会说自己民族语言了,给他们一个学习的机会。一周后县里领导给我打来电话说:常委会定了,同意成立鄂伦春民间艺术团。我听到这个消息格外高兴,这个问题我想了几十年了。县里给了一万五,我说就把这些钱交给我支配吧,别的地方我们一分也收不到,那么相信我就给我。民间艺术团需要民族服装啊,舞台上要展现民族风貌啊,再说人们生活中没有人穿长袍了。一万五我买了 68 套衣服、60 双鞋、腰带、帽子。政府给的钱不够,我就用自己的工资,还有装饰用的扣子等,也把妹妹的拿来用了。

领导重视就好办了。现在咱们民间艺术团好多在外面打工的大学生、中专生都回来了。在家里演出时,全村人都是演员,在县里等外面演出时有 40—50 人。我们团有团的简章,县里重视,由主管民族文化的县长直接负责,并作为县政府、政协非物质文化遗产保护工程重要内容。近几年我们团参加过国际动漫城开业典礼、世界博览会、中国国际林业博览会等具有影响的大型活动,进行民族服饰和歌舞表演。2006年大兴安岭地区党政干部会议在呼玛县召开,那次我们团的歌舞演出、服饰展演,让地委书记、行署专员非常惊讶,说他们从来没有看过这种文化节目。

何群: 关于民族传统文化保护办法,现在学界和政府都在探索。刚才您谈到白银那乡艺术团,从哪些方面看,构成对鄂伦春族传统文化挖掘、保护? 同时,如果说有文化"传承"作用,那又是怎样体现出的?

关金芳: 谈到文化挖掘和保护,如鄂伦春族传统民族服装,我计划搞到 300 套。实际上鄂伦春族传统服装不是一样、两样,或人们看到的那几套,过去生活中存在很多种。我想让失传的、现在看不到的传统服装都恢复起来,重新做。过去穿过的服装种类和样式,不仅我记得,民间记得的大有人在。还比如说鄂伦春族说唱艺术,我们那个流域叫法不同,但是只是方言差异,说的都是说一段唱一段那种形式的艺术。把各个流域的说唱艺术都挖掘出来,也是一种挖掘和保护。另外,我们白银那村鄂伦春人本来传统文化保存得很好,30—40 岁的人多会唱本族民歌,再加上有民间艺术团这个平台,年轻人接触这个平台,通过这个载体,对民族传统歌舞等学到的更多了。

何群: 请您再谈谈"文化传承"。是否白银那鄂伦春社会因为有民间艺术团活动的带动和感召,从而使大家觉得我们鄂伦春族并不像人们评论的那样,即老感觉在走下坡路,文化老在衰落,越来越没有前景似的。那么,这个民间艺术团对传统文化传承、弘扬以至于社会兴旺到底有何作用?

关金芳： 我们搞的是原生态的、最传统的节目，别人没有的东西。我们参加中国北方少数民族歌舞服饰展演，表演了十三个节目，得了十三个奖，在参演团队中是获奖最多的。原因就是很多人没有看过这些鄂伦春族传统节目，如我们获得一等奖的萨满神调，还有我给起名的民间舞《大山的回声》。起这个名字，是想到鄂伦春历史过了很多年，但是大山的所有文化还有回声，这是鄂伦春族中比较传统的民间舞。过去的舞蹈当中都有祈祷、祈求神的内容。我在写编这个舞蹈时，将其串联起来，中间一段利用了萨满神曲。这段神曲是老萨满们唱过的，我记住的，我用简谱写出来，是我们族内自古流传下来的，这个世界谁都不知道。《大山的回声》获得创作一等奖，歌舞表演一等奖，编舞一等奖。还有鄂伦春服饰展演得了两个一等奖，其中一个是创意奖。创意主要表现为一，很多人不了解鄂伦春族，我们希望通过服饰，让世人在最短的时间内了解我们；二，如上面谈到，是对传统文化的挖掘与传承。如将近300套鄂伦春传统服饰挖掘、整理出来，这些服装都有它们的名字，是过去生活中使用的，只不过现在多数不穿用了。如果不挖掘整理出来，不了解鄂伦春的人可能认为鄂伦春族有一套皮衣服就完事了呢！我写了《从远古走来》，是为了对萨满教进行解说，创意出二十多套萨满服装，如龙神有龙神的衣服，山神有山神的衣服等。这些神在萨满教中都有，所以，创意族人能接受，有文化基础，不离谱。而且，不同年代、不同流域的萨满服都不一样，你们可能不知道。上面说的这些，可能都与传统文化传承、弘扬有关。

何群： 目前一些民族乡村采取兴建民俗文化村、开发民族文化旅游等办法，希望借此保护民族传统文化，带动民族经济、社会发展，成就显著。同时，也出现了一些与当事民族实际发展需要脱节、与传统文化核心背离从而与文化保护、传承等初衷不一致等问题。为了适应急剧变化的社会环境，一些传统社会迅速解体，人民生活趋向贫穷，传统文化边缘化，成为不适应当代社会的废品。能否保证文化多样性存在，与人类能否实现可持续生存密切相关。可以认为，如何遏制文化一体化，保护人类文化多样性，人类急切需要这方面的成功经验。请您再集中谈谈白银那乡民间艺术团对于社会振兴、文明程度提高发挥的作用好吗？

关金芳： 刚才我说，我们白银那村民族歌舞、语言等保存的一直很好。再加上齐兴荣达科技开发有限责任公司的成立，极大带动了村里桦树皮工艺品生产，畅通了销路。同时带领大家从事具有民族、地区特点的木耳、桦树茸茶产业，收入稳定、提高，让大家看到了美好前景。在此基础上，说民间艺术团振兴、兴旺了社会，提高了文明程度，可以从以下几方面看：除了上面谈到通过这个平台和载体，使民族传统文化得以挖掘、整理，全村人都是演员、都参与、都带着民族感情，这本身就让大家感到振奋。而且，通过参加各种表演、展示和演出，看到外部社会对我们传统文化的兴趣和喜爱，看到自己民族传统文化给大家带来的满足和启发，感受到狩猎文化的当代价值，提高了对本族文化会有一个美好未来的信心。另外，过去我们的桦树皮制品，一部分是生活用品，还有作为工艺品用，不是用来挣钱的。现在桦树皮工艺品除了送给朋友，都卖了挣钱。特别是成立公司后，我们按订单给做，是收入一部分。和桦树皮能卖挣钱类似，我们民间艺术团，不是专门的演出团体，没演出就干活，种地、做手工艺，是农民、手工艺人，也是演员。他们的艺术团，除了挖掘、传承民族传统文化，还利用这个平台融入大社会实体的运行。如通过艺术团演出，我们还挣钱。我们叫劳务费，谁邀请我们去演出，要付给每个演员劳务费一百元。我们是农民啊！前些天去鄂伦春自治旗阿里河演出，我们说：这是我们鄂伦春族的首府，我们就像海外赤子回国，我们不要一百，每天每人给补助八十元吧，共演了七天，每人挣五百六十元。前些天去黑河演出，国家林业部、文化部领导，省里的领导也看了。我们演出的民族歌舞、展示的民族传统服饰，能给我们带来收入，我们突破传统，积极适应、融入当代社会，是民族文明程度的提高，也显示出我们社会的兴旺和振兴。

> 民族发展问题有来自民族传统文化适应等自身的原因，但更多不是老百姓的事。

何群： 如同世界上以及我国一些人口比较少、传统文化相对适应能力比较弱的小民族当代面临生存、发展难题,鄂伦春族的未来引人注目。一些人甚至断言弱小群体和文化的消亡将是必然。在倡导多文化共存,追求公平、正义已成为人类共同理念的当下,认识一种文化变迁的内幕,将他们的特有困难揭示出来给不了解的人们看,是帮助他们找到发展出路的有效选择。您认为类似"转产"等影响鄂伦春族发展的主要原因是什么?有文化适应的原因吧?

关金芳: 那是自然的。我们民族过去是打猎的,从来没有种过地,向农业等产业转变,需要有一个过程。如同我国改革开放、搞市场经济,因为需要一个过渡过程,就是这个意思,需要一个对新事物的认识过程。我对说我们族适应能力差的评价最厌恶。六十年代、七十年代,整个呼玛县,白银那鄂伦春族村是种地种得最好的,没有智商、没有勤劳致富的话能走到今天吗?鄂伦春族接受新东西很快。身处大兴安岭林区,林区社会、文化变化很快,政府林业政策变化快,政府对鄂伦春族生产方针也跟着变化快。我们这里生产方针就变了好几次了,如清林之后改种地。你说这能是鄂伦春族的事吗?问题出来不是鄂伦春族的问题,都是上面政策的问题。作为学者,你们一定要放开自己的眼睛。

何群: 那么鄂伦春族本身应该怎样调整?现在鄂伦春族仍然比较引人注目,官员、学者、媒体来视察、调查等等,表明鄂伦春族具有特殊性。那么特殊性在哪儿?关于本民族现状和怎么样发展好,鄂伦春族老百姓可能哪些想法和建议?怎样提高民族自身发展主动性?

关金芳: 我们和外地鄂伦春族联系不多,鄂伦春村民过自己眼下日子,与外地本族人也联系不多,只有学者、搞研究的人、政府部门与鄂伦春族可能接触多些。鄂伦春族未来怎样,何去何从,还是政府定。怎样发展才是因地制宜,我们只有反映问题、提建议的权利,最终方针还是在上级。

怎样提高民族自身发展主动性?主动与被动的问题,在任何地方都存在,但最终是上级政府决定。你十条建议,只采纳三条,你能反吗?想不想当县长?提建议,也只能提些共性、一般性的东西。

鄂伦春对毛主席特别感激,对共产党特别信仰。真的! 他们非常容易接受新事物,这包括他们传统萨满教信仰的改变。我父亲、姥姥、大姨、舅舅全是萨满,当时来讲,国家不让信仰萨满教,这些萨满一起商量之后,就能毅然决然地决定把自己的神送到山上。所以说,鄂伦春族接受新事物很快,因一般来讲,宗教信仰是难轻易改变的。我们鄂伦春族感谢毛主席、共产党,无论哪届中央主席的话,我们都听,全国的重要会议,我们村家家都看,都关心。记得小时候,大概在1953年到1966年,每到国庆"十一"前后,我们村家家一大早升红旗,晚上太阳落山时候把红旗拿下来,家家有五星红旗。因红旗是新中国的标志,我们是国家的公民。没有人组织或者强制,都是大家自觉自愿做的。记得过去老年人在一起喝酒,喝得快天亮了,就不睡了,怕耽误了升红旗,就等着升红旗。"文革"以后,红旗不让升了。

你说现在若公家动员升红旗,大家还有没有当年的热情和兴趣,有一天让我们家家升红旗。我们村肯定都响应。如果以前那些老人在,肯定还是那样。老年人从旧社会过来的,感觉到共产党是生身父母。现在孩子没经历过旧社会,没有那样的感受。让他们做,也能做,但可能不太像老一辈那样,因他们没有老一辈那样的感受。

何群: 那您认为目前鄂伦春老百姓最大的心愿是什么? 政府怎样做才更好?

关金芳: 老百姓最大的心愿就是富。每一个民族、每一个人,都想富。我们白银那人都挺穷,自己有钱了,钱多了,都想出去看看世界,起码北京得去一趟吧。

国家对少数民族的政策挺好的,当地政府也给扶持发展基金。只是有时国家、政府给的资金没有一分不差地落到民族百姓手里,也就是在执行的时候出现了问题。那些官员们有贪婪行为,往往官官相护,最后受害的还是老百姓。

政府要把工作做得扎实,符合民族地方实际,还得多搞调研,听听老百姓的呼声,他们在想什么,说什么,要什么,知道干这个老百姓能赚多少,干那个亏多少,调研是挺好的办事渠道。另外,也要尊重村级干部的权力。

环境变了,恢复到原汁原味的传统狩猎文化已不可能。孩子还是要上学,但是一个民族发展缓慢,不要就责怪这个民族自身。鄂伦春族对大兴安岭开发、林区建设贡献很大。

何群: 怎样对待少数民族传统文化,涉及民族生存、发展权。这成为当代衡量一个国家政治文明程度以及国家善治水平的重要变量。怎样认识鄂伦春传统狩猎文化价值,以及类似传统使鹿文化、渔猎文化,以及与此相连,文化保护采取怎样的办法,也是一个时期以来引起热议的问题。有建议可以考虑将兴安岭划出一块地方,将鄂伦春以外其他民族人口迁走,就让鄂伦春族在这块地方打猎、真正恢复传统狩猎文化?或者学习国外实行保留地的办法。您觉得这些办法可行吗?

关金芳: 不可能,不现实。国家政策上就行不通。国家有野生动物保护法。如果可能,当时就不可能把打猎掐掉。我们不愿意幻想了,以前我们提过恢复打猎的事,1990年左右猎枪都收上去了,收枪就是意味着不让打猎了。若让打,现在也有年轻人愿意打。以前大小兴安岭地盘都是鄂伦春的,现在都是林业局的。

鄂伦春族对大兴安岭开发是有贡献的。开发前期,给带路、托运器材等,鄂伦春马也累死不少。为了国家开发建设,鄂伦春族是讲道理的,不做违反规则的事。可是纪念大兴安岭开发40年时,却没提鄂伦春一句。

另外,我发现一些书对鄂伦春族风俗的描写和解释不真实。如有的写鄂伦春族妇女生孩子被安排在屋子外面,是虐待妇女的表现,是原始落后习俗。实际不是这样,可能正是为了妇女和孩子好。在家外给另搭斜仁柱,一是因为家神在北面,还有家神不能闻到女人的月经和生孩子时的味儿;二是产妇由婆婆和小姑子或姐妹伺候,丈夫40来天内不能进来,也就是避免夫妻同居,这样可以保证产妇健康恢复。还有,产房离家不太远,太远了怎么送饭啊!我们民族没有文字,过去汉语也不好,汉族人采访我们,可能也没听明白我们说什么,所以人家怎么写就怎么写了。现在这个年代不用你们写,我们自己会写了,不用别人写我们了。对别人写我们的东西,我们给把关,看写得对不对。

3. 访谈关小云①局长：当前鄂伦春族"非遗"保护及社会热点问题

时间：2015 年 12 月 11 日
地点：内蒙古师范大学原社会学民俗学学院本部校区办公室

何群： 关局长您好！非常感谢您接受我的访谈邀请。我近来再次感到，外界仍有必要进一步了解鄂伦春族。您是鄂伦春族，身处鄂伦春社会并曾在当地乡、县政府任职，尤其长期从事本民族传统文化传承和民族现实发展出路研究，并赴俄罗斯、加拿大原住民地区访问，就鄂伦春族，您有发言权。

我拟了如下议题想和您交流：就民族非物质文化遗产保护，塔河地区主要采取了那些措施？存在哪些需要调整、改进的地方？从鄂伦春族百姓愿望、发展实际、未来远景出发，您认为"非遗"保护怎样做更好。另外，也想请您谈谈目前塔河十八站鄂伦春民族乡的鄂伦春村民主要从事何产业？现状、前景如何？目前塔河地区鄂伦春族存在哪些需要关注的生存、发展问题？主要原因？依您看，目前塔河地区以及全体鄂伦春人民就本民族事业较为关注的有哪些？另外，有我没有想到但您认为应该进行交流的问题，也请您提出。

我们先谈"非遗"保护。近些年联合国以及我国开展的非物质文化遗产保护工作，其工作对象的一个重要实际，是当代社会众多传统文化的解体、文化特色的流失，众多以往采取传统生活方式——农耕、游牧族群以及以狩猎、采集、渔猎等为生计、人口微少的小民族，现在已经发生大面积的文化变迁。如传统狩猎生活方式，已基本退出当下鄂伦春族生活，不再作为文化要素发生功能。一些传统文化要素的偶尔出现，更多是被组织、被召集的，如民族传统服饰、饮食等传统形式，文化的物

---

① 关小云，女，鄂伦春族，原黑龙江省塔河县民宗局局长。黑龙江省非物质文化遗产传承人。从事鄂伦春文化研究多年，出版《鄂伦春族风俗概览》《大兴安岭鄂伦春》等著作。

质层面、社会组织制度层面,无疑已发生大面积改变。文化的精神层面也饱受以发展、改变为取向的现代化浪潮冲击。包括传统狩猎群体——鄂伦春族,其文化变化的实际,早已超出"要文化还是要人"的浪漫主义想象。问题更在于,无论哪种文化,为了获得当下的生存、发展,势必做出调整,做出改变;同时,现代化冲击中带来的社会巨变,也因文化差异、文化内部分化以及外部多种力量作用,除东西部经济社会发展差距,改革开放以来,又新添加了民族传统社会解体、民族社会分层—结构性差异、新的民族不平等感、权力—资源争夺等社会问题。还有,恰如狩猎、采集日渐淡出甚至不再作为鄂伦春族日常生活内容,而与此构成整体的技术、艺术因而在今天成为文化"遗产"。这里隐藏的事实是:"生活实际"与"遗产"从来没有真正告别,而是藕断丝连。基于这样的社会背景和土壤,"非遗"保护工作的复杂程度,牵动的范围,已远远超出了保护工作本身。从目前讨论情形,特别是"非遗"保护工作进展实际看,仍然需要进一步明确一些基本问题,如保护的目的、保护方式。对此,科学取向的、文化当事群体及群体内不同阶层的声音,以及政府、一些社会组织的保护意向、目标,很可能不尽一致。

关小云: 鄂伦春民间艺术资源积淀深厚,特色鲜明,内容丰富。现有民间文学、民间艺术、舞蹈、美术和技艺等类别。记得2005年中央下发文件,国家开展非物质文化保护工作。当时我在塔河县民宗局任局长。2005年我参加第七届中国民间文艺家协会代表大会,得知在全国要选出一百名民间文化传承人,回来后就开始在塔河调研,申报本地五人争取成为民间文化传承人,其中郭宝林为鄂伦春族桦皮船制作传承人、关扣尼为萨满教传承人。报五名,批了两名,就是郭宝林和关扣尼。2007年郭宝林到北京参加命名大会,政府帮助解决差旅费,他很激动,很愉快,说自己六十多岁第一次到北京,还参加这样的大会。这次评选和大会,是中国文联、文艺家协会组织的。后来,响应中央号召又上报郭宝权桦皮船传承人及葛淑贤鄂伦春赞达仁传承人。我是省级鄂伦春族刺绣技艺传承人。2013年底,在县里支持下,成立了"鄂伦春民间文化研究基地",也就是"关小云家庭展览馆",是省民协批准的,县里给提供的场所。展示的主要是本人三十多年来从民间搜集的、购买的、积攒的 20—30 件鄂伦春桦树皮、兽皮、刺绣制品,以及本人 200 多本有关鄂伦春族的藏书。这个基地(展览馆),属于塔河县文化部门组织安排的各种展览、文化门类的一种,这个基地引起前来塔河进行科研工作的专家、学者及研究生的很大兴趣。前几天还有齐齐哈尔师大的人来借书。来人后,有人需要哪本书,就借走,用完了再寄还给我,免费借阅,也担心寄还过程会丢失,都是独一本。没有复印机等,也没有安排专人值班,有人来参观叫我,我就过去。

目前,我们塔河县现有国家级非遗传承人 1 人,省级非遗传承人 3 人,非遗保护名录 4 项(桦树皮制作技艺、鄂伦春族赞达仁、鄂伦春刺绣和传统服饰制作技艺)。随着非遗保护工作的不断深入,几年来,为挖掘、保护鄂伦春文化遗产,我们开展了一些丰富多彩、接地气、老百姓喜闻乐见的活动。如,成立了十八站鄂伦春民间艺术团,活跃于城市和乡村舞台;举办了两次鄂伦春民歌大赛,使赞达仁鄂伦春曲目深入人心;举办了两次鄂伦春刺绣培训班,培养了一批鄂伦春年轻绣女,刺绣技艺发扬光大;举办了两届鄂伦春民间文艺"白桦奖"——刺绣品、桦皮工艺品、剪纸大赛,极大地提高了村民对鄂伦春剪纸、刺绣的热爱和保护力度;出版了《鄂伦春族寓言故事》,编写了教材,使鄂伦春民间故事、民俗风情、民间鄂药、手工技艺、舞蹈体育、民族语言进入课堂,对青少年进行鄂伦春传统文化教育;创办了鄂伦春文化展厅(即鄂伦春民间文化研究基地),该基地有鄂伦春各类书籍、画册、资料 200 多本,各类实物(桦树皮器皿、刺绣工艺品、兽皮用品)等,为专家、学者、大学生搭建了解的鄂伦春文化平台。同时,我县与黑龙江省现代高等教育学院联合进行了鄂伦春语言保护项目,采取"启智英语"形式,用现代化网络形式,将中小学的鄂伦春语言教材进行录音,目前正在后期制作之中。我们虽然做了许多工作,但随着外来文化的冲击和保护不力,鄂伦春民间艺术发展前景令人担忧。有的民间文化和民间工艺已经濒临失传或处于绝迹状态。那么,我们今后怎么办?怎样传承和保护民间文化和艺术,是我们每一个人面临的思考的问题。

民间艺术是渗透了特定地域文化的民间喜闻乐见的艺术形式,是及其珍贵的非物质文化遗产。因此,保护传承和发展民间艺术,是我们十分紧迫和不可推卸的历史责任。我谈几点想法和建议：

一、加大重视和宣传力度，扩大社会影响力，制作鄂伦春民间艺术宣传片，利用电视媒体进行对外宣传，建立鄂伦春艺术网络平台进行宣传，定期举办民间艺术节，开展行之有效的各类活动，从而促进民间艺术传承健康有序发展。

二、加紧制订民间艺术保护规划。要着眼长远，立足实际，按照"保护为主，抢救第一，合理利用，继承发展"的思路，加紧制订民间艺术保护规划，真正把民间艺术资源建设列入各级政府的议事日程。对一些具有较高历史、文化和科学价值的典型民间艺术，建立健全资料档案，列入《保护名录》，制订详细、操作性强的抢救保护方案，落实保护措施和经费，进行系统全面的保护。

三、加强民间艺术传承人队伍建设。对濒临失传、又具有重要价值的民间绝技、绝艺、绝活，如鄂伦春族桦树皮船制作技艺，各类桦皮器皿、兽皮加工制作，剪纸刺绣技艺要采取重点扶持政策，鼓励带徒授艺，使民间绝技后继有人，同时组织人员进行记录、整理，尽快用录像、录音、文字、照片等方式，把民间艺术的资料留存下来；对长期从事优秀民间艺术制作、表演，形成风格、自成流派、有成就者，要给予一定精神和物质奖励；要引导年轻人学习民间艺术，培养下一代传承人。要创造条件，促使民族民间艺术进学校、进课堂，在中小学倡导成立兴趣班，建立民间艺术传承、保护、研究的骨干队伍，促进各种民间传统文化的传承与研究。

何群： 看来，年轻人对本族传统歌舞等民间文化缺乏足够热情。也许，往外走，到外面探索发展机会——读书、打工等等，更是年轻人热衷的。从家长看，我在鄂旗的访谈、问卷统计，以及和家长访谈，大多数希望孩子走得更远，去读大学、研究生。也许，留在故乡是无奈之举。若要提升对本族传统技艺、文化热情，有赖于外部对这些传统的兴趣、需要，特别是通过艺术团、表演队等组织形式，让年轻人借助传播传统文化经常能够走出去，与外部社会接触，在其中获得个人见识扩大、经济收入、荣誉感、成就感等多方面满足。这也是当前文化中人——中老年人热衷当选传承人影响巨大的内在动力。这表明，"非遗"传承，当事主体已非"土著",而是早已发生生计、心理、追求变化的群体。今日在这样变化并正在变化的传统群体中谈其推行其传统文化保护、传承,首先需要认清其文化情形。本人曾有文"生态移民应注意对移民群体文化形态重新估价",用来分析非遗保护,依然可取。

关小云: 四、提供民间传统文化的坚强保障。要切实加强领导,成立民间传统文化保护与开发领导小组,加大财政投入,设立民间传统文化保护专项资金,并列入每年财政预算,主要用于民间传统文化资源的普查、征集、保护、利用,人才培养及重要项目和传承人的扶持。同时,积极开拓多种筹资渠道,引导社会资金参与民间艺术保护、开发和利用,建立国有和民间相结合的多元投入机制。

五、创造民族民间文化的生存环境。在保护民族民间传统文化的同时,开展民族民间传统文化生态保护区建设;正确处理好保护与开发、保护与建设的关系,挖掘一批文化艺术资源。参与到旅游和经济活动中去,走边保护边开发的可持续发展的道路。积极创新民族文化活动载体,经常开展群众性文化活动以及参与面广、影响深刻的节庆活动,引导这些活动与民间艺术资源的发挥相结合,既满足群众求美、求乐的需求(评:此建议来自作者实际体会。民族群众有求美求乐需求,或许这比从"民族意识"理解、动员,更切合普通百姓所想所愿。这又涉及到对一种文化当下变迁状况,以及对基本人性的理解——求好求变是人性基本意愿,这不分民族。而精英往往喜欢将民族意识极端化以作为实现个人目的资本、动员手段),又为民间艺术资源的发展创造良好的环境。

六、树立全民保护民间艺术意识。积极宣传保护民间传统文化价值和意义,以文化资源是一个地区软实力标志高度,鼓励人们更多了解民间艺术资源,进一步提高广大民众对抢救和保护民间艺术的认识,增强全民保护民间文化的自觉性,培养人们对民间文化的感情,努力在全社会形成关注、支持、保护民间文化的良好氛围。

七、成立鄂伦春民间文化保护协会,打造鄂伦春特色文化,开展"民间艺术大赛"和"优秀民间艺人"评选活动。同时,把鄂伦春民间艺术的展演活动和旅游事业相结合,充分利用旅游景点和景区,打造鄂伦春特色文化品牌,创建大兴安岭鄂伦春民族园和鄂伦春生态保护区,从而推进鄂伦春文化提升战略,弘扬民族历史文化,开展富有地域特色的文化活动,打造民族旅游文化品牌。

八、全社会都要形成关心爱护和尊重民间艺人、剪纸能手和刺绣能手的良好风气。尊重文化,尊重民间艺人,尊重人才。因为,非物质文化遗产的进化是靠传承人而延续的(评:这里谈及文化"传承人"之于一种文化存续、未来的非常意义、作用,直接决定着一些民族精英所担心的"准确地传承"问题,也涉及传统文化保护、人类文化多样性存在的本意。张天彤老师谈到民族音乐——传统文化——进入现代舞台、现代传媒、课堂的积极意义与消极影响。原生态与次生态,传统与传统的重构,核心在于承认传统的价值,也注意到传统的当代变化以求可持续存在问题。为了获得当代生存,在尽可能留存下——通过借助现代技术——录音、录像建立资料库、博物馆之外,怎样使依然在生活中存在的传统要素得以延续,怎样通过重构、创新文化内容与形式方面的改良、改造,获得新的参与当代社会文化接触、交流的空间)。传承人是非物质文化遗产的重要承载者和传递者,他们以超人的才能、灵性,贮存着、掌握着、承载着非物质文化遗产相关类别的文化传统和精湛技艺。他们既是非物质文化遗产"活"的宝库,又是非物质文化遗产代代相传的"接力赛"中处在当代起跑线上的"执棒者"和代表人物。为此,我们要格外关心和爱护民间艺人,让他们在民间舞台上绽放光彩。

总之,传承和保护鄂伦春民间文化,首先要有热心人,一批对民间传统工艺强烈热爱的人、热心人能够挖掘、研究和保护传统工艺,他们的灵感和见识,很可能发现新的市场。比如,我们完全可以把鄂伦春剪纸和刺绣做大做强,使之成为新的民族元素的产品。

关于"非遗"保护,政府有必要加大活动力度,要有人去做。现在黑龙江大兴安岭地区各县均成立了"非遗"保护中心。感觉依然需要多开展活动,现在活动还是少。另外,是经费少。还有,就是全社会要形成爱护、尊重民间传承人的意识和风气,如传承人一般多为老年人,这些老年人的生活需要得到保障,让他们更好地进行文化传承工作。现在非遗保护工作多为应付,工作被动。鄂伦春族百姓有热情参与,问题在于有关部门要加大工作力度。

2013 年塔河县成立了"鄂伦春民间艺术团",去年(2014 年)参加了哈尔滨冰雪节,进行演出,并有一定收入,这种活动方式大家很喜欢。近年,黑龙江省现代高等教育学院与塔河县合作,录制鄂伦春语教材,采取"启智英语"形式,即动漫故事、动漫人物在说鄂伦春语,利用这种喜闻乐见的形式,为学习鄂伦春语言的学生等人员提供教材和渠道,很方便,上网就能打开学习。现在正在进行后期制作。这项工作,向省民委要三十万。本人参与教材编写,提供了二十多个鄂伦春传说和故事。

目前猎民村里还有人在做兽皮、桦树皮制品,有市场,有人买,博物馆也在收购。但是野生动物保护规定,限制了兽皮制品材料来源,而且,2008 年奥运会期间,塔河县收了猎枪,之前也因各种原因收过枪,现在鄂伦春族已经不打猎了。1996 年鄂伦春自治旗禁猎,对塔河鄂伦春打猎生产影响很大,就是社会上好像有一种议论,人家鄂伦春自治旗的都不打猎了。

何群: 转产,也就是从传统狩猎业转向农业等产业,一直是上个世纪五六十年代下山定居后面临的问题。1989 年改革开放,以及在鄂伦春自治旗随着禁猎的实施,各个猎民村都分配到一定耕地,以及新的土地的开垦,作为禁猎之后主要转向农业的条件,鄂伦春猎民家庭按照规划都分到了耕地。种地,从事农业,成为禁猎之后从事的主体产业。农业组织形式当时有猎民集体农场、家庭农场,以及占相当比例的租地户——把地出租,自己收取租金。也有自己种一半,出租一半的家庭。新产业的稳定展开,大家依托此获得基本收入,意味着新环境条件下某种传统文化转型、适应的基本平稳。1998 年夏我去塔河十八站鄂伦春乡调查,当时鄂伦春村民主要在从事农业,村里有一些农业大户,有的种地同时也搞一些养殖业,总的是以种地为主。现在时间过去了 17 年,十八站的鄂伦春人主要在从事什么生产? 前景如何?

关小云: 关于塔河十八站鄂伦春村民现在主要从事什么产业,我没有专门调查,有点说不准。塔河县十八站鄂伦春民族乡鄂族新村的鄂伦春人,目前主要是从事养殖业,也就是种木耳袋,出售木耳获得收入。同时,有的出去打工,有的还干点零活。不从事农业——不种地了,2000年耕地以村名义包出去了,政府给猎民补贴。

近年有一个问题,在当地议论很多。国家出台政策,大兴安岭2014年开始禁伐,森林由各林场承包,林场又将森林承包给林场职工。问题是承包者不允许包括鄂伦春在内的任何人进入林内采集林下山珍野果,过去作为鄂伦春人收入、食物构成的一部分——猴头(蔬菜)、榛子、稠李子(水果)、山丁子(水果)、刺麻果花(饮品)等山珍、野果没有了,过去鄂伦春人秋季盛大的生产活动"小秋收"没了。猎民戈小华一次进山采集,承包者不让他采山货,发生冲突。这大大影响了鄂伦春人的生活,伤害了他们的民族感情,鄂伦春人更加感到:现在鄂伦春人什么都没了。我希望有学者来调查,写写这方面的文章。

还有,现在存在一个问题,就是鄂伦春族人大代表越来越少了。过去在黑龙江省,有省级、国家级人大代表,现在这两级没有了。

何群: 人口多少之于一个民族命运意义重大。据2010年第六次人口普查,大陆31个省、自治区、直辖市和现役军人的人口中,汉族为1225932641人,占91.51%;少数民族为113792211人,占8.49%。同2000年第五次全国人口普查相比,汉族增加66537177人,增长5.74%;少数民族增加7362627人,增长6.92%。2000年第五次人口普查鄂伦春族8196人,2010年第六次人口普查8659人,增长463人,增长率为5.64%,低于第六次人口普查少数民族人口平均增长率(6.92%)1.28个百分点,即如果再增长104人,达到567人,便达到我国少数民族人口平均增长水平。

另外,我在自己的书和文章中,也曾几次论述鄂伦春族因自然环境与传统生计方式以及社会环境剧变引发的适应限度问题,特别是因此带来的非正常死亡这一社会现象。因本身人口相对比较少,所以,非正常死亡直接影响到家庭、劳动力、人口再生产。目前情况怎样?如果依然存在非正常死亡问题,原因是否与过去接近?

关小云: 国家计划生育政策允许鄂伦春族生二胎,但生二胎的少。除了其他原因,可能与一些政策不配套有一定关系,如生二胎,就不享受独生子女优惠政策,特别是退休工资减少,又没有独生子女补助,影响到实际生活。要鼓励鄂伦春人多生育,有必要出台一些鼓励、奖励政策。

前几年有中央民族大学教授来十八站乡做鄂伦春族人口健康、体质、人口变化调查,去医院、民政部门查病例、查统计资料,了解鄂伦春族人口出生、死亡状况,写出调查报告,得到中央的重视。自己前些年写过关于鄂伦春族人口非正常死亡及原因分析的论文。写完之后,放了几个月,犹豫是不是投稿。族内有人不太赞成写这些东西,怕谈这些问题给政府抹黑;也有人赞同并鼓励自己,最后投稿发表。2016年自己有个计划,就是撰写"十八站鄂伦春族乡乡志",这是件艰巨任务。

4. 异族通婚与文化接触的非零合取向——鄂伦春族个案

内容提要: 异族通婚在一定程度上表现为文化之间的互动,并常常由结婚对象个体之间的关系,辐射和引入民族和文化之间的关系。异族通婚的频率和比例,离不开特定历史背景和社会环境底色。因此,异族通婚成为洞察民族关系和文化接触状况的有效视角,也是测度和判断社会和谐水平、展望民族关系未来远景的重要指标。本文在尽可能利用其他资料基础上,通过梳理历史以来鄂伦春族异族通婚线索,侧重当代,主要凭借作者在鄂伦春族聚居地区实地调查的第一手资料,探讨异族通婚与文化接触关系问题。此个案初步说明,就一种文化与社会环境互动引起的异族通婚而言,总体上呈现为文化之间互补、共生的"非零合"取向。

"非零合"理论,大致意思为:博弈双方最后总的博弈结局是分不出谁输谁赢,没有截然的输赢分界,结局不是"零合",事实上,更有可能是博弈双方彼此吸收、互补,即"非零合"。[1] 将此认识引用到文化接触

---

[1] 参见[美]罗伯特·赖特:《非零年代——人类命运的逻辑》,李淑君译,上海:上海人民出版社,2003年。

研究,可以就这种接触趋势作出新的展望,或提示可能存在一种新的可能,或尚不被科学认识的民族关系事实。按照这样一种思路,我们说,不同文化接触、互动以及总的走向、发展远景,更有可能呈现为文化要素之间互补、共生的"非零合"取向,或一定程度实证着费孝通先生"各美其美、美人之美、美美与共、天下大同"所贯穿的文化之间"和谐与对话、双赢和互利"①思想的真理性。

就异族通婚而言,异族通婚的双方,作为彼此对应的文化"他者",各自有着不同的文化和社会背景。夫妻关系,在一定程度上表现为文化互动,并由文化个体之间的关系,辐射和引入民族和文化关系。异族通婚的频率和比例,离不开特定历史背景和社会环境底色。因此,异族通婚成为洞察民族关系和文化接触的有效视角,也是我们判断社会和谐程度、可能性以及未来远景的重要指标。

本文在尽可能利用其他资料基础上,主要凭借作者在鄂伦春族聚居地区实地调查的第一手资料,侧重异族通婚与文化接触关系研究。此个案初步说明,不同民族男女通婚后的家庭,就传统文化同质性较强的狩猎文化而言,因对异文化的借鉴,以及过程中的整合,增添了狩猎文化适应现代社会急剧变化的韧性;而以汉族占绝对比重的异族方来看,因与鄂伦春族通婚而借此间接享有了民族优惠政策,以及因自身农业、多种经营技术以及经营经验、市场观念等恰为鄂伦春族转产所需而大有作为。同时,在获得相对稳定生存保障同时,农耕文化在反思中得以调整和丰富。此个案表明,就一种文化与社会环境互动引起的异族通婚而言,尽管不排除一定的文化剥夺和屈辱,而总体上呈现为文化之间互补、共生的"非零合"取向。② 这一判断,可能会剥离某些来自政治治理想象或臆断、或脱离基本群众生活实际、民族精英的一些企图而造成的对真实的遮蔽,从物质、精神和情感等各民族人民实际生存、生活的开展,即先作为人、其次作为民族共同体成员意义上理解"民族关

① 参见郑杭生:"费孝通对当代中国社会学贡献的再认识",中国社会科学网,2010 年 5 月 11 日。
② 〔美〕罗伯特·赖特:《非零年代——人类命运的逻辑》,李淑君译:上海:上海人民出版社,2003 年。

系"，或许会使我们的认识进一步贴近实际。

一、异族通婚史及目前异族通婚状况

作为过程的"时代"，"是一个'社会—时间'概念，它指的是某种社会在一个较长时间内表现出来的重大特征"①。各个"时代"的串联，便构成国家、民族以至于个人的历史。而梳理历史，可以提升人们对现实问题的认知。鄂伦春族与异族通婚日益成为社会现象，当从1953年定居起。狩猎文化传统婚姻形态，是男娶女嫁的一夫一妻制家庭，实行严格的族内氏族婚制。纵观鄂伦春族婚姻形态，异族通婚的零星发生，一直到渐次增多，起决定作用的因素，一是氏族内部禁止通婚制度漏洞所致，即为了满足生存需要而不得不选择异族通婚；二是外部社会环境与传统文化互动所致。后一因素，随历史时段的推移而日益成为决定因素。

关于前一点，据20世纪30—40年代一份实地调查资料记载：在一个鄂伦春人"乌力楞"，一位调查者的帮手、达斡尔族青年海山，与"乌力楞"中一个鄂伦春年轻男人交了朋友。这个青年人央求海山从南方帮他找一个蒙古族妻子，因为在这个部落中女人很少，而他的配偶在一年前被一位相貌洒脱的情人拐走了。② 这是说，如果所在部落男女性别比例失调，会迫使人们到异族中寻找婚姻对象。

17世纪中叶以来，随着满清政府"东北封禁"解除，鄂伦春族对外交流对象日益复杂化，官方、私人"谙达"，金矿、森林开发，流民大量涌入；另外一个重要因素，是民国政府推行"弃猎归农"政策的影响，异族通婚开始增多。包括通婚领域，在与这些外部因素互动中，大体显示出三个特点：特定情形之下，带有很强的政治色彩；狩猎文化表现出某种弱势，蒙受损失；存在密切的文化交流和吸收。而婚姻作为特殊社会关系，异族通婚对上述关系的体现则更为微妙。如鄂伦春猎民与"谙达"女儿的通婚，经由"谙达"介绍与异族人认识结婚等。鄂伦春社会最早

---

① 王思斌："社会政策与中国社会发展"，中国社会科学院网，2010年3月23日。
② 参见吴文衔主编：《黑龙江考古民族资料译文集》（第一集），哈尔滨：北方文物杂志社，1991年，第153页。

的异族,主要是达斡尔族、满族,后来汉族很快成为主要异族。史料记载,1916年,呼玛县汉族商人谭宝善(吉林省人)、奉天人李金录为垄断鄂民猎品,"娶鄂人之女",30年后成巨商,在黑河建有洋楼。1921年,为了排挤同行,垄断鄂伦春族猎品收购,十八站河北昌黎县商人杨玉亭与鄂伦春女人结婚,并呈请加入鄂伦春族旗佐。[1] 以上资料部分反映出通婚与经济利益、实际生存的直接关系。1923年发生在呼玛地区的"刚通事件",也生动而深刻地再现了特定时期民族之间经济关系的紧张、激化,会上升为政治冲突。[2] 事件起因于猎民反抗商人盘剥、欺骗并与政府勾结的政治压迫,"山内奸商利其知识简单,遂重利供其求取"[3]——因狩猎文化不擅交易从而处于被动地位、遭受了屈辱和剥削。起义领袖刚通也因"不仅目睹了奸商与官府勾结,盘剥猎民,甚至使猎民家破人亡的悲惨境遇,而且其本人也深受其害,两个女儿被拐骗嫁给了两个奸商……""拐骗"是否属实已经难以确证,但是启发人们的联想和推断。饶有趣味的是,起义领袖刚通妻子是汉族,起义消息是其妻泄露给经商的亲属……

19世纪中叶,发生在狩猎民族鄂伦春族中的农业,无论是自发的适应,还是迫于政府行政命令的"弃猎归农",一个普遍现象是,多数猎民家庭需要雇佣外族人种地,而用自己打来的猎品付给雇工工资。据资料,民国时期,库玛尔路鄂伦春人雇外族长工的12户中,雇工达30人。[4] 毕拉尔路的3户,雇佣长工14人。[5] 雇佣的长短工中,主要有达

[1] 王兆明主编:《新生鄂伦春族乡志》,哈尔滨:黑龙江人民出版社,2003年,第19,第20页。
[2] 鄂伦春人刚通1869年生于盘古河,正蓝旗头佐领。他不仅目睹了奸商与官府勾结,盘剥猎民,甚至使猎民家破人亡的悲惨境遇,而且其本人也深受其害,两个女儿被拐骗嫁给了两个奸商,因此,曾5次呈请库玛尔路协领公署和黑河道伊公署,恳请当局采取措施减轻对猎民的盘剥,但均未引起他们的重视。1923年春,当他得知奸商夏老五等人灌醉猎民,抢去鹿茸及珍贵皮张,又把十几名猎人绑在树上杀害的消息后,怒不可遏。随后,他派出向官府控告的代表在途中也被杀害。情急之下,刚通组织猎民60余人,先后杀死奸商30余人,然后,抢得一部分粮食、衣物逃进深山。这起发生在呼玛河流域、十八站、塔河和盘古河一带的反对奸商的武装斗争,即是鄂伦春族历史上著名的"刚通事件"。参见新生乡志编撰委员会:《新生鄂伦春族乡志》,哈尔滨:黑龙江人民出版社,2003年,第406页。
[3] 参见关晓云:《大兴安岭鄂伦春》,哈尔滨:哈尔滨出版社,2003年,第26页。
[4] 参阅《鄂伦春族调查材料之六》和《鄂伦春族调查材料之十一》,农业部分,内部印刷。
[5] 参阅《鄂伦春族调查材料之三》和《鄂伦春族调查材料之十一》,农业部分,内部印刷。

斡尔人、汉族人和满族人。"经济压力,是汉人对付应该对某一地域享有权利的通古斯人的最重要武器之一。汉人很容易进入通古斯人家庭,最初是当雇工,后来作为债主和女婿,成了原来主人的养子。汉人就这样进入到北方通古斯人的本体之中。"①异族凭借熟悉农业生产优势,为尝试农耕的狩猎者所需要。如"毕拉尔鄂伦春人从清末到'九一八'事件,二十六年中约开垦荒地四百多垧。……在松树沟,莫丁星格在两个达斡尔族女婿的帮助下,开荒十来垧,盖了两间房,没有雇工,自己种"②。

不难发现,把握上述异族通婚史致因线索,排除可能的特例,基本上应验和证实了以下道理:第一,"民族学或人类学作为研究人的科学,不应该回避人的最深处,不应该回避他的本能和感情生活"③。因通婚氏族内部男女比例失调,在外部条件下,就有可能选择异族通婚作为弥补,这是人的本能和感情生活需要;第二,"我们无须多加思索即可相信,在人类从最简陋到最高级的所有阶段中,经济力量都具有根本性的意义"。④ 人类生活的初始条件,"包括一定程度的温饱和栖身之所"⑤,为了满足生存初始条件,有时经济力量成为强于感情力量的推动力量,如果当事者意识到与异族的通婚可以获得,则双方的文化接触往往使其成为必然。如上述无论是模仿周围汉族、达斡尔族尝试种地,或迫于政府压力的"弃猎归农"——"转产"而凸显出的对农耕技术的需要,从而雇工、从而交往密切、从而促成异族通婚增加等等,凡此构成半个多世纪来猎民反复转产、尝试农业等多种经营、禁猎,因而使以汉族为代表的农业文化在鄂伦春社会自然赢得市场、从而渗透进婚姻领域。鄂伦春异族通婚日益成为社会现象的"历史照面",现象和现象的原因,

---

① 参阅史禄国:《北方通古斯的社会组织》,赵复兴等译,呼和浩特:内蒙古人民出版社,1984年,第109—138页。
② 根据《鄂伦春族调查材料之六》和《鄂伦春族调查材料之十一》(农业部分,内部印刷)整理。
③ 〔英〕马林诺斯基:《西太平洋的航海者》,梁永佳、李少明译,北京:华夏出版社,2002年版,第98—99页。
④ 〔英〕马林诺斯基:《西太平洋的航海者》,梁永佳、李少明译,北京:华夏出版社,2002版。序,2。
⑤ 〔英〕马林诺斯基:《西太平洋的航海者》,梁永佳、李少明译,北京:华夏出版社,2002版。序,2。

有一些仿佛还是旧的。这很自然。

目前,鄂伦春族与异族通婚,不仅成为普遍现象,并且在鄂伦春人的观念意识中被普遍接受。据笔者 2003 年 9 月在鄂伦春自治旗鄂伦春族人口中进行的抽样问卷结果,鄂伦春族干部职工阶层 57 份样本中,关于"您认为应该对少数民族与汉族通婚持什么认识和态度"问题,21 份认为是"民族开放标志之一",占 36.8%;17 份认为"有利于民族团结"占 29.8%;14 份认为应该"顺其自然",占 24.6%。表现在猎民阶层,乌鲁布铁、讷尔克气村 28 份样本中,关于"您或您的亲戚选择配偶时,可能优先考虑的是哪个因素"问题,居于首位的选择是"经济状况",其次是"教育程度"。同一问题,希日特奇、木奎村 28 份样本中,居于首位的选择是"经济状况",其次为"教育程度"。在鄂伦春中学高中 25 份样本中,关于"你将来择偶的条件考虑",第一位是"学历",占 40%;第二位也是"学历",占 28%;第三位是"道德修养好"占 40%。同一问题,初中 30 份样本中居于首位是"不考虑民族",占 46.7%,第二位是"学历",占 33.3%,第三位是"道德修养好"占 43.3%。

鄂伦春族主要聚居在内蒙古鄂伦春自治旗和黑龙江省 11 个猎民乡镇和 15 个猎民村中。实际生活中,据 2003 年各个猎民乡镇猎民村基本情况统计资料,各猎民乡镇鄂伦春族与其他民族人口结婚组成家庭的情况为:讷尔克气村 47 户猎民家庭中,有一户是同族通婚家庭。排除 14 户鳏寡孤独家庭,32 户家庭是异族通婚家庭,同族通婚与异族通婚的比例为 32:1。32 户异族通婚家庭中,与汉族通婚的 12 户,与达斡尔族、鄂温克族、蒙古族通婚的家庭 20 户,与汉族通婚的比例占异族通婚率 37.5%;在木奎猎民村 15 户完全家庭中,异族通婚家庭 13 户,鄂伦春族同族通婚家庭 2 户。异族方族属绝大多数为汉族。"姑爷户"即汉族男子娶鄂伦春族女子占大多数;在诺敏猎民村 18 户家庭中,异族通婚家庭 14 户,鄂伦春族同族通婚家庭 2 户,孤儿户 2 户。异族通婚家庭,鄂伦春男子娶达斡尔族女子占相当比例,而鄂伦春女子嫁达斡尔族男子的也比较突出。这与此村与达斡尔族聚居地比邻、历史以来接触较多有关;在朝阳猎民村 27 户中,24 户是异族通婚家庭。以上四个猎民村鄂伦春人与其他民族人口结婚组成家庭所占比例,反映出鄂伦春族人口与异族人口通婚的普遍性。另外两个猎民村——希日特奇、古里的情况与此类似。

职工干部阶层与其他民族通婚也已成为普遍现象。据调查了解，800多名鄂伦春族干部职工中，夫妻均为鄂伦春族正常的家庭，粗略统计不到十户。在与中学生的交流座谈中感到，他们对自己将来婚姻的设想，婚姻对象族属如何，已基本排除在择偶条件之外。黑龙江省鄂伦春族与其他民族通婚组成的家庭也占人口统计的绝大多数。在当地，相对于鄂伦春族，人们习惯把汉族或其他民族的男子娶鄂伦春族妇女为妻组成的家庭叫"姑爷户"；把鄂伦春族男子娶汉族或其他民族妇女组成的家庭称为"团结户"。

关于异族通婚，一般认为，只有当两个或多个民族群体的大多数成员在政治、经济、文化、语言等方面达到一致或高度和谐，互相之间存在广泛的社会交往，他们之间才有可能出现较大数量的通婚现象。因此，一般认为，族际通婚是民族关系融洽和谐带来的结果，唯有其他方面的民族关系都达到令人满意的程度，大规模的族际通婚才有可能出现。除了与以上理论相印证，笔者明显感到，鄂伦春族选择异族通婚，或异族选择他们通婚，更多的是出于实际生活利益的考虑。其中，民族区域自治、自治旗给予鄂伦春族的各项优惠政策，制度化所形成的民族社会分层，在其中扮演了重要角色。

二、婚姻主体条件与从实际生存需要考虑的婚姻

大体上，鄂伦春社会表现为三个阶层：猎民阶层、职工干部阶层及学生阶层。在猎民阶层，概括而言，异族通婚家庭夫妻双方个人条件，如体质、婚姻史方面，"姑爷户"给人一种感觉，"姑爷户"中的女方——鄂伦春妇女，似乎身体有病、残疾、不甚健康者较多，有些人容貌上似略逊色于男方。如木奎村8户异族通婚家庭，有2户女方腿是残疾。总体上，似乎男方的个人条件好于女方。

体质和体质特征是决定婚姻不可忽略的因素。人们之间在体质外观上的差异是很容易分辨、很容易造成深刻印象的。鄂伦春人体质特征虽然与蒙古人种差异不明显，但差异还是相对存在的。这种差异，加

上我们在此主要强调的体质——身体健康水平、外形条件、无残疾意义上的因素相结合,当然会形成一种婚姻条件。问题是,人们在互相接触中,人们在态度上是否愿意接受对方、在感情上是否与对方认同、在心理上与对方的距离感等等,都会受到彼此体征差异程度的影响,他们会十分自然地考虑:对方是不是"异类"?对方和自己在体质差别之外是否也会在其他方面——价值观念、行为规范等方面在什么程度上有可能存在着差异?体质差异越大,表现得越明显,带来的距离感也就越强。族群之间的体质差别越小,相互对于另一方"异类"感也就越低。

在鄂伦春族与汉族等民族组成的家庭中,调查中看到身体残疾、相貌一般的鄂伦春妇女与身体健康也英俊的汉族适龄男子组成的家庭,也有汉族健康的青年男子娶大他数岁、带有几个孩子的鄂伦春族妇女的。当然也存在相反的情形。总之,仅体质上婚配条件不相当的不在少数。那么,此处的体质因素在异族通婚中的作用,是如何显示或被当事者淡化的?又是哪些社会因素在左右着他们的婚姻抉择?在年龄上,有的夫妻年龄悬殊很大。如乌鲁布铁村 J 家(男,汉族,69 岁;女,鄂伦春族,56 岁),诺敏 T 家(男,汉族,52 岁;女,鄂伦春族,43 岁),诺敏 W 家(男,汉族,28 岁;女,鄂伦春族,32 岁)。

而在干部、职工阶层异族通婚家庭,调查、接触中感到,作为女方的鄂伦春族一方,个人受教育水平、社会身份、声望、工作能力等方面,往往优越于异族方,似乎作为男方的鄂伦春族一方,也显示出这种特点。对异族方而言,这是否也是某种制度环境左右中的异族通婚的"上嫁"现象,即为了分享民族政策带来的好处而选择鄂伦春族干部职工为婚姻对象?更何况能够到旗里工作的鄂伦春人,个人条件——体质(包括容貌)、气质、受教育程度、经济收入、社会地位等,与汉族等其他民族已无差异,甚至条件好于异族人。那么,为什么条件都很好的鄂伦春干部、职工阶层,与同族通婚的比例却不高?

因民族社会分化,猎民阶层、干部职工阶层与异族通婚的形态显示出某种差异。同时一致表明,在婚姻本身所自然要求的体质、容貌、年龄大体过得下去的情况下,鄂伦春族与以汉族为主要通婚对象的异族通婚，或者说以汉族为主要通婚对象的异族人口与鄂伦春人的通婚，之所以成为社会现象，婚姻当事人主要是从生活实际需要和既得利益考虑的。在年轻一些的人群中，可以说双方都有这方面的考虑。对异族方而言，制度化的优惠政策——除从定居政府为猎民免费盖房以及之后的维修新建，陆续出台的子女助学金补助、升学、入伍、招工、提干上的特殊政策，猎民护林员津贴，医疗政策以及不固定提供的生产、生活上的扶持政策等等。1989年，随着猎民生产方针调整为以农业为主和从事其他多种经营，特别是鄂伦春自治旗1996年禁猎后，政府加大农业扶持力度，给每户猎民都分配了土地，并作为禁猎补助，每人每月享受70元待遇。以上种种政策优势，极大地吸引了一些在外地生活困窘的异族人口。通过有限调查，可以推断异族的来历、个人情况，无论男女，多为在原居住地生活困窘者。他们一般投亲靠友而来，寻找生活出路。往往先在这里打工，后来经人牵线娶鄂女。出于实际生活压力，经过利益权衡，一些人降低择偶条件，不在乎对方是残疾或既是寡妇、又比自己年龄大。娶鄂伦春妇女，从而解决婚姻、家庭、生计的现实问题，甚至，未来子女上学、就业问题也好办了。同时，也有可能为老家的三亲六故带来转机，如来此打工、租地。另外，这里的婚姻市场竞争不甚激烈——在此娶妻省钱，鄂伦春姑娘不如老家姑娘要的彩礼多；而在外地离异、生活不幸的妇女，流落至此，嫁给鄂伦春男人，政府提供的房子、可以保证基本生活的各项补助，也可以使她们的生活安稳下来。而在鄂伦春一方，狩猎文化、社会环境熏陶中成长起来的鄂伦春男青年，许多不擅长农业和其他生产，如开小卖店、开豆腐坊、杀猪卖肉挣钱、种菜、打鱼去市场上卖，也不习惯汽车、小家电修理，况且性格、脾气可能不太圆通，一般好喝酒，凡此种种，均使鄂伦春年轻妇女择偶的定位容易转向异族男性。所以，为了实际的生存——嫁能干、勤奋的汉族人，因此，也就不太苛求彩礼了。

不难发现，猎民村中的猎民，与外界交往并不广泛，甚至没有形成城市社区那种民族混杂、共处从而提供异族之间交往、实现婚姻的客观条件。往往是经由中间人从外边"引进"婚姻对象，而在此之前，婚姻主体双方并不熟悉。

三、文化借鉴、支持、冲突中的婚姻与社会影响

如前所述,族际通婚所涉及的不仅仅是两个异性的关系,而且隐含着两个人所代表的族群的文化和社会背景,是民族之间的接触,文化之间的接触。夫妻关系、家庭生活情况,往往赋予社区特有的并流动的某种气氛和氛围、风气,家庭关系往往延伸和渗透进更广泛的社会关系和社会生活领域。笔者1998年、2000年、2003年在内蒙古和黑龙江省鄂伦春族聚居乡镇的调查,集中反映了上述情形。

1. 诺敏猎民村三户异族通婚家庭的生活

Q家:Q,女,43岁,鄂伦春族,再婚,与前夫生有2女,与现夫生有1子。她吸烟,身体看起来一般。她的丈夫T,52岁,青岛汉族人。1962年他因父母被打成历史反革命而下放农村,后来流落至此。该户目前有5垧地,出租,一年收入近5000元。T主要以替人杀猪、自己杀猪卖肉挣钱。他说:替人杀一头猪挣100元。他家有一个显眼的大冰柜,里面冷冻着猪肉,村里人都到他家里来买肉。

B家:B,男,35岁,鄂伦春族;妻,32岁,汉族,她12岁时随父母来到此地。她的父亲是木匠,也当过包工头。她是再婚,与前夫生有二子。与B结婚已4年,现在有一个近周岁的女儿。现在家里6口人:夫妻、婆婆、3个孩子。B曾蹲监狱10年。是在鄂伦春中学读书时犯的罪。出狱后回老家,改邪归正,又娶妻生子。看得出,他对这个家是十分珍视的。他言语不多,很勤谨地忙里忙外,他还热情地为我们沏茶倒水,满脸笑呵呵的。该户现有6垧多地,平时夫妻俩下地,忙时雇人。女主人与前夫离异的原因不便多问。她只是说:现在社会就这样了,似乎是前夫不仁义。

U家:U,男,28岁,汉族,黑龙江海伦县人。他来此是投奔住在诺敏镇的姑姑。现在他大哥一家也搬到这里生活了。我们说话时,他19岁的侄子也在他家。这个小青年想在村里开小卖店。U的妻子是鄂伦春族,32岁,再婚,与前夫生有2女1子。大女儿13—14岁,小学5年级。我们看到,这个女孩身体虚胖,不太伶俐,当时她懒散地躺在外间一个小屋里。U告之,孩子今天不舒服,所以没去上学。说话的

中间,U的妻子进来一次,从敞着门的破旧衣柜中找出要用的东西,很快出去了。看她很苍老,身体也不结实。U说,妻子怀孕已经2个多月。妻子的父母是退休职工,在诺敏镇住。U家有5—6垧地,因只有他一个劳动力,所以需要雇工。另外,他农闲时到镇上开车拉沙子,拉一车20元,一天能拉5—6趟。他在老家时开过榨油机,他计划开个榨油坊。U小学没毕业,但人反应很快。他对妻子比自己年龄大很清楚。但是因为娶妻没花多少钱,再加上鄂伦春族有政府给批地、盖房子、补助等好处,再加上妻子的贤惠,所以,对眼下的家,他是满意的。

以上随机走访的3户异族通婚家庭生活的状况表明,异族通婚家庭在当前政府扶持鄂伦春猎民以农业作为主要收入来源、并鼓励从事其他生产的经济政策环境下,显示出对土地的有效利用的优势,并因有其他劳动技术——替人杀猪、卖猪肉、开车跑运输、开榨油坊等,使家庭收入增多。

2. 其他比较典型的异族通婚家庭

朝阳村J家:J,女,31岁,鄂伦春族。她父母早已去世,和弟弟一起孤儿生活过了10多年。她姐弟3人,她排行老二。哥哥33岁,腿残疾,爱喝酒,至今未婚;弟弟19岁。她父亲是酒后手脚冻伤,打针过敏致死。母亲喝酒,有心脏病、肺结核。她母亲姐妹3人。妹妹心脏不好,有病去世;老三——她的母亲30多岁时被火车撞死。

J的丈夫叫F,年龄与J相仿。汉族,黑龙江青岗县人。他来这里后,父母也随后迁来此地。J夫妻生有二子,大的12岁,小的10岁。J家有拖拉机一台。2000年分到15亩地,种的黄豆和饭豆。在原来,是租别人的地种。一垧地给800斤黄豆,他们租了七八垧地,年头若好,一年可以收入一万元。谈论中,女主人对自己家到底租了多少地种不太清楚,而主要是男方知道。妻子和两个孩子每人每月享受政府禁猎补助70元。家里的彩电是1997年为迎接香港回归公家发的。J家的家境在这个村属于中等。从这一家生活也看出异族通婚给鄂伦春族适应农业生产、保证维持生活的帮助,并与政府优惠政策形成互补,鄂伦春人在中间得到带动。

古里村 S 家：S，男，鄂伦春族，46 岁，猎民；女主人 W，40 多岁，汉族。女主人从黑龙江阿城地区嫁过来，在此已生活 20 多年。家有 4 个孩子。大姑娘考上呼盟中专，学费旗里负担。老二、老小现在阿里河镇读书。家住三间政府统一给盖的土平房，有一台 18 寸彩电，陈设简朴。女主人称，在老家时她种过地。现在家里出租 60 亩，年收入 4000 多元。"老头不愿干农活，只拉车把我送到地里，他只照顾马和车。"1998年乡里机耕队给开地，先由个人清理地场。原来年轻时，她曾在木器厂干过活，前些年种过蔬菜。

古里村 G 家：G，男，汉族，39 岁，再婚；G 妻，鄂伦春族，33 岁。G说，"团结户"占该村的 80%。他是 1988 年从黑河伊安县过来的。来此后打猎，除用枪，也下点套子。现在种地 200 来亩，政府没投资，是自己搞的。现在住的四间房是自己盖的。G 会做木耳菌，准备 2000 年冬天种木耳袋。

现在家有 5 口人：妻、G 的父亲、2 个女儿。两个女儿中与前妻生的一个。与前妻是在猎民村离婚的，两年后娶的现妻。妻半残废，干活不方便。家有四轮车一台，没有牲畜，明年（1999 年）干不过来要雇人。准备贷点款，种一万袋木耳，投资 5000 元。去年收入 1 万多元。

塔河县十八站乡 W 家：W，30 来岁，汉族，工人；妻，20 多岁，鄂伦春族，乡干部。有一子。W 说，他写过关于异族通婚的文章，题目大约是：鄂伦春族驸马对鄂伦春族发展的促进作用。他告之，白银那乡鄂伦春族汉族驸马每五年举行一次驸马联谊会，交流如何进行生产、经营，促进鄂伦春族发展的经验体会。已举行过两次这样的会议。全乡与鄂伦春族妇女结婚的汉族男子近 50 人。W 的儿子的汉族名叫"关王鄂汉"，鄂伦春族名叫拜兰（最有知识的人）。上学叫什么名字，还没最后定下来。男主人给起的是"关王鄂汉"，以全面反映民族特点。女主人不同意，因孩子降生前，妻姐已为孩子起好了鄂伦春族名字。因为孩子的父亲是家中老小，而且其兄已有男孩，按照汉族"大儿子，大孙子，奶奶的命根子"的说法，这个孩子姓父母谁的姓，叫哪个民族的名字已不重要。W 认为，汉族与鄂伦春族妇女结婚，对带动鄂伦春族走向多种经营、更快地适应农业生产，起到了明显促进作用。姑爷户的家庭生活水平普遍较高,夫妻关系也好。

白银那乡 Y 家：Y,女,鄂伦春族,30 多岁,腿残,民间歌手,白银那乡干部。Y 的丈夫 30 多岁,汉族,老家山东,现在是个体户。有两个女儿在上小学,学习优秀。Y1995 年当选为黑龙江省第八次妇代会代表。她告之,本地有 13 名鄂伦春族女子去了山东,她也准备将来随夫去山东生活。

上述四户 S 家和老 G 家的情形,再一次证实了鄂伦春族与汉族等异民族通婚,对带动鄂伦春族走向多种经营、更快地适应农业生产的促进、带动作用。同时,也使异族人得到各个方面的生活保障和切实利益。应该说,作为利益共同体的家庭,一旦结成,婚姻双方一般是互惠互利的。Y 和 W 的家庭生活给人某种展望,代表两种文化的个体之间融合之水平,意味着文化之间吸收、整合程度,已经超出了外界的意料。

3. H 姐在乌鲁布铁村的生活

2003 年 9 月第三次来到乌鲁布铁村。这次乌鲁布铁镇党委副书记安排我们住到 A 家。当地人都知道,A 的父亲是汉族,是最早来到甘河流域的汉族。因为人老实、厚道,鄂伦春人很接纳 A 的父亲。A 的父亲娶鄂伦春族姑娘为妻,A 就成了鄂伦春族。A 的妻子 H,当地年轻一点的妇女都管她叫"H 姐"。

H 姐是吉林省榆树县人,19 岁时嫁给 A。她说自己的婚姻是父母包办的产物。那是"文革"前后,一家人为了逃避老家不景气的日子来到这里。为了一家人能在此地安家落户,父母强迫她嫁给猎民 A,从而可以借女儿的关系享受到国家对鄂伦春族的优惠政策,一家人得以在此落户,分地。一直到现在,她的胞弟,还在租种她和 A 的耕地。她是老初中生,头脑敏捷,口齿伶俐,人们说她写的字很漂亮,写材料出手很快,1998 年时她还是村妇女主任。她在这里生活近 30 年,已经完全是这里的人了。但是,每当回忆起自己的身世,特别是念的书没太用上,总有些遗憾。H 姐讲的与 A 的日子,让人记忆很深。

H 姐曾回忆到,有一年 A 带 500 元钱领着不满 10 岁的女儿去大杨树镇办年货。他答应女儿的要求,下了饭馆,吃饭用去许多钱,自己也喝醉了。女儿自己去商店为自己挑了一身衣服。A 喝醉后，从台阶上摔下来，磕破了头，又差点把女儿丢了。最后，他领着女儿，背着一串盖帘回来了。A 没有别的毛病，就是喝酒容易醉。一醉就摔东西，电话已摔坏了 12 个。我们到他家的第二天，他妻子去大杨树买菜，顺便花 40 元买回了新的电话。他一醉，就向妻子要由她管理的钱。给过一千，则要她还回一千，不管中间是否已用过。可能是平时老是妻子管钱，而且管得很紧，所以 A 也烦，喝醉了酒又想起来了。

我们在他家住的两天，每天早晨都是 A 起来做饭。A 说：他高兴了才做饭。他给我们做他最拿手的那种柳蒿芽和饭豆、猪肉炖在一起的鄂伦春族传统菜肴。H 姐饭桌上说：她特别爱吃 A 做的这种菜。

族际通婚隐含着两个人所代表的民族的文化和社会背景，是民族之间的接触，文化之间的接触。而且，族际通婚带来的文化接触与影响，还辐射到双方的家庭、亲属、社交圈以及所在社区中。笔者了解到，在 T 猎民村，Z 的土地交给汉族婆婆一家经营，具体怎么经营，Z 没有兴趣多问，只要收入上不吃亏就可以；也是在这个村，一年轻猎民因种地的事与汉族岳父家意见不同，发生冲突开枪打死岳母，然后开枪自尽；在 G 猎民村，A 的土地租给汉族内弟耕种；而同村 T 认为他的汉族女婿是他经营土地的"参谋长"。M 猎民村有一对汉族兄弟先后娶鄂伦春妇女，W 猎民村也有蒙古族兄弟先后娶鄂伦春妇女。通过异族通婚，不仅扩大了猎民村异族人口规模，也拓宽了文化传播、文化整合范围。因此文化冲突和交流的范围已超出夫妻之间，而扩散至亲属、社交圈和社区。

与此相关，因异族通婚的普遍性，通过婚姻移民过来的以汉族人口为多数的异族人口，类似黑龙江省塔河县十八站乡"驸马联谊会"，也已成为猎民村的亚社会单位。他（她）们的话语意识显然自觉于猎民。一个现象是，在猎民村，每当进入一户人家，只要是异族通婚家庭，与笔者交流的，一般总是异族方。而鄂伦春族方，多数人不善言辞，在一旁坐着或借口离开。家庭的大事，似乎也在由汉族方做主。而在社区层面，猎民村的异族媳妇、姑爷，往往成了外交的头面人物，如 T 猎民村，两次进村均是担任村里大小职务的异族妇女出面招呼，由她们谈论村里的是是非非。而一些外来人也许真正想去拜访的鄂伦春人,要靠乡干部、村干部帮忙去找。一些鄂伦春老人也许脾气不太好,不那么会来事,当地干部知道这些,或许为了省去麻烦,而更愿意带外人到性格随和、更会打交道的有异族人口的家庭。已经有鄂伦春族干部发现这种现象并表示不满:总由她们(指异族)出面接待,她们算什么? 猎民村的社会话语,由异族人左右了一大半。真正猎民的生活现实、猎民的情感和意愿,被隐去了许多。也许,鄂伦春人会感觉不舒服,名义上是"猎民村",而在外来人面前,他们没有赢得自己应有的社会地位和民族尊严。也许正是因为这种"不舒服"的感觉,那次在 T 村,因我们进村只找了村书记(异族),而没有再去找村长(鄂伦春族),所以发生了后来村长撕毁问卷的事。村长追问道:来的人在哪里? 当时,笔者即感觉到事情的严重。实际上,那是对一个民族自尊的冒犯。

那一次在 T 猎民村,从 Y 家回到房东 A 家,听到 4—5 个异族妇女谈论 Y 家的事情。一时间,那位可怜的汉族媳妇成为被鞭挞的对象。说她懒,不好好收拾家,让外人看见,给猎民丢脸;有人提到,那次曾怎样指导她如何洗好被子。与猎民村异族的表现相印证,猎民村的猎民、鄂伦春族干部、职工对异族通婚认识、评价也存在分歧。在评价本族与异族通婚家庭与家庭问题时,指责的常是异族方,如汉族姑爷不勤劳,靠孩子、老婆的猎民补助为生,在家总是他们说了算,有的还歧视、虐待对方。但是一旦他们有事离开家,老婆就喝酒,自由了。尽管与异族通婚已经普遍,而且问卷调查表明,猎民、干部、职工、学生各个阶层对异族通婚持普遍认同,但实际生活与理论归纳差距很大。

四、异族通婚:痛并快乐的生命之树

无论异族通婚给通婚双方带来了什么,这毕竟是似乎难以逆转的现实。回顾历史,传统婚姻制度局限的因素影响,可能已经很微弱,而起决定作用的,是第二个因素,是民族内部文化碎片化、社会分化与外部环境、条件剧变以及互动的必然产物。文化吸收、利益互补与共享,是当代异族通婚的深厚底蕴。

就鄂伦春族而言,与异族通婚,对这个小民族的现实生存发展,确实带来了积极影响和实际帮助,这应该被认为是主流。作为当地社会敏感话题,尤其是对鄂伦春族的是非功过,人们情感复杂,尤其一些读过很多书的鄂伦春人。对此,一些研究形成了较为客观的认识:"异族通婚促进了鄂伦春族人口的体质、家庭经营能力及子女教育水平等方面的提高与发展;异族人一般会过日子、善于治家理财、会搞买卖、种地养殖样样精通,人均收入高,生活富裕;其次,族际婚家庭重视子女教育,孩子身体素质好、智商高、考上大专院校的多;再次,鄂伦春族与其他民族通婚,扩大了视野与交往范围,形成了新的社会关系网与人际关系圈,易于克服狭隘观念及自身落后习惯,有利于民族个体的锻炼与发展。研究同时特别指出:在强调族际婚好处时,不应盲目反对民族内通婚,不应把民族内通婚家庭看作不和睦、不幸福、家庭职能发挥不好的家庭。现在的情况与过去不同,各流域的鄂伦春族人交往搬迁频繁,居住在一个城镇乡村,族内血缘关系较远相亲相爱的青年,成亲结对的很多。他们对贬低族内婚观点反感,非要结婚过好日子,让一些人看看。"①笔者也听当地一些人谈到,"姑爷户"家庭关系一般不太好,可能是通婚目的不纯——与鄂伦春族结婚后,个人或亲属可得到利益,享受国家对鄂伦春族在就业、升学、生活、生产等方面的优惠政策。等到一旦结婚或共同生活时间一长,因为民族间性格、习惯或本来婚姻目的不纯等原因,裂痕不可避免地出现了。这种现象,在干部、职工中出现的更多。

据鄂伦春自治旗统计局 1999 年末调查,全旗四个猎区乡镇鄂伦春族离婚人口 11 人,男的 9 人,女的 2 人。鄂伦春族干部职工族际婚家庭,夫妻离婚比例近年有所上升。一些研究对离婚原因有较具体的分析:男方是汉族的,找鄂伦春族结婚的动机,往往是借光利用,寻找保护伞,站住脚,有了工作、地位、户口,然后就离婚;他们有的嫌妻子不会过日子、不勤快、不会体贴关照丈夫,与自己文化观念不同,为人处事原则不一致;女方是汉族或其他民族的,有的嫌丈夫喝酒打人骂人、不爱

---

① 参见何群等:《狩猎民族与发展——鄂伦春族社会调查研究》,呼和浩特:内蒙古人民出版社,2002 年,第 188—190 页。

劳动、工作不积极、缺乏事业心上进心、疑心重、小心眼儿、不会来事,在社会上吃不开受歧视等。而作为夫妻另一方的鄂伦春族男女,往往嫌自己的异民族丈夫、妻子势利眼,为达到目的不择手段,以及光知道钱财,不讲兄弟姐妹情义及义务,看不起人,不尊重"穷亲戚",有了地位、钱财、攀上高枝就变心等等。与此比较,族内婚家庭破裂的近年时而出现,但比例很小。族内婚夫妻,在相同的文化氛围中长大,相互了解,恪守道德情义,相容性较强,容易化解矛盾,就是一方不会过日子治家理财或好喝酒也不嫌弃。① 看来,由婚姻所反映出来的文化冲突、利益纠纷、社会矛盾远没有结束。而伴随异族通婚出现的鄂女嫁异族男、族内男性婚娶难等社会问题,也早已引起政府和社会的关注。

尽管我们说鄂伦春族与异族通婚,带给当代鄂伦春人许多伤感。但是,现实生活也使鄂伦春人民意识到调整思路的必要,或者说生存的实际需要在指引他们应该怎样走。要文化,还是要人,人民做出了最优化选择。呈主导性的事实是,原生形态的文化——狩猎文化经由借鉴、吸收异文化优势,在此基础上生长出次生形态的文化,获得了新环境下的文化适应。"关于'混合家庭'的调查表明,在这种家庭生活中生活的某些人,借助他们配偶与子女的经验,开始重新观察他们的环境,反抗以前习以为常的那些东西……"②,而"知识的积累和通过发明与发现而产生的技术改进,通常被认为就是'进步'"③了。因此,从文化接触、文化博弈角度观察,文化借鉴、磨合、生存的互相支持中的异族通婚,表现出非零和取向。应该指出,这一取向带给我们的另一启发或许是:民族不是铁板一块,人性和人类生存的冲动,常常超出既往概念。

(此文发表于《西北民族研究》2010年第3期)

---

① 参见何群等:《狩猎民族与发展——鄂伦春族社会调查研究》,呼和浩特:内蒙古人民出版社,2002年,第189—190页。
② [德]乌·贝克、哈贝马斯等:《全球化与政治》,王学东、柴方国等译,北京:中央编译出版社,2000年,第309—310页。
③ [英]拉德克利夫-步朗:《社会人类学方法》,夏建中译,北京:华夏出版社,2002,第176页。

5. 人与地之纠葛： 鄂伦春社会中的地域意识行为和功能

内容提要： 就人类学意义的文化而言，人与地、地域与文化、特定族群与其繁衍、生息的土地，存在着从物质文化、社会组织到精神信仰等千丝万缕的纠葛。由此形成的地域意识行为，发挥着构建和维护社会的重要功能。将地域意识行为与小民族的生存、发展联系起来考察，从地域意识行为作为民族物质、精神资源，民族自我认同，社会体系调整的重要作用作为路径分析，测度影响小民族生存状况的因素及社会健康水平，会带给我们一定的认识启迪。世代生活在我国东北大、小兴安岭森林地区，以传统狩猎文化为特征的鄂伦春社会生活中的地域意识行为，具有典型意义。对此，本文从以下方面进行了探讨：地域意识行为与物质、精神资源；地域意识行为与社会功能；地域意识行为与当前鄂伦春社会。并通过历史追溯与现实归纳，提出鄂伦春族地域意识行为处于转型过程的观点。

民族与土地、文化与地域、原住民与祖居地等"人与地"之间，存在着千丝万缕的"纠葛"。在普通"民族"概念中，一般均将"地域""同居一地""领土""历史领土"等作为民族基本特征。基于地域与民族的关联，人类的地域意识行为，是指人类"保卫"某一地方，对付潜在入侵者的威胁以至实际的侵略等一些内容。美国学者欧·奥尔特曼等人综合动物和人类地域意识行为的很多定义，认为大部分定义包括对某一场所或物体的所有权或使用控制权；某些定义认为在面临实际的或潜在的入侵时占有人常常采取保卫或保护地域的措施；许多定义，尤其是那些研究动物行为的定义，提到地域的作用，如交配、群体控制、抚养幼崽和资源保护。[1] 总的来说，人类的地域意识行为，之于某一特定社会，大体

---

[1] ［美］欧·奥尔特曼、马·切默斯特：《文化与环境》，骆林生、王静译 北京：东方出版社，1991年，第2页。

发挥着构建和维护的重要功能。

笔者数次①奔赴鄂伦春族聚居地区体验和感受,深入内心的印象有三点:一是鄂伦春人对故乡的热爱和依恋;二是国家开发鄂伦春族地区自然资源、现代化进程扩散对该族传统文化的冲击;三是以希望拥有一定的自然资源控制权、民族优秀传统文化得以弘扬为主要内容的该族民族发展意识的增强。综合上述三点印象———乡情、资源、发展,总结已往的相关研究,显然,探讨小民族的生存发展离不开他们生活的土地,特别是与土地—地域有关的地域意识行为。就鄂伦春族而言,土地以及因故土而导出的地域意识行为,在他们的社会生活中一直在发生着深沉而潜在的功能。

探讨土地—地域意识行为与鄂伦春社会之关系,需要从分析地域意识行为功能入手,进入造成他们某种地域意识行为的生存环境,以及环境剧变与他们传统地域意识行为的碰撞,地域意识行为功能发挥的动态状况。

一、地域意识行为与物质、精神资源

人类社会发展史表明,任何民族相对只能生活在一块特定的地域之内。而人类普遍存在的地域意识行为,甚至可以追溯到人类没有固定居住地、没有从事畜牧、没有农业或养殖业的游猎生活时期。这样的人类共同体就靠土地、森林为生。鄂伦春族在 1949 年之前一直游猎在大、小兴安岭山川河流之间,吃兽肉、浆果等其他自然生长

---

① 本文所使用的第一手资料和之所以提出该研究问题,除来自文献资料的启发,主要来自于笔者四次、历时数十周的鄂伦春族聚居地区田野工作经验。在鄂伦春族聚居的共 15 个猎民村中,笔者进入了 12 个猎民村,并对其中若干猎民村进行了接续调查。第一次 1998 年7—9 月,为完成所主持的国家“九五”社科基金项目:“现代化进程中小民族发展问题及政策研究——以鄂伦春族为例”开展的调查。课题结题成果《狩猎民族与发展——鄂伦春族社会调查》2002 年 5 月由内蒙古人民出版社出版。第二次 2000 年 7—8 月,为完成由费孝通先生担任学术顾问,国家民委、北京大学、中央民族大学联合项目“中国人口较少民族经济社会发展调查研究”而进行的实地调查。第三次 2003 年 9—10 月,为完成人类学专业博士论文而进行的鄂伦春地田野工作。在博士论文基础上修改完成的专著《环境与小民族生存——鄂伦春文化的变迁》2006 年 4 月由社会科学文献出版社出版。第四次 2006 年8—9 月为完成博士后研究报告赴黑龙江省嘉荫县乌拉嘎镇胜利鄂伦春族村进行的调查。

的食物和用最原始方法捕到的鱼类。出于安全、养育子女等生存需要，他们需要自己熟悉的、定期使用的土地，对这块土地，他们希望有一定的控制权。

延续自 1643 年后迁移至黑龙江北岸以来的分布格局，目前鄂伦春族人口的绝大部分分布在黑龙江省和内蒙古自治区境内大、小兴安岭腹地。鄂伦春自治旗境内的鄂伦春族，1958 年定居前，分为 4 个流域、11 个原始氏族部落。从习俗上讲，各部落随着长期的狩猎生产自然形成了各自的狩猎区域，猎手们很少到其他部落的狩猎区内去活动，这个习惯被一代又一代地流传下来，人人都遵守着。如果两个部落的人相遇在同一猎场，后到者会主动退出。这或许是因为当时大兴安岭地区地域广阔，人烟稀少，可供选择的猎场很多；或者一些情况下是出于亲属关系或礼仪的考虑；或者是因没有更多的个人财产，原始游猎生产方式导致地域控制欲不如定居的农业那样强烈。尽管如此，定居地点的选择——作为早在 1953 年按照中央政府指示，鄂伦春自治旗旗委、旗政府组织实施定居工作总体规划的重要内容，当地政府在初始便意识到定居点选定在什么地方需要慎重对待。因传统猎场离猎民村定居点的远近，可能会引起各部落间因狩猎路途远近、动物是否富集而引出的狩猎收获多少的利益纠纷。因为几个部落搬迁到一个地方定居共处，自己的猎场离定居点远的，出猎一次要在路上花费几天时间，而且增加了搬运猎物的负担；而猎场离定居点近的，又担心别人会就近在自己的猎场出猎，影响自己的收获。所以，定居点的选定要兼顾各部落的利益。经过多次反复勘察和各部落间协商，所选定的 4 个定居点取得了猎民的认可。以乌鲁布铁定居点为例，这里地势平缓辽阔，依山傍水，周围山上野兽较多，又靠近几个较好的猎场。

不同民族的"地域"概念以许多不同的标准存在着。鄂伦春族对地域的看法并不仅仅表现为控制和支配，他们的价值理念中存在某种自然与人类相互依赖、循环的观点。猎人认为，自己只能向自然索取确实需要的那一部分，无论是野兽、植物还是其他资源。因此表现在狩猎时不打怀孕、正在交配和幼小的野兽，而采集也对长满山丁子、稠李子的树木十分爱护，采摘时有共同遵守的规矩，更不许砍倒乱捋。否则不仅要受到整个社会的责难,更有行为者来自内心的不安和折磨。这些古朴的生态观、价值观融进了文化,如传统舞蹈《采红果舞》《树鸡舞》赞美的就是人与自然的和谐共荣。

不仅如此,鄂伦春人对土地的理解和感受不仅是物质的,即周围的山川、树木、河流、各种动物和广阔的土地,是提供给他们衣食、安身、繁衍的物质依托,也是精神的,即土地是他们的祖先、神祇的居所。那里供奉着他们的山神"白那恰",是萨满代表神灵拯救、医治众生的地方,是他们的精神资源——寄托乡愁、畅想未来的精神上的家。由此我们才能理解在当地听到的"老猎民若是有病了,只要挎上枪骑上马,上山逛一圈就好了","把他放在城市里可能不能生存,但是放在山林里,他就活过来了"说法。令人玩味的是,现在无论是在自治区担任要职,工作、生活在首府呼和浩特市,还是在呼伦贝尔盟公署(现呼伦贝尔市)担任要职,生活在海拉尔市的鄂伦春族干部,许多人保留着故乡阿里河的老屋,或者干脆老伴依然工作在旗里,而没有如人们惯常想象的那样心花怒放随之调动进城。无论是出于其他何种考虑,但有一点是肯定的——对故乡的眷恋。

有些群体可能没有明显的地域控制意识,然而表现出对地域浓重的心理依恋。澳大利亚土著居民的意识中把地域明确区分为"地产"和"猎区"。"猎区"是用于狩猎和采集食物的与其物质生存有关的地区。但"地产"属于有亲属关系的群体和他们的祖先。他们感到感情上联系很深的就是这种祖先的家。只有在那里,特定的石头、山、溪流,才有重要的族群意义。"梅斯卡莱罗阿帕切人的家乡'猎区'包括好几座神圣的山,这些山在这一社会的精神生活中有着重要意义。同样,迁到一个新地方的人可能经常对他们的家乡怀着珍爱和崇敬的感情,家乡被看作是他们生活中的一个中心场所,虽然不再被他们所控制和定期使用,但精神上仍然是'他们的'。"[①]

不仅如此,"许多原始文化关于自然和文化之间关系的想法也可以

---

① [美]欧·奥尔特曼等:《文化与环境》,骆林生、王静译,北京:东方出版社,1991年,第190页。

说明对发展的某些抵制。……在自然的观念中有着'超自然的'成分，并且这个'超自然'毫无疑问是在文化之上，就如自然本身是在它之下一样。……我们必须根据同样的情况去解释对于财产交易的厌恶情绪，而不是把它看作是经济管理或土地集体所有制的直接结果"①。这种观念，是一种文化对人与地关系的认识，是一种观念世界图像。这种观念，有可能影响他们对现代事物的理解，或被拿来解释现实。如2000年7月笔者了解到：朝阳村②猎民，认定定居位置不吉利，因村子正位于村后形状如龙的龙头位置，"压住了龙头"，因此村里自杀和非正常死亡事件多，马匹也受到不吉利影响，意外伤亡事件多。此种认识，有可能放弃自身努力、调整，因为有了他们认为说得通的解释，而无视不便利的生活环境，即实际存在的离铁路较近、离火车站较近因而容易出现意外等。笔者考察此村，看到如从村里去村东、去火车站那边，确实一定要横穿铁轨，如果不留心，特别是如果酒后横穿铁轨，难免出事。当然客观上也给意欲自杀者提供了方便。环境不利于化解心情、排遣忧郁，而是激发、促使想死的人想抓紧去寻死。或许这也是比较极端的一种"人与地之纠葛"。

不同群体对所在环境、地域的理解不同的原因是很难挖掘清楚的。除以上分析外，从认识发生学的角度看，人的认识是有选择的，一切都取决于环境的不同部分对他们的重要性。如蒙古族关于马的体质上的丰富多彩的定义，对草质的细致区别；鄂伦春族对动物习性的入微了解——能用狍哨、鹿哨吹出雌、雄和幼兽不同的叫声等等。而且，人类对具体环境的认知有时是失真的和程式化的。对环境的认识某种程度上是"心理上的"，我们在心理范围内解释环境，我们在描述环境时是有选择的，不完全的。不仅如此，人们对环境的了解和感觉往往存在着明显的自我中心主义。或者说，对自己的家乡的感觉总是"熟悉的和好的"。而影响环境取向的原因，有语言上的亲近关系、文化上的相似和差别以及政治价值观。所以说，似乎存在一种有规律的、普遍的人的习

---

① [法]克洛德·莱维·斯特劳斯：《结构人类学》（第二卷），俞宣孟等译，上海：上海译文出版社，1999年，第352—353页。
② 鄂伦春自治旗7个猎民村之一。位于阿里河镇与乌鲁布铁镇中间地段。

性,就是从认识、感觉和情绪上组织地理和物质环境。也有从生物进化与文化进化关系的角度,探讨族群文化与地域(环境)的关系。即,虽然选择机制使生物物种能够适应其自然环境或更有效地抵抗自然环境的变化,但就人类而言,环境已经不再具有任何真正的自然性质了。在进化过程中,那些生存下来的人及其后代具备适应严酷环境所必需的认识上和感觉上的技能。那些在这方面做得出色的人就生存下来并繁殖后代,所以说有效的环境取向有关的技能具有进化的因素。这种"有效的环境取向有关的技能"一旦作为文化被固定下来并传播开去,又会积极作用于处于某一特定环境(地域)里的族群。长期下来,有意无意之中要适应恶劣气候条件的社会,就会耐冷耐热,有的社会有进取精神、有的社会有思辩的气质、有的社会善于在技术上别出心裁等等。[1] 在实地调查时,我们反复听到共居一村的异族农民对鄂伦春族猎民"狩猎技术高明""耐冷耐饿"的评价和对他们纯朴厚道人格的赞美。

如果引入"民族"具有象征性意义理论,"地域"相对于一定民族,同样具有一定的固定形象和符号象征意义。[2] 民族意识和凝聚力增强的过程中,一些本族的古代传说(如黄帝对于汉族)、历史人物(如成吉思汗对蒙古族)与本族有关的山水城市(如长白山对于朝鲜族),本族独有的生活习惯、宗教信仰、歌曲舞蹈等等,都可能被固定下来,不断加工或者神化,最终被人们视作本民族的象征。就地域的符号象征意义看,特定地域通过一定的固定形象和符号,使得特定民族得以显示他们的个性和价值观。[3] 对地域意识行为的讨论,旨在揭示一定民族与一定土地的有机联系,意在揭示生存在特定地域之内的民族文化具有相对稳定性的内在原因。

---

[1] 克劳德·莱维·斯特劳斯:《种族和文化》,萨克达译,转引自中国都市人类学学会会刊,1997 年 3 月第 10 期,第 47 页。

[2] 参见马戎"关于'民族'定义与民族意识",转引自北京大学社会学人类学研究所《民族社会学研究通讯》,第 17 期,第 19 页。

[3] 如《乌苏里船歌》《呼伦贝尔美》《走上这高高的兴安岭》《天山之歌》,这些歌曲的歌名与一定的地理概念连在一起,对一定的民族来讲之所以重要,是因为正好这个民族在那里。

二、地域意识行为与社会功能

概括而言,地域意识行为的社会功能主要体现为两点:第一,族群自我认同。自我认同是一个人或一个群体从认识上、心理上和感情上明确和理解他们自己的存在。它包括人们知道物质世界的哪些方面是自己的部分,哪些方面是他人的部分。它包含自我认识一个人的能力和局限、实力和弱点、情感和认识、信念和怀疑。此外,自我认同还有一种很强的评价(肯定的或否定的)成分。就是说,"我"对"我自己"和对"别人"是不是一个有价值的人,如果是,为什么? 自我认同包括一个人或一个族群与他人或外界的关系中控制界限的能力。这种控制界限的意义是指:通过调整"我们的"开放和封闭或者与"他人的"接近和不接近,"我们"可以按"我们"个人的愿望、关系的密切程度和处境情况,来处理好"我们"与"他人"的社会关系。因此,特定的地域对特定的族群的自我认同太至关重要了。正如自我认同要素要求的,不能成功地控制所赖以生存的地域对一个族群的心理健康可能是一种严重的损害。道理是,地域对他们如此重要,与他们的生存如此一致,如果没有能力在有规律或可以预测的基础上控制其他人的进入,就可能对自尊、自我认同和正常的活动能力产生影响。有研究得出结论:不同程度的精神分裂症患者即是存在"自我和其他界限调整过程的一种障碍"。[①]

如同一些鄂伦春族领袖认为还缺乏一部真正的鄂伦春族史一样,鄂伦春族研究确存在某些讳莫如深的话题,而这往往与如何解释一些历史人物、历史事件有关。接续以上思路,考察当时社会背景以及狩猎文化特点,社会巨大变化引起传统社会的动荡,包括传统地域意识遭受的冲击,1955 年 5 月 8 日鄂伦春人吴九九纳沿依陵右鲁河两岸上下游近百里纵火 11 处、轰动全国并在国际也有影响的特大纵火事件,似乎隐含着不被当时甚至现在人们所认识的内容。一些当时亲历者口述资料传达的事情的背景、当事者、当事民族心理表明了这一点。作为特定

---

① 〔美〕欧·奥尔特曼等:《文化与环境》,骆林生、王静译,北京:东方出版社,1991 年,第 125 页。

时期人们的话语,有资料言称放火者"有他的特殊心理",并断定他与政府定居、护林防火号召"背道而驰"。① 另据资料"一九五二年,这里的鄂伦春人全部下山定居,盘古的吴九九对政府不满,就在盘古放了三把火,损失很大,在中央、地方及苏联的帮助下才扑灭了这场大火。"② 在《塔河文史资料》中还存在另外一些线索:纵火者父亲及本人,是这一带头领,实际上是这一区域、领地实际的利用者,因历史悠久,实际拥有着资源利用的自然权力。政府权力渗透,将其传统"头领"权力边缘化;基本群众接受定居,是政府动员、说服的结果,而"护林防火"与作为传统狩猎技术的"放火寻角、烧荒引兽"存在矛盾,实际影响猎民生计,并会

---

① 徐国用:"依陵古鲁河森林大火始末"。见政协塔河县文史资料研究委员会编《塔河文史资料》(第二辑),1989年1月,第1版(内部印刷),第6—7页。就此事件背景、原委,此文写到:"吴九九,这是人们对他的习惯称呼,其实他的全称是吴九九纳。吴九九纳一家是长居盘古河流域的鄂伦春。其父吴滚都善是盘古河流域几个乌力楞的佐领。一九四四年吴九九纳醉酒后将他父亲打死,他承袭了佐领职衔。一九五〇年,呼玛县人民政府在鄂伦春人居住和鱼猎区域,指定范围,划分固定防火界限,分段包干负责,成立了五个护林队,改变了鄂伦春人过去'放火寻角、烧荒引兽'的旧习。……鄂伦春护林队严格执行入山制度,为兴安岭森林资源安全作出了贡献,涌现了一批省、地、县护林防火模范,受到了党和政府的表彰和奖励。但是,吴九九纳还有他的特殊心理。在审讯中他也供认不讳。吴九九纳是盘古河一带鄂族的头领,族人中的大小事情少不了他,也算得上是个头面人物。但是建国以后,特别是一九五一年人民政府号召开展护林防火工作,要求鄂族狩猎要有组织的进行,建立了集体入山,专人带火,互相监督等制度。吴九九纳从不适应到不满,抵触情绪很大。一九五一年春天,正当护林防火紧张的季节,吴九九纳在他居住的下鱼亮子附近放了一把火。幸好开库康的群众及时赶到,未酿成火灾。为此,经呼玛县人民政府批准撤掉了吴九九纳的佐领职务"。"一九五三年国家经过艰苦的工作,说服了鄂伦春族广大群众一改过去游猎根本无固定居住地的习惯,成立了呼玛县十八站鄂伦春民族乡,将他们分别定居在十八站、白银那、疙瘩干等几个村内……然而这时的吴九九纳与政府号召更背道而驰了。""为什么吴九九纳甘愿受缚呢? 据以后他自己供认:你们也把我撵得实在没处躲了,枪里就剩两粒子弹,见树鸡都不敢开枪打。几天没吃饭了……""当年曾谣传,吴九九纳罪行严重被押进北京。实际上黑河地区中级人民法院对他进行了秘密审判,吴九九纳全部供认不讳。判刑后,押在黑河监狱。一九五七年因病'保外'就医。一九六二年病重再次'保外'就医,不久死在家中。"

② 吴庆梅:"我知道的几件事",见协塔河县文史资料研究委员会编《塔河文史资料》(第一),1988年9月第二次印刷(内部发行)。第92页。这篇文章作者还写道:"一九四三年我九岁,家住十九站","我大爷是盘古地区的佐领。""我大爷叫吴滚都善的人为了争夺佐领地位打死了。后来他的亲生儿子吴九九把他打死了,吴九九又当了盘古的佐领。""后来吴九九自动投降了,在党的民族政策宽大下,他认罪了,第二年,盘古地区的鄂伦春人全部下山定居在十八站鄂伦春民族乡,吴九九后来病死在瘟疫中。"

影响民族自我文化认同。因此,应该说,纵火者或许是极端人物,但是不能否认当时整个鄂伦春社会也存在某种动荡与抵抗。这反映在当时社会对纵火者被抓后"下落"的兴趣。谣传说因罪行严重被押解北京,实际上就在当地服刑,并两次因病被安排"保外"就医。并"在党的民族政策宽大下,他认罪了"。他的罪来自内心何处,可能他自己都不清楚。而被捕仅仅是自己"没处躲了,几天没吃饭了",与日本武士道精神或中国传统儒释道精神相比,狩猎文化显示出特有的脆弱与同质性特征。这或许是至今人类依然对小民族文化抱有一定同情与恻隐之心的深层根源。

控制、调整与他人或外界的界限的能力,重要的不是完全接纳或完全排除他人和外界,而是在需要时按"我们的"愿望调整接触的能力。这样,"我们的"自尊感、独立感就能发展。如果一个人无法获得与他人的交往而始终感到有一种孤独感,如果一个人不能把打扰限制在一个合理的范围内,很难说这个人能有一个明确的自我感。因此,如果一个人在一个经常遭人打扰的环境中长大,而且这个人又无法制止他人闯入界限,那么,这个人就不会有一个明确的自我感和自我价值感。实验心理学把调整自我和其他界限的失败经历导致动物"放弃调整"的现象称为"习得性无能为力",即在它们调整自我和其他界限的能力一再遭受挫折以后,便放弃调整的努力而变得无能为力。这项实验同时揭示:成功地调整自我与外界的关系、界限,还能造就一种控制生活中发生的事情的能力。而特定的地域作为拥有者个人"精神上的家"和对地域"明显的自我中心主义"的解释,使得是否成功地控制地域、成功地调整与外界的界限的意义变得十分复杂与重要。各种文化都支持的关于地域控制的文化取向也在中间起着推波助澜的作用,即:习惯上人们常常对那些没有正式的、稳定的地域的人或族群持否定的看法,认为他们是生存窘迫和不受欢迎的。他们缺乏因有稳定的所控制的地域所带来的社会地位和形象,人们愿意称其为"流浪者"。第二,民族自我认同的安排与社会体系的调整。地域意识行为对人类生活具有自我认同的安排和社会体系的调整功能。地域如何安排族群自我认同?一般来讲,任何族群或国家都应有相对稳定的所控制的地域,这样才能保证社会生活——制定计划、处理与外界的关系(安全感)等有序进行,以及社会功能有规律地在一个可以预知的地方实现。因此,地域作为族群、国家等与社会环境之间的界限,地域的个性化有助于表达、建立和保持自我认同;地域意识行为具有调整社会体系的功能,主要是指族群、国家等地域界线的明确,有助于社会体系的有效调整和活力,可以使一个社会的社会体系处于良好的运行状态。

三、地域意识行为与当前鄂伦春社会

地域意识行为及其功能理论,为人们理解文化和民族特点、理解一些民族现实特有发展难题提供了崭新思路。特别是传统文化以渔猎、采集为生计方式,类似鄂伦春族这样的群体,他们在主流社会现代化进程的裹挟中,特别是外部对其生存所依赖的自然资源的开发利用与其传统地域意识行为(保护、控制作为他们物质、精神资源的地域的意愿与行为)的冲突,一定程度引起了传统社会运行的失序。这个问题反映在鄂伦春社会,主要集中在以下方面:

开发与地域、与传统地域意识行为的冲突,与成功地控制、调整与外界的界限的矛盾。2000 年全国第五次人口普查统计,我国境内鄂伦春族人口共八千余人,继承历史以来形成的传统分布格局,大致分布在内蒙古和黑龙江省 10 个猎民乡镇、16 个猎民村。此族依托大、小兴安地区丰富的河流、森林、动物资源,以传统狩猎为主、并辅之以捕鱼、采集,世代繁衍,传统狩猎文化一直到半个世纪前依然保持着比较完整的形态。①

1958 年鄂伦春族全体实现定居,随着定居也拉开了尝试转向农业等多种经营、至今还在尝试的"转产"过程。而传统地域意识行为面临挑战,主要是国家整体发展计划向边疆地区的全面扩散,人口的大规模流入,森林、耕地的重新规划利用。1964 年前后国家对大兴安岭森林、土地开始开发,千千万万的建设者和盲目流动者进驻这片原始古岭。人群的喧嚣、马达的轰鸣,星罗棋布的采伐网点,破坏了野生动物原有

---

① 1643 年之后鄂伦春族逐渐迁移至大、小兴安岭地区后分布状况,请参阅何群:《环境与小民族生存——鄂伦春文化的变迁》,北京:社会科学文献出版社,2006 年,第 118—121 页。

的生存环境。加之屡禁不止的偷捕滥猎、乱采乱伐,致使鄂伦春族猎民每次出猎所获甚微甚至空手而归。地域的控制问题在不少场合就是资源的控制问题。世代繁衍生息在大、小兴安岭的鄂伦春族自然认为这里是他们的家乡。而来自各种渠道的移民和盲目流动人口的大量涌入,必然构成与他们在自然资源控制权、利益分配上的矛盾和生存竞争的压力、自我认同的困扰。

关于自治权限及自治权行使,有一定普遍性的看法认为,影响自治权有效落实,一是"大自治"与"小自治"行政体制的原因,包括"加松"问题争取解决力度不够在内,在自治旗与林农部门权益问题上也干预过多;二是国属林农企业对民族地方放权让利不够;三是国家《森林法》《土地法》与《民族区域自治法》之间落实时有冲突。当地一些人士认为,《鄂伦春自治旗自治条例》出台历时 15 年(1981—1996),易稿 16次,主要与上级林权、财政权力分配上的矛盾多。现属于自治旗的林权只有嘎仙洞林场,而自治旗境内的其他林区的使用权、经营权分别属于内蒙古自治区林业厅、黑龙江省林管局。1996 年 6 月 1 日,《鄂伦春自治旗自治条例》的公布实施,是鄂伦春族政治生活史上具有历史意义的事件。其意义在于使《宪法》《民族区域自治法》赋予民族自治地方的自治权和多项优惠政策与当地的实际相结合,使之具体化以便于操作。我们看到,《鄂伦春自治旗自治条例》八章、六十一条中,有关所辖地域、自然资源的开发利用、监督、管理等权利、权限等方面的条例达 8 条。客观上照顾到了地域意识行为的社会作用,明确的地域控制范围、权限,有利于民族自我认同、与外界界限的调整以及整个所在社会社会结构的稳定和社会体系功能的有效发挥。然而,在我们试图得到当地各族各界对《自治条例》的反应与评价时,总的看法是有比没有强,感到关于自治旗自治权的规定较为抽象。有的说,不记得上面规定了什么和没规定什么。

其次,转产所面对的社会环境压力。继 1979 年全国农村政策改革,经历了按内地农区模式猎民家庭承包经营土地的不成功尝试,以及从事多种经营的努力——种药材、扣塑料大棚种菜、畜牧业等,1985年,内蒙古自治区政府下拨扶贫贷款,鄂伦春自治旗用此项贷款扶持何排山、吴蒙生等有农业经营能力的人从事农业。1991 年之后，多数猎民开始从事农业。1996 年末，鄂伦春自治旗政府公布"禁猎"命令。自治旗政府决定对鄂伦春族猎民除每月人均 70 元禁猎补助外，为每户猎民解决 200 亩禁猎转产耕地。1998 年夏秋，笔者在当地一旦与猎民谈生产和收入，总是离不开开地、种地、贷款、农业技术、生产技能这样一些话题。如果说，"大跃进""农业学大寨"以及改革开放初期的家庭联产承包经营等农业政策，在鄂伦春族猎民中的推行，只是使这个狩猎民族的农业意识与技能如蜻蜓点水，那么，他们今天所面临的变化——从事农业所处的自然与人文生态环境的改变——长期滥砍滥伐、水土流失造成的耕地面积减少，气候条件的改变，自然灾害增多，国家退耕还林政策；近几年当地"开荒竞赛"的兴起，周围林场、农场与猎民开地发生的土地边界、使用权益的纠纷，林场、农场职工因企业不景气也想办法开荒种地，异族社区新一轮的农业生产、发家致富热情，一些投机商的巧取豪夺，更有挥之不去的与日俱增的盲目流动人口怀着满腔发财梦前来淘金……凡此种种，均构成对鄂伦春族以尝试农业生产为标志的生存竞争的压力。这些压力与近一个世纪的外界打扰交合作用，渗透到他们的心理，影响到他们的地域意识行为，使他们形成这样的感觉，即"自我"和"其他"的界限，似乎有一种无法控制的、反复无常的渗透性，生活和命运仿佛是一个永远变化的万花筒。而一个民族自我认同和自我价值感的维持，有赖于在一个地域范围内控制与外界界限——空间的和心理上的界限的能力。否则，如果没有能力在有规律、可以预测的基础上控制其他人的进入，就可能对自尊、自我认同和正常的活动能力产生影响。另外，从地域意识行为对组织族群、社会生活、保持社会体系处于良好运行状态的重要功能观察，鄂伦春族聚居区域多个主体、诸种因素聚合，对地域（资源）的使用和控制上出现的重叠，致使这一地区的文化利益冲突不仅发生在地域界限，还发生在社会关系上。凡此种种，无疑在客观社会背景和氛围上，增添了鄂伦春族新一轮转产尝试——从事农业的心理压力以及实际操作面临的困难。

如若大体了解鄂伦春族现实农业生产的内幕，弄懂当地近几年流行起的"大户""租地户""困难户"说法的来历就可以豁然。简而言之，

"大户"指经营土地千亩左右、雇工多、收入多、生活富裕的家庭;"租地户"指经营土地 300 亩左右,自种少量,大部分出租的家庭(介于"大户"和"困难户"之间,"租地户"在当地被视为达到温饱的家庭,有时也称"中等户"。但实际收入水平各异)。"困难户"指只有少量土地或无地户。少量土地往往出租,而无地直接原因是无能力经营土地。这样的家庭一般由老弱病残或鳏寡孤独者组成。除为数极少的大户外,大部分家庭不同程度地存在着缺乏强劳动力、农业投入资金、农业生产常识与技能等现实困难。而大气候和所在社会环境恰好从积极和消极两方面与此发生作用。仅就与构成社会环境维度之一的周围异族社区关系看,如笔者在当地停留二周的古里猎民村,临近的社区有乡政府、古里林场、兴牧村(俗称"盲流屯")。据兴牧村一位见多识广的汉族长者介绍,此村是 1958 年猎民定居时的定居点之一,而最早的异族是当时政府组织迁移,帮助猎民定居盖房、制衣等的各种工匠(该村初始为 1958 年猎民定居点之一,现仍遗留有少量当时的房屋)。1980 年此村鄂伦春族猎民全部搬迁到政府新盖的位于此村西北 5 华里的新居——古里猎民村。1986—1987 年后,兴牧村人口明显增多,迁出地多集中为黑龙江省的一些县市。迁出原因多称生活困难,投亲靠友。1996 年以来人口再增,多为来此租种猎民的土地或打零工。该村 1998 年 154 户,587 人,乡政府承认 108 户,其生计问题正逐步得到当地政府的协商处理。另据了解,古里林场 1969 年建场,现职工 400 来人。近些年林场处于瘫痪状态,职工多自谋生路,这又为猎民出租土地提供了方便的雇工来源。而国家"天然林保护"工程与禁猎之后猎民开地、向农业转产又构成土地利用冲突,直接关系猎民禁猎之后的生活和对社会的认识。笔者听自治旗有关部门负责人讲,猎民申请开地,批了;但猎民自己开不出来,找懂技术、体力强的异族联户,结果有的被骗,有的分成不合理,发生纠纷。这时政府有关部门要出面为猎民主持公道。① 笔者在乌鲁布铁镇讷尔克气猎民村听一老猎民讲:"枪也没了,地也不多。现

---

① 何群等:《狩猎民族与发展——鄂伦春族社会调查研究》,呼和浩特:内蒙古人民出版社,2002 年,第 33 页。

在我有 40 多垧地,林业局不让种的 4—5 垧,说是开了造林地。我的雇工被抓并罚款,被扣的拖拉机送回来发现零件全丢了。我跟他们(指林业部门)说:'我们祖宗就在这里。'他们说:'你们祖祖辈辈住在这里,我们不管这些。'""我们鄂伦春族白搭(白搭:东北俗语,指白费劲,没指望),大兴安岭(资源)权利一点儿没有。"①

1996 年自治旗公布的"禁猎"命令以及后来的上缴枪支,是当地一个敏感话题。尽管区别于异族,鄂伦春族猎民的枪支由旗林业局"收存",而其他则为公安局收缴。"收存"与"收缴",体现出当地政府的慎重。为何禁猎?因为长期的滥砍、滥伐、滥猎,已使这里的自然生态不堪重负。据了解,禁猎前每逢周末,当地许多干部、职工开车上山打猎,晚上可见山中篝火熊熊,而上边来人也要请其上山打猎作为"招待"。水利部门介绍,因砍伐过度,山体裸露,一些山区上千上万年陈积的腐质土被大雨冲刷或大风侵蚀,有的已脱落山脚,露出岩石。1995 年(早霜)、1996 年(秋雨)、1997 年(冰雹)、1998 年(洪涝)该旗遭遇 4 年自然灾害。鄂伦春族社会上上下下目睹家乡生态环境的变化,深感愤慨和忧虑。该民族精英阶层有人认为,我(指鄂伦春族)只有自己先这样做(指禁猎),才能更好地说服别人这样做,尽管鄂伦春族作为狩猎民族是合法持枪者。上级对自治旗禁猎举措给予很高的评价,一个民族能牺牲自己的狩猎利益,保护环境,是一件万人敬仰的事。然而,禁猎对鄂伦春族的触及是"伤元气"性质的,尽管狩猎业已衰退、收入无多,但依然是其收入和食物来源之一;第二,恐怕更是来自心理上、感情上、习俗上的,是精神寄托、自我认同的根本瓦解。自治旗主要领导介绍,禁猎开始推行时,一些猎民哭了。"老婆可以,交枪不干。"②笔者在当地听鄂伦春人讲:"其他人只把鄂沦春自治旗作为第二故乡,有退路。但我只有一个故乡,这是我的根。"③"'禁猎'有点'一刀切'。林业工人、职

① 何群等:《狩猎民族与发展——鄂伦春族社会调查研究》,呼和浩特:内蒙古人民出版社,2002 年,第 230 页。

② 何群等:《狩猎民族与发展——鄂伦春族社会调查研究》,呼和浩特:内蒙古人民出版社,2002 年,第 32 页。

③ 何群等:《狩猎民族与发展——鄂伦春族社会调查研究》,呼和浩特:内蒙古人民出版社,2002 年,第 32 页。

工干部、滞留人员,比鄂伦春族猎民打的多,他们会用套子、下毒药等各种办法打猎,不论公母、大小都打。采果子把树放倒采,有些果树已不见了。鄂伦春族打猎、采集有些规矩,想到明年、以后,所以怀孕的正在交配的野兽不打,采集也不乱来,更不砍倒树。"[①]"鄂伦春族热爱狩猎生活。行猎一天即使空手而归,但精神愉快。狩猎的过程本身就是享受、满足。现在禁猎了,经商,不擅长算计,与传统上奉行的有福同享、有难同当的道德有冲突。在人们看到的猎民'懒'的背后,可能隐藏着不少苦衷。"[②]不难看到,"禁猎"触动了猎人内心深处最脆弱、最敏感、最珍贵的部分,禁猎之于他们,意味着一种命运的开始。而那将是什么?

总结与存疑

将地域意识行为与小民族生存、发展联系起来考察,从地域意识行为作为小民族物质、精神资源,在民族自我认同、社会体系调整方面存在重要功能等作为路径分析,测度影响其生存状况的因素,衡量其社会健康水平,是探索小民族文化转型、社会历程的有效视角,其解释力自不待言。

与关注鄂伦春族生存和未来前景这一兴奋点一致,回顾历史,关顾当今,我们在对鄂伦春族传统地域意识行为、社会变化对传统地域意识行为的冲击的动态状况研究中体会到,鄂伦春族的地域意识行为正处在一种转型过程中。他们中的大多数人已不同程度地接受这种观点:老的地域概念不再适用,社会环境的变化是无法避免的。关键是怎样尽早从老的地域概念中挣扎出来,或者缩短由传统到现代过渡的变形阶段,取得一种适应现代社会变化的新的地域概念。并在这一新的地域概念框架之上,寻找赖以安身立命的物质、精神资源,重塑新的自我。

事实上,"没有一个人类的头脑,能把种种问题的无穷的底蕴窥测

---

① 何群等:《狩猎民族与发展——鄂伦春族社会调查研究》,呼和浩特:内蒙古人民出版社,2002年,第37页。

② 何群等:《狩猎民族与发展——鄂伦春族社会调查研究》,呼和浩特:内蒙古人民出版社,2002年,第43页。

周到;更没有人能预料到答案与前途"①,然而,"往前直冲的来势太猛了,钟锤依旧在摇摆。这便是我们的历史"②。就当地自然、社会剧变以及未曾料想,有鄂伦春智者曾言:"最早开发大兴安岭,当地鄂伦春族是欢迎的。当时没有想到这样的后果。现在国家不说话,大兴安岭就完了。"③而国家"说话了",即实行"天然林保护工程",退耕还林,然又逢鄂伦春族需要耕地从事农业,实现转产。历史充满悖论,历史无法预测。人类所能做的,是以史为鉴,并借助历史眼光反观自身,洞察当下文化是累积的现实,是"线"而"非点",是变化的、开放的事物。④

从影响事物变化主要取决于内外因素的认识论出发,纵观半个世纪以来鄂伦春族的变迁史,似乎鄂伦春族能否健康发展下去已不取决于自身——主要似乎取决于外部环境、社会体系能否和谐有序运行。⑤近20多年来,几乎所有研究鄂伦春族发展问题的专著、论文,都涉及包括国家政策、外部社会环境对鄂伦春族的积极与消极影响、是非功过作一番评价。此民族历史表明,外部社会文化条件以及变化,的确是一直伴随、影响鄂伦春族半个世纪变迁的重要因素。从人、文化与自然环境关系议,鄂伦春人自己也感觉到:"鄂伦春族性格与自然环境分不开。山林民族更多是孤独,封闭,不愿意与外界接触。历史上常是,汉人一进来鄂伦春族就躲起来,幸好有民族区域自治政策,鄂伦春族才有自己的家乡"。⑥ 自然环境与民族性格存在一定必然联系,尤其是相对于传统文化较为同质性的小民族而言。因此,面对主流社会冲击造成的自然环境巨变,以及与此伴随的社会环境巨变,小民族文化自身存在的适应困难,以及来自超出文化适应范畴之外的社会不公、政策失误,等等,

---

① [法]安德列・莫罗阿:《人生五大问题》,傅雷译,北京:生活・读书・新知三联书店,1986年,第92页。

② [法]安德列・莫罗阿:《人生五大问题》,傅雷译,北京:生活・读书・新知三联书店,1986年,第114页。

③ 何群等著:《狩猎民族与发展——鄂伦春族社会调查研究》,呼和浩特:内蒙古人民出版社,2002年,第37页。

④ 参见何群:"累积的现实:观察文化的历史眼光",《大连民族学院学报》2008年第1期。

⑤ 参见宁骚:"论民族冲突的根源",《中国社会科学辑刊》1995年5月,"夏季卷"。

⑥ 何群等:《狩猎民族与发展——鄂伦春族社会调查研究》,呼和浩特:内蒙古人民出版社,2002年,第32页。

积极而充满活力的新的地域意识行为的逐步形成、功能的发挥,在当代,作为重要外部条件,有赖于国家制度性、政策性规定之于民族内在自然权利意愿的相对尊重与一定程度的保障。

面对传统与发展,对当下社会及自身文化,本民族处境以及民族未来,鄂伦春社会已经不乏自觉。这从本民族学者、知识分子、有志青年的言谈、①著书立说、为本民族文化保护、民族振兴投入的工作与热情可以感受。② 笔者通过梳理小民族研究和田野经验,认为在面对外界巨大文化同化威胁,生存压力,各个小民族文化反应不尽一致。某些民族采取保守主义作为生存的凭借,以维持文化与个人的认同;也有研究看到小民族采取对主流文化主动适应、利用的态度。"这即是指对于他们的'文化'的自觉,是一种被生活和保护着的价值,这种观点已经在第三和第四世界中蔓延开来。每一种人都在谈论他们的'文化'或者与文化类似的地方性价值。这并不意味着是对圆锥型帐篷和石斧或者诸如此类的远古认同的偶像化收藏品的简单怀旧式渴望。那种'想把人民变成为他们自己历史的人质的天真企图','将可能剥夺人民的历史'。

---

① 就在前几日,笔者偶然接到一电话,原来是在黑龙江大学读大学的关鹏打来的。他是呼玛县前县长关金芳的侄子。部队转业后,他又上大学读本科,并准备着报考硕士。他打电话,是让我帮他选择专业,即是报人类学、民族学,还是民族社会学。他说他很想通过读书,弄清楚些他们族的事,如传统文化未来会怎样,怎样发展等。他说如果我允许,他想称呼我为"姑姑",因他作为孤儿,是姑姑将他抚养成人。他朴素、真诚的情感让我动容。我随后写下一句话:"我拿什么奉献给你,我的鄂伦春朋友。"我平凡的生命,因有了鄂伦春的爱而引起我对自己生命的重视。在鄂伦春地区,我每每被关鹏这样年青、有思想而富有民族使命感的人所打动。尽管这或许会导致我脱离科学研究所要求的价值中立轨道。事实上,我一直怀疑,学者作为血肉之躯而不是分析机器,恐怕追求价值中立常常只是一种乌托邦。

② 几乎小民族世界文化振兴共同呈现的现象,即民族内部有识之士对本民族生存、发展的关注和研究以及带给人类的感动,如加拿大印第安学者乔治·曼尔尔:《第四世界——印第安人的现实》,蒋瑞英译,北京:实事出版社,1987年版;加拿大印第安学者迪克·加尔诺:《加拿大印第安人史》(李鹏飞、杜发春编译,民族出版社,2008年)等等。鄂伦春族有识之士研究本民族的作品影响巨大。如白兰:《鄂伦春族》(民族出版社,1991年),《飘雪的兴安岭-鄂伦春》(云南人民出版社,2003年);刘晓春著《鄂伦春乡村笔记》(中国社会出版社,2007年5月)、《鄂伦春历史的自白》(远方出版社,2003年);吴雅芝《最后的传说:鄂伦春族文化研究》(中央民族大学出版社,2006年);何文柱《绰尔河流域鄂伦春人》(内蒙古人民出版社,2003年)、《鄂伦春族生存发展问题研究》;关小云《大兴安岭鄂伦春》(哈尔滨出版社,2003年)、《鄂伦春族萨满教调查》(辽宁人民出版社,1997年),以及韩有峰、孟松林等人的研究等。

'文化自觉'的真实含义就是,不同的民族要求在世界文化秩序中得到自己的空间。"①新的地域意识行为,趋向于承认变化,接受现实,以适应求生存,以变革求生存。

具体到鄂伦春族,与传统地域意识行为转化及取向直接有关,笔者的研究初步表明,②随着保持有较多狩猎文化传统的老年人逐渐辞世,年轻一代通过读书而流动,一些人因制度环境便利而成为国家干部、职工,等等;又因为异族通婚的普遍对传统社会的解构,特别是电视的普及,为各个阶层的鄂伦春人创造了一个全新的世界。传统文化基本不再占有文化选择的决定地位了。如访谈和问卷证实的更多的家庭从子女上学方便、家庭生计生活改善等实际利益考虑看待猎民村迁移,对异族通婚的普遍认可,包括猎民阶层对传统文化的商业化的并无反感,干部、职工改变现状、攀升意识之强烈,对子女接受教育程度、就业岗位期望值之高,年轻人奋发读书,考入大学,向往到工业化大城市生活希望之强烈等,传统文化向现代化的靠拢,显示出传统文化新时期构建的某种乐观景象。同时说明,鄂伦春族传统地域意识行为处于转型过程中,并且,转型中的地域意识及其功能,成为新时期文化构建、社会重组中的活跃因素。

(此文发表于《中国历史地理论丛》,2010年第1期)

6. 生态移民应注意对移民群体社会、文化形态的重新估价——敖鲁古雅使鹿鄂温克个案

内容提要:本文以内蒙古大兴安岭地区敖鲁古雅使鹿鄂温克为例,围绕生态移民预期的实现条件,初步认为:在设计和规划具有悠久

---

① [美]马歇尔·萨林斯:《甜蜜的悲哀》,王铭铭等译,北京:生活·读书·新知三联书店,2000年,第122页。
② 参见何群:《环境与小民族生存——鄂伦春文化的变迁》,北京:社会科学文献出版社,2006年,第515—523页。

历史和传统文化特色的移民群体的生态移民时,有必要调整固化的、概念化的"民族""传统文化"认识藩篱,即有必要首先设问:民族群体、小民族群体文化、社会"原生态"是否依然?哪种设计和安排,是文化吸收、社会整合进程中的民族群体可能更容易所接受和适应的?也就是说,首先要注意对移民群体社会、文化形态进行重新估价。

就移民定居类型,一些研究将其归纳为三种基本类型,即项目移民定居(项目移民或称工程移民,即政府推动的有计划的移民)、内源性移民定居(又称为自发性移民定居,或经营性移民定居)和家庭承包责任制下的定居。2003年发生在我国大兴安岭使鹿鄂温克社会的移民,属于政府实施的生态移民,即原来居住于根河市北约300公里、距满归镇17.5公里处的敖鲁古雅鄂温克民族乡,整体搬迁至距根河市4公里处的根河市郊(原根河林业局第三车间旧址)。生态移民的主要起因,一为推行国家"天然林保护工程";二为应对老敖乡邮政、银行撤出,电路老化等社区萎缩现状;三为附近水坝水灾泛滥,需要维修;四为子女学校教育等等。

作为政府行为的生态移民,政府在其中扮演着重要角色,如政府关于移民社区的设计。另一重要角色为移民群体。不同于一般意义的移民群体,此处的移民主体为"小民族"——使鹿鄂温克人。而正是这一事实,使此一番生态移民具有了不同于一般移民定居的性质。2003年8月至今,我们看到,尽管政府为此群体提供了新的就业机会,靠发展驯鹿产业、出售狩猎产品、民族手工艺品和旅游业来增加收入,然而,当初政府设想的"驯鹿业生产圈养化"已经成为泡影,而伴随新定居点社会生活展开而出现的猎民社会进一步边缘化、文化碎片化状况尤其耐人寻味。

在此提出"生态移民应注意对移民群体社会、文化形态的重新估价"问题,或许与移民/定居化研究无直接关系。但是作为影响国家生态移民工作成效的"潜流",尤其在设计与论证移民工程,特别是规划具有某种传统文化属性移民群体生态移民工程时,使鹿鄂温克个案表明,有必要将以下问题纳入其中,即要设问:民族群体、小民族群体"原生态"是否依然?或应首先注意对移民群体社会、文化形态的重新估价。

一、敖乡概况

敖鲁古雅乡是我区唯一的鄂温克民族乡,位于我区呼伦贝尔市根河市,全乡行政区划面积 1767.2 平方公里,耕地面积 26538 亩,林地面积近 251277 公顷,其中可供畜牧业发展的自然草场,林缘林间草场占全乡土地面积的 80%。人口 1390 人,总户数 445 户,有汉族、鄂温克族、蒙古族、满族、回族、俄罗斯族等七个民族。其中,鄂温克族人口 234 人,占总人口的 16.8%。近年来,敖鲁古雅乡以驯鹿经济为特点的特色养殖业、家庭旅游业、驯鹿产品加工业和民族工艺品等产业得到较快发展,2004 年敖鲁古雅乡民族工业总产值达到 898 万元。

新中国建立以来,大体上,使鹿社区经历了三次搬迁。1949 年开始,政府组织实施,游猎游牧于大兴安岭之中的使鹿鄂温克猎民第一次下山,1953 年之后,在中俄边境的额尔古纳河畔的奇乾乡陆续建立起供销社、民族学校、结核病防治院、俱乐部、养兽场等经济文化和医疗服务设施,为他们创造了就医、孩子上学、购买生活日用品的固定地点,但仍然保留着古老的生产生活方式,使鹿者微型社区开始形成。时隔十余年之后,1965 年,定居于奇乾的使鹿社区,因中俄关系和猎场等原因,政府组织其迁移至满归镇北 17.5 公里处,兴建成敖鲁古雅鄂温克民族乡。为每一户猎民都盖起了一套新房,经过三十几年建设,形成了党政、工商、粮食、邮政、卫生等一套现代民族乡,并且有一部分人开始下山从事民族乡的建设工作,以及外出工作和学习,一部分人仍然从事着传统的生产活动。新近一次,即 2003 年 8 月政府组织实施的敖鲁古雅生态移民。新敖乡面积 36 万平方米,政府在这里为鄂温克猎民建起了小学、卫生院、敬老院、博物馆等公共福利设施。在新敖乡,政府还投资 170 万元,建起了占地 1.68 万平方米的 48 间标准化鹿舍,期望将驯鹿进行圈养。

二、新移民社区社会中的一些声音和现象

1. 以"是否为猎民"单独建立社区与使鹿者"失去老邻居""感觉不习惯"的苦恼和孤单。

事情原委是:在老敖乡已经与异文化有近半个世纪接触、吸收并

已形成一定的文化吸收、社会整合——多元文化社区情况下,"生态移民"社区设计办法,即单独给从事使鹿业的"猎民"建立社区,鄂温克干部、职工以及其他民族居民不享有分房资格的办法,使鹿者感觉到"失去老邻居""感觉不习惯"苦恼和孤单。也就是构成新敖乡社区的62户,均由过去老敖乡社区中挑出清一色鄂温克猎民组成。政府分配新住房的原则就是分给鄂温克猎民,其他居民移民至根河周边其他乡镇。因此,对新社区居民来讲,周围熟悉的邻居变了,过去熟悉的邻里关系被扯断。由此意味着需要新的邻里关系的重新开始,也意味着与周围社会新一轮的接触变得更为复杂和不自然。

2. 谁是猎民?哪个阶层能够代言使鹿者?——传统社会的进一步分化与解构。

同样是发生在敖鹿古雅2003年8月的搬迁,政府考虑鄂温克族干部职工不在分房之列。那么,住房怎样分配政府该找谁商量?关于此,也引起过纷乱。猎民群体认为,既然住房是分配给猎民住,为什么政府在商量一些相关大事时总爱找干部而不找猎民?谁是猎民?谁能代表猎民主体?结合上述迁移引起的"失去老邻居"的失落,不难发现,围绕迁移和分房,一个业已形成的吸收了多文化因素的使鹿社会结构发生动摇;同时,又使业已分化的传统社会进一步走向解构。

3. 核心问题是并未解决好与群众中可能滋生的与政府玩"捉迷藏"游戏的兴趣。

半个多世纪以来使鹿社会发展的核心问题,是往往被看作文化和文化的载体——民族群体发展前景的风向标——驯鹿业的兴衰问题。

我们看到,搬迁结束后,上级政府下拨专款为猎民准备了生产生活必需品,并为每户发放了生活补助费300元,无偿为猎民提供了液化气炉具和小灵通手机,同时为62户猎民的院落进行了平整并铺设了砖道。在细微处,又于搬迁那年的冬天,组织给山上的猎民送去过春节的饺子等等。然而,政府做的这些零零碎碎的"工作"依然不太让人领情。这或许是要理解一个群体他们最大的关注和隐痛是什么。如果政府在这一点上让群众失望,零零碎碎的工作只会进一步让群众失望,不仅不太领情,而会认为是"应该",也不会提升政府威信,而且有可能让群众滋生与政府玩"捉迷藏"游戏的兴趣。或许,这些优惠政策一时会有短期效果,但是如果核心问题并未解决好,如规划的驯鹿圈养计划的失败——重放归山林。失败的主要原因,是没有周到考虑驯鹿饲料来源、猎民经济承受能力,以及半野生的驯鹿是否适应圈养的环境、是否有成熟经验可供借鉴等等之下的决策。由此造成的"夹生饭",为新问题的衍生埋下伏笔。

4. 小民族文化的原生态是否依然?——使鹿群体对外部社会的了解和博弈能力。

如 2003 年搬迁新址后敖鲁古雅乡猎民对政府试图将驯鹿所有权完全归个人主张的抵制。猎民从个人实际利益和外部条件出发,斟酌结果,还是把负担推给政府撑着于己有利。而政府和外人从他们的传统文化和心理判断,以为完全让猎民回归"传统",自己拥有驯鹿使用发展的全部权利,岂不是他们内心所渴望的?变化了的传统社会,现实中到底真实的社会、文化"图象"是怎样的?如政府施与的照顾、优惠,出于尊重他们"传统文化"的善意的想象和考虑,或许已经滞后于他们从自身利益出发的现实选择,他们对外部社会的认识,可能已经超过了外界对他们的估计。这是相对能够实现对话和理解的前提,因此,对移民群体社会、文化形态的重新估价,也成为保证移民工作得以实现预期的基本前提。

5. 敖乡民族学校的戏剧性命运与启发。

搬迁后的新敖乡民族学校于 2007 年与根河市二小合并,因涉及不少家庭,又因是"民族学校",此事在当地颇令人注意。合并后的根河市第二小学改称为"敖鲁古雅鄂温克民族学校"。如同 2006 年 8 月,胜利鄂伦春学校已经合并到附近乌拉嘎镇中心校①一样,"敖鲁古雅鄂温克民族学校"的命运,传达了一个信息,即大社会环境下民族学校呈现边缘化走向。而代表主流话语的大社会,无论是现代文化的吸纳能力、社区规模、社区静态实力及动态张力等方面,微小社区以及某种意义上作

---

① 2006 年 9 月笔者在黑龙江省嘉荫县胜利鄂伦春族村了解到,此村原来的民族学校已经与距村 2 公里左右的乌拉嘎镇中心校合并,合并后的中心校,同时挂出"鄂伦春民族学校"牌子。

为政策、制度、文化符号的民族学校,与临近的现代化中、小城市均构不成势均力敌,这是小民族教育承受边缘化压力的根本原因。

作为新敖乡社区配套工程,2003年起用的新敖乡民族学校,整体占地8000平方米,教学楼700平方米。因敖乡靠近市区,政府根据中学教学向市区中学转移的方针,撤消了初中部,保留民族小学。2007年敖乡民族小学有专任教师13人,全部是大专以上学历,其中鄂温克族教师7人;学生16人,其中鄂温克族学生8人。2007年9月开学,由于学校仅剩下9名学生,根河市教育局决定敖乡学校与根河市第二小学合并,使用"敖鲁古雅鄂温克民族学校"名称。可以看到,生源不足是敖乡学校与其他学校合并的主要原因。而生源不足与移民社区设计有关,又因迁移后离教育条件优越的根河市很近,从而进城市学校读书成为家长首选。2003年生态移民定居点住房安置对象为鄂温克族猎民和各事业、企业单位的鄂温克族职工,有敖乡户口的敖乡居民不享有住房安置待遇。其大多数人安居在根河市区,其子女自然就读于根河市区各学校。敖乡距离根河市仅有四公里,根河市区有三所小学,两所初中,市区各方面条件比敖乡学校要好一些,有些条件的家庭都把孩子送到市区上学,虽然这样会给家庭和学生带来很多困难,如坐车的花费,中午吃饭问题。这就迫使本来学生人数就少的敖乡学校撤消了初中部,仅保留了小学部。并出现有的班级只有二名学生,人数最多的班级也只有六七名学生的衰落状况。[①] 我们看到,作为民族政策一部分的民族教育,伴随移民后新的社会环境影响,在强大的文化选择自然进程中已经失去其制度约束力。另外,不难发现,老敖乡衰落,是因社区萎缩,而自然条件的"恶劣",也来自于社区萎缩。因后来进入的黑龙江某企业,很快兴修堤坝等自然环境,并利用老敖乡猎民遗留的木克楞房开展起饶有特色的文化旅游。一个现象是,随着周围社会条件和影响的变化,最初可能有利于少数民族的定居点选择设计初衷,是利于传统文化的保存与发展的。而历史行进,目前有可能已经演变成为不利于"发展"的因素。

综上所述,围绕生态移民预期的实现条件,可以初步提炼出以下结

---

① 根据恭宇2007年、2008年在实地的调查研究整理。

论：在设计和规划具有悠久历史和传统文化特色的移民群体的生态移民时，有必要调整固化的、概念化的"民族""传统文化"认识藩篱，即有必要首先设问：民族群体、小民族群体文化、社会"原生态"是否依然？哪种设计和安排，是文化吸收、社会整合进程中的民族群体所可能更容易接受和适应的？也就是说，首先要注意对移民群体社会、文化形态进行重新估价。

（《中国民族报》2011 年 8 月 5 日）

7. 费孝通小民族思想初探——结合鄂伦春族研究实践

内容提要： 费孝通先生不仅通过自己的田野工作，行行重行行，较早注意到鄂伦春、赫哲等小民族当代生存、发展特有困难，同时从文化、社会等多重角度，对其生存、发展难题以及原因加以深入探索，留下了帮助人们可以就此问题进行深掘的经验和理论。本文结合笔者鄂伦春族研究实践，通过初步梳理和领会，认为费孝通先生小民族思想主要包括以下几方面：历史演进至今，"小民族"具有哪些特点，即"小民族"的界定；如何通过增进文化理解，努力认清并公开小民族当代特有生存、发展难题及原因；怎样认识传统文化与现代化关系、小民族发展出路上"要文化还是要人"问题。

就如何对待知识和学问，费孝通先生曾言："知识是有价值的，但它的价值必须通过实践来实现。检验我们的理论是否正确，最终取决于我们是否真正能改善人民的生活。在我看，社会学和人类学的最终目标正是改善人民的生活。"[1]先生还说"前人播下的种子，能否长出草木，能否开放花朵那是后人的事"[2]。终生不能忘怀的是，笔者曾有幸

---

[1] 费孝通：《从实求知录》，北京：北京大学出版社，1998 年，第 494—495 页。

[2] 费孝通："人不知而不愠——缅怀史禄国老师"，费孝通：《师承·补课·治学》，北京：生活·读书·新知三联书店，2002 年。

得到费老题写书名①。先辈渐行渐远,后学如何才能不辜负先辈殷切期望? 为人民的人类学该如何继续"行行又行行"? 草就此篇,权且告慰先辈,以致纪念,励志前行。

近十余年,笔者致力于环境与小民族生存、发展问题研究。希望通过研究,摸清小民族问题的来源、问题的本质以及变化环境中他们的真实处境和困扰他们的主要问题。② 得益于费孝通先生小民族思想启发与指导,通过鄂伦春族个案,笔者感到,鄂伦春传统狩猎文化,是适应所在自然环境和社会环境的产物。适应特有单一环境的结果——比较简单文化的产生,在环境发生急剧变化时,却束缚了他们适应新环境的能力。同时,小民族生存、发展问题,多是在外部压力影响之下发生的急剧文化变迁引起的。而更多时候,是外部环境变化过于急剧,干预过于频繁,使其失去相对稳定的文化调整、适应时间和空间。

在费孝通先生贡献卓著的社会学、人类学思想中,悉心学习和领会他与小民族有关的研究和思考,可以看到,他不仅通过自己的田野调查,较早注意到鄂伦春族、赫哲族等小民族当代生存发展中存在的特有困难,同时给我们留下了丰厚的有关理论。通过初步梳理和领会,笔者认为,费孝通先生小民族思想主要包括以下方面:现代化进程背景中,"小民族"有哪些文化、历史特点,或如何界定何为"小民族";增进文化理解,努力认清并公开小民族面临的特有生存、发展困难及原因;怎样认识和处理"要文化还是要人"、即小民族现实发展道路问题。

一、"人口又少,根蒂不深"——"小民族"及费孝通先生的贡献

近十余年国内开始兴起的小民族研究,应该说,所使用的"小民族"

① 1999 年 9 月笔者在北大社会学人类学研究所访学期间,荣幸得到费孝通先生为我所主持课题题写书名——《狩猎民族与发展——鄂伦春族社会调查研究》(内蒙古人民出版社,2002 年)。

② 笔者有关研究论述,请参见何群:《环境与小民族生存——鄂伦春文化的变迁》,北京:社会科学文献出版社,2006 年;何群:《民族社会学和人类学应用研究》,北京:中央民族大学出版社,2009 年;何群编:《土著民族和小民族生存发展问题研究》,北京:中央民族大学出版社,2006 年;何群等:《狩猎民族与发展——鄂伦春族社会调查研究》,呼和浩特:内蒙古人民出版社,2002 年。

概念(官方及一些研究也有采用"人口较少民族"之称),还不是被纳入人类学或民族学的通行概念。大体上,"小民族"概念的内涵,主要被理解为两个方面,一是从"人口少"——数量概念出发,二是注意传统文化和现实生存状况的某些特点。而究竟人数"少"到多少才算"小",还没有形成明确的划分标准。问题恐怕在于,仅以"人口少"作为界定标准,实不足以概括这一部分人群在社会生活中的特殊性。

费孝通先生在分析鄂伦春族、裕固族、撒拉族、赫哲族等民族的现实生存发展问题时,称其为"小小民族""小民族"。他感到,"在全球化的浪潮之中,一些根蒂不深、人数又少的民族,如鄂伦春族,政府的确也尽力在扶持这个民族,他们吃住都没有问题,孩子上学也不要钱,但本身还没有形成一个有生机的社区,不是自力更生的状态。所以在我脑子里一直有一个问题,在我国万人以下的小小民族有十多个,他们今后如何生存下去? 在社会的大变动中如何长期生存下去?"[1]可以看到,费孝通先生是在两个意义上使用"小民族"概念的:人口因素和文化因素,即"根蒂不深,人数又少"。"根蒂不深",是指文化复杂性程度差、异质性水平低,即这些民族相对社会进化水平低,传统文化普遍较为简单,即多为传统渔猎、采集民,内涵较之复杂和异质性程度高的文化,这些群体对自然环境和相对单纯的社会环境有很强的直接依赖,应对环境变化的能力较弱;"人数又少",是指由传统渔猎文化所决定,相对蒙古族、壮族、回族等人口众多民族,这些民族的人口数量比较少,如鄂伦春族目前有 8000 余人,赫哲族 2000 余人,而作为鄂温克族的一部分——从事传统驯鹿生产的敖鲁古雅鄂温克人只有 200 余人。在西方文化人类学、民族学界,一些就人口相对较少、特别是文化相对简单的民族的研究,往往用"部落民""部族民""原住民""土著""初民"等称呼我们这里所讨论的"小民族"[2]。前苏联民族学界的相关研究在二十年

---

① 费孝通:"民族生存与发展——第六届社会学人类学高级研讨班上的讲演",中国社会学会民族社会学专业委员会秘书处、北京大学社会学人类学研究所、中国社会与发展研究中心主办《民族社会学研究通讯》2001 年第 26 期。第 9—10 页。
② 关于这类概念是否可以替代、互换或并列使用,目前国内尚存在很大争议。情形有些类似关于"民族"—"族群"使用的争议。特别是"土著"与"小民族"的区别。这可能主要来自划分标准、问题意识不同。事实上,从传统文化形态和现代化进程中境域看,世界各(转下页)

前已出现"小民族"用法。如"改革与北方小民族的命运"①，"小民族大问题"②，"马来西亚的小民族：塞芒人、塞诺人、贾昆人"③等。这些民族的文化特点、现代化进程中面临的生存发展问题具有同质性。费孝通先生将这样一部分人群——人口相对较少，特别是传统文化相对简单、异质性程度低，因而在现代社会显出诸多不适应，甚至存在生存危机的这样一部分文化群体，称之为"小民族"，可以认为，他的分析和总结，切中了"小民族"的核心与本质。

任何理论的提出都源出于社会生活。现实中的人们不难感受到小民族和小民族问题的社会事实和社会存在。如同费孝通先生对小民族特点的发现、分析和总结，困难恐怕更在于，当代小民族生存、发展问题的提出，问题的成因，并不仅仅在于某一、两个因素。如作为小民族重要特征——"人口少"的讨论。如果说，我们认定一个数字为人口规模的相对标准，那么，我们如何摆脱时空和文化观察角度的限制，如美洲印第安某些部落在1492年殖民之前人口并不少，而且社会形态已进入很高阶段，如印加帝国、玛雅文明等等。而且，世界上一些人口并不具有大规模的民族，并不处于所在社会的边缘，不存在因文化转型而造成的生存危机。再者，因所在环境不同，文化表达方式不同，因此，如果泛泛地谈"小民族"问题，是否具有可比性和普遍意义？若如此，是否有可能使问题不好集中，也难以深入？

关于学者使用某一概念之前对概念内涵进行界定的意义，有学者认为：科学调查只有针对可以比较的事实才能达到目的，而且越是有把握汇集那些能够有效地进行比较的事实，就越有成功的机会。学者

（接上页）国小民族存在同质性问题。除不排除国家、主流政治势力与族群、边缘群体存在政治关系这一重要因素参照外，笔者"小民族"概念主要基于文化特征和一定的人口数量因素的考虑，即费孝通先生的总结"人口又少，根蒂不深"。综合政治与文化两种因素，国外一些研究将类似"小民族"这样的群体及其构成的社会，称为"第四世界"。

① ［苏］З. П. 索科洛娃：《改革与北方小民族的命运》，于洪君摘译，中国社会科学院民族研究所《民族译丛》1991年第1期，第1—7页。
② ［苏］А. 皮卡、Б. 普罗霍洛夫：《小民族的大问题》，中国世界民族研究学会会刊《世界民族研究》，1996年年刊，第40—45页。
③ ［苏］Е. В. 列鲁单诺瓦：《马来西亚的小民族：塞芒人、塞诺人、贾昆人》，中国社会科学院民族研究所《民族译丛》1989年第1期，第57—63页。

不能把那些符合日常用语的既成事实作为他研究的对象。他倒是应该由他自己来确定他要研究的那些事实,以便使这些事实具有被科学地探讨所必须的同质性和特异性。[①] 如果说,作为学术研究注定难以逃避要确定并交代自己使用的概念——"小民族"所囊括的社会事实的范畴,那么除了得益于以往有关"小民族"研究的重要启发,笔者更主要是直接得益于费孝通先生关于"小民族""根蒂不深、人口又少"定义的启发。即"小民族"是指世界范围内那一部分人口相对很少,特别是传统文化相对简单,因而在急剧变化的现代社会环境下显出诸多不适应,传统文化发生断裂,存在生存危机的这样一些人类共同体。

二、小民族——鄂伦春族生存发展与环境的关系

费孝通先生曾注意到:鄂伦春族面临的情况是森林发生了变化,而赫哲族本来靠渔业生活,现在他们传统的渔业越来越不景气。由于自然和周围社会环境的改变,造成了他们在生产能力和职业方面的不适应。给他们地种,但是他们把地转租给汉人去种或是找打工的汉人来种。[②] 如费孝通先生所断,事实上,小民族生存问题的本质,就是简单文化与环境的关系问题。就鄂伦春族而言,二十世纪中叶以来,伴随定居,国家对当地自然资源的开发,外地人口大量流入,该族传统生存环境发生剧变,传统狩猎文化自然进化过程断裂,后来日益表现出文化衰落,生存问题引人注目。究其问题原因,关键在于两方面:

一方面,包括鄂伦春族在内生活在世界各地的小民族,其传统文化是适应所在自然环境和社会文化环境的产物。适应特有的单一环境的结果,形成为简单文化。面对环境急剧变化,文化简单性的特点,束缚了他们适应新环境的能力。这种适应,包括生产技术、社会组织、心理等方面,并作为整体综合发生作用。如费孝通先生所看到的"给他们地

---

① 〔法〕埃米尔·迪尔凯姆:《自杀论》"导论",冯韵文译,北京:商务印书馆,2001 年,第 7—8 页。

② 费孝通:《民族生存与发展——第六界社会学人类学高级研讨班上的讲演》,中国社会学会民族社会学专业委员会秘书处、北京大学社会学人类学研究所、中国社会与发展研究中心主办《民族社学研究通讯》2001 年第 26 期,第 9—10 页。

种,但是他们把地转租给汉人去种或是找打工的汉人来种",在主体社会现代化进程中,在环境的进一步变化中,表现出很强的不适应。另一方面,或许是更为重要的因素,是适应机会的缺乏,即因各种原因,小民族没有赢得相对稳定的适应时间,小民族作为主流社会弱势群体,缺乏和主流社会谈判、对话的权力。"转产"是自五十年代鄂伦春族定居一直到目前尘埃尚未落定的社会问题。笔者在研究中发现,早在民国年间,随着周围汉族人增多,以及同有邻族达斡尔人的示范,黑龙江黑河地区等一些鄂伦春猎民已经开始尝试学习种地、盖房,内蒙古地区也有零星者尝试种植①;而五十年代末六十年代初,黑龙江、内蒙古两地以捕鹿饲养的畜牧业也曾兴旺一时。前者因政府过于脱离实际以及执行中失误的"弃猎归农"而昙花一现②;后者因后来发生的"文革"、社会动荡而断送③。而更多时候的"转产"实验,每每与政府行为有关产生的"一刀切""形象工程""跨越式现代化"挂钩而成为短期行为或沦为"挂名"。④

---

① 参见史禄国:《北方通古斯的社会组织》,赵复兴等译,呼和浩特:内蒙古人民出版社,1984年,第109—138页;《鄂伦春族社会历史调查》(第一集),呼和浩特:内蒙古人民出版社,1984年,第22页;《鄂伦春族社会历史调查》(第二集),呼和浩特:内蒙古人民出版社,1984年,第51—57页。

② 参见《布特哈付总管博多罗告状文》,第1—2页;《东三省政略·兴东篇》;《鄂伦春族简史》,呼和浩特:内蒙古人民出版社,1983年,第103—104页;《瑷珲县志》,咨祥文放下游生计地事竣由;《鄂伦春族调查材料之十一》,第149—153页;《鄂伦春族调查材料之三》,第40—41页。《鄂伦春族社会历史调查》(第二集),呼和浩特:内蒙古人民出版社,1984年,第51—52页,第322页。

③ 参见林崑、何文柱主编《中共鄂伦春自治旗党史大事记》,呼和浩特:内蒙古文化出版社,2003年,第23—24页,27—28页,70—86页;《鄂伦春族社会历史调查》(第二集),呼和浩特:内蒙古人民出版社,1984年,第113页;《鄂伦春研究》2002年第1期,第43—49页;柴少敏:《葛德鸿传——一个鄂伦春人的足迹》,上海:远方出版社,1997年,第161—169页;《鄂伦春自治旗1958年到1962年林农牧猎业发展规划》,鄂伦春自治旗档案局档案室,1958年案卷号:21;《鄂伦春自治旗志》,1991年,呼和浩特:内蒙古人民出版社;禄广斌等:《鄂伦春族40年》,中央民族大学出版社,1994年,第65页;《关于自流人口处理的请示报告》,鄂党字(77)第1号,鄂伦春自治旗档案局档案室,1997年,案卷号:119,柜号:5;沈斌华、高建刚著:《鄂伦春人口概况》,呼和浩特:内蒙古大学出版社,1989年,第222页。

④ 参见何群:《环境与小民族生存——鄂伦春文化的变迁》(社会科学文献出版社,2006年4月)第六章"当前环境背景下猎民的经济生活"。

从文化的发生和文化的本质出发,"一种文化是一种技术、社会结构和观念的综合构成,它经过调整而适应于其自然居住地和周围的、常互相竞争的其他文化。稳定化本质上是一个过程,它由环境因素引导和驱使,它的发展速度和成功与否都被环境变化的程度和特征决定着。比如说,有的时候环境的变化是如此突然和恶劣,以至不可能产生新的平衡。"①根据这一原理,人们在解释高度适应一种特定环境的小民族传统文化与西方文化和现代化接触时,一般认为,因为社会环境突然发生剧烈变化,所以小民族的传统文化往往就会崩溃。对"崩溃"原因的看法,有人认为"这是由于这个文化的传统及其政治和社会组织根本就不适应新的方式。"②还有人对此提出另外的见解,认为这个看法有个问题,即一些"像巴西亚马孙森林这种地方的传统社会,就远非不能适应变化的环境,而是没有机会发挥出他们的适应能力。如果人们全部被驱逐出他们的故土,并突然地被公然剥夺了他们的生存手段,那么,这些人就没有机会发挥自己对现代世界的适应能力了。在这种情况下存在着一个关系重大的问题,因为这件事的发生实际上就是世界的某些人把别人、别的社会看作是陈旧的东西。由于某些原因,人类学家越来越关注残存的部落民族急剧消失的问题,而他们最关注的又是人类权利的基本问题。③ 可以断言,小民族文化的衰亡和生存危机,不仅是他们文化适应能力问题,而且是他们是否拥有"适应机会",是否拥有人类的基本权利——生存权、发展权问题。

三、寻找裂缝间的"桥"——努力意会"很难测量和调控的文化因素"

正如费孝通先生敏锐地觉察到的,对于鄂伦春族"政府的确也尽力在扶持这个民族。他们吃住都没有问题,孩子上学也不要钱,但本身还

---

① [美]托马斯·哈定等:《文化与进化》,韩建军等译,杭州:浙江人民出版社,1987年,第47页。

② [美]威廉·A.哈维兰:《当代人类学》,王铭铭译,上海:上海人民出版社,1987年,第588—613页。

③ [美]威廉·A.哈维兰:《当代人类学》,王铭铭译,上海:上海人民出版社,1987年,第588—613页。

没有形成为一个有生机的社区,不是自力更生的状态"。这一点,笔者在一些猎民村深有感受。与周围异族村落比较,一些猎民村的缺乏"生机","不是自力更生的状态",确实令人黯然。笔者在实地深深感到,民族自治地方所享有的制度性优惠政策,长期有保证的扶持、帮助等优惠政策环境包围中的鄂伦春社会,似乎正在形成或已经形成某种"模式化的思想和情感方式"。这成为在鄂伦春社会、特别是猎民社区带给我的"只能意会,不能言传"的部分。它使我这个"外人"感觉到,但说不清。或许,这就是费老所讲的那种"很难测量和调控的文化因素",而这"越可能是一些深藏不露的隐含的决定力量"①。这种长期优惠政策下形成的模式化的思想和情感方式,"不是各个独立事件的简单的总和,也不是一个聚合性的整体,而是一个新的特殊的事实,这个事实有它的统一性和特性,因而有它特有的性质,而且这种性质主要是社会性质"。②

马林诺斯基在分析土著人社会时,提出了"模式化的思想和情感方式"理论。他指出:"我们感兴趣的是他们作为社区成员的感想。在这种身份中,他们的心灵状态才获得了某种印记,并由于他们生活中的陈规惯例、传统习俗、作为思维工具的语言而变得模式化了。他们的社会和文化环境迫使他们以一种确定的方式思考和感受。"③在当地,笔者感受到猎民村猎民对可能与上面优惠、扶持相关的事情特别关注和敏感,而对享受特殊优惠待遇似乎也已习以为常。实际上,政府面临了两难境地:完全白送——养起来不好,而取消特殊优惠政策同样不现实。好在当地各级政府早已意识到扶持、帮助方式上"造血"之于这个民族自立的重大意义,并确实有意识进行着调整。如一些猎民乡镇新建猎民新居时采取向猎民部分集资,鼓励其自力,而一改过去政府的白送等等。

鄂伦春族怎么了? 他们到底需要什么? 在多次经历不成功的"转

---

① 费孝通:《试谈扩展社会学的传统界限》,北京大学社会学人类学研究所等主办:《民族社会学研究通讯》2004 年 4 月 15 日,第 34 期。

② 〔法〕埃米尔·迪尔凯姆:《自杀论》,冯韵文译,北京:商务印书馆,2001 年,导论第 14 页。

③ 〔英〕马林诺斯基:《西太平洋的航海者》,梁永佳、李少明译,北京:华夏出版社,2002 年,第 16 页。

产"尝试,以及外界众多帮扶成效不明显之后,当地政府、外界人们不禁发出类似疑问。笔者体会到,或许正如有学者通过总结小民族与较发达文明间接触史,希望能够回答世界上怎样才能避免失去原始文化的最后残迹问题时谈到的那样,"只有认清并公开了他们的困难的性质,才能给他们以帮助。因为要保护一个无法加以鉴别和限定的对象是难上加难的"。① 即首先要追求对费孝通先生意识到的小民族社会存在的某种"很难测量和调控的文化因素"的理解,因这"越可能是一些深藏不露的隐含的决定力量"②。那么,包括上述"模式化的思想和情感方式"所揭示的部分"隐含的决定力量",以及难以"测量和调控的文化因素"在内,或许,如何搭建文化之间"裂缝间的桥"③、如何以历史的眼光观察累积的现实④——小民族文化变迁状况,仍是保证政府善治、社会趋向和谐的前提。

四、"要文化还是要人"——在吸收、引进中提升小民族竞争力

二十世纪以来,小民族大多数处在急剧的同化过程中。目前还很难估计,小民族在多大程度上保留或丧失了他们的传统,文化变迁的结果提供了极为不同的例证。对小民族文化前景的分析、预见,往往呈现乐观与悲观同在、不置可否的倾向。问题更在于,一种文化的繁荣,确实意味着作为这个文化载体的人群生存状态平稳。然而,一种文化走向衰亡,或果真衰亡了,但是文化中的人并没有灭绝。因此,面对小民族技术、社会组织以及传统信仰等传统文化要素日益失去现实功能的现状,作为文化的载体——文化中的人,为了继续生存,摆脱被动的依附性生存、社会边缘地位,就必须尽可能提高适应环境剧变的能力。因此,实际上确实存在着"要传统还是要生存""要文化还是要人"的悖论。

---

① [美]蒂莫西·塞弗林:《消亡中的原始人》,周水涛译,北京:东方出版社,1989 年。第 322—323 页。

② 费孝通:《试谈扩展社会学的传统界限》,北京大学社会学人类学研究所等主办《民族社会学研究通讯》2004 年 4 月 15 日,第 34 期。

③ 参见王铭铭:《裂缝间的桥——解读摩尔根〈古代社会〉》,济南:山东人民出版社,2004 年。

④ 参见何群:累积的现实:观察文化的历史眼光,《大连民族学院学报》2008 年第 2 期。

对此,费孝通先生谈道:"由于社会发展,一些少数民族传统的谋生之道正在改变,原来靠山吃山、靠水吃水,现在山上的树没有了,河里的鱼没有了,在这种情况下,有人问是保命还是保文化。依我看,文化是为了人才存在的,有人才有文化,文化是谋生之道,做人之道。……少数民族也一样要靠自己的努力来发展,自身的文化不够用就引进。"①"费孝通先生在这里讲的就是我们应当如何从人类社会未来长远发展的眼光,来审视少数民族传统文化在现代化进程中的出路。"②"我们是应当为了保护传统文化而牺牲这些群体的'人'的发展,还是应当为了'人'的充分发展而放弃他们祖先创造的传统文化中那些已经无法与现代工业文明相适应的内容? 费先生的答案十分清楚:少数民族传统文化需要通过吸收和引进其他文明来得到充实,从而提升自己在现代社会的竞争能力,参与到现代社会的发展进程中。"③费孝通先生的观点,帮助人们走出了在对待小民族传统文化与现代化、"要人还是要文化"问题上非此即彼的传统认识误区。

就问题的主体——小民族实际生活考虑,矛盾性可能很大程度上是由下述原因引起的:小民族不得不把对传统文化的依恋与越来越明显的、吸收现代文明的必要性结合起来。那么,完全恢复传统文化是否现实? 小民族文化的历史结局有可能是什么? 这可以从小民族外部环境及内部状况两方面进行分析。

从鄂伦春族的情况来看,作为决定其命运最为关键因素的外部环境——执政党和中央政府为其生存、发展提供的有力的制度保障。以各民族共同发展繁荣作为决策理论基础,中央除了继续坚持并提高以往人、财、物方面的扶持力度,还专门提出"要扶持人口较少民族发展规划"方案;通过总结经验,积极学习,对各民族传统文化现代价值以及民族工作方法上都有新的认识和改进,对各民族在历史发展中形成的传统、语言、文化、风俗习惯、心理认同等方面的差异给予了充分尊重和理解。新近举行的中央新疆民族工作会议,将改善民生、

---

① 马戎:"只有'人'的发展,才能更好地保护'传统文化'",《中国民族报》2010 年 1 月 8 日。
② 马戎:"只有'人'的发展,才能更好地保护'传统文化'",《中国民族报》2010 年 1 月 8 日。
③ 马戎:"只有'人'的发展,才能更好地保护'传统文化'",《中国民族报》2010 年 1 月 8 日。

提高民族地区经济发展和人民生活水平,作为实现民族团结、社会稳定的基础和根本。

　　除了制度环境的保障,在当代,如同一些小民族传统文化合理性、之于人类可持续发展积极意义的被发现,鄂伦春族传统狩猎文化正在经历着一定程度的创造性转换,一些传统价值观、生态观获得了现实意义和功能。[①] 如现代企业文化强调的信用意识,现代社会对人与人之间诚信、忠诚的再次推崇与渴望,可持续发展理念讲究对自然资源的适度攫取、对自然规律的尊重等思想,是传统狩猎文化带给现代社会的帮助和积极构建。

　　就内部来看,无论鄂伦春社会对待传统文化与现代化关系上存在怎样的认识上、态度上的差异,一个明显的事实是,这个民族的民族凝聚力在增强。有研究总结民族凝聚力的源泉存在三类因素,即"原发基础的""利益的"和"特征"因素。"原发基础的",代表"纯粹的文化",它使得族群作为具有共同祖先的"文化集合体"而凝聚起来,人们对于本族文化的感情要求保存和发展自己的文化传统的愿望使他们凝聚起来,成为"文化抗争"的力量。"利益的",代表"社会分层现象",共同的社会地位与共同的利益追求也使他们凝聚起来。许多研究表明,族群成员共同的实际利益在今天的社会中,逐渐成为在族群冲突中实现社会动员并具有决定性作用的因素。"特征"因素,是强调每个个人的经历与倾向会影响族群成员之间的凝聚力和族群的整体力量。[②] 2003年9月,笔者在鄂伦春自治旗鄂伦春族干部职工、猎民、中学生中进行的抽样问卷调查结果表明,鄂伦春族民族凝聚力具有很高的程度。在变量上,体现出来自"原发基础的""利益的"和"特征"的因素,如体现"原发基础的"因素,人们对于本族文化的感情要求,保存和发展自己的文化传统的愿望使他们凝聚起来的因素,反映在测量民族意识、民族认同

---

① 参见马格林:《农民、种籽商和科学家:农业体系与知识体系》,卜永坚译,许宝强等选编《发展的幻想》,北京:中央编译局出版社,2001年,第322—323页;唐纳德·L.哈迪斯蒂:《生态人类学》,郭凡、邹和译,北京:文物出版社,2002年,第23页;[美]尤金·林登:"土著部落文化的价值及其面临的危机",陈景源等译,《民族译丛》1992年第41期,第27页。
② 马戎:"族群关系变迁影响因素的分析"。《西北民族研究》2003年冬季卷。第12页。

变量方面。统计表明,干部职工、中学生和猎民阶层,都具有较高的民族意识,对自己的族属具有相当高的认同。① 总的来看,与传统狩猎文化新时期构建直接相关,鄂伦春民族凝聚力的来源,来自"原发基础的"和"利益的"因素导致的民族凝聚增强呈主流趋势。同时,也存在因利益、适应能力不同而导致民族内部的社会分化加剧。"原发基础的"与"利益的"因存在密切一致关系,因此,利益——社会分化,不仅没有消解民族凝聚力,反而成为人们自觉维护的事物。②

　　依据对新时期鄂伦春族传统文化构建所处外部环境、内部文化适应状况、民族凝聚力水平及变化趋势的分析,有理由相信,在鄂伦春人有共同居住地,不断增加的人口,有国家民族平等、共同发展繁荣民族政策及民族区域自治制度的保障条件下,随着族内受教育人数越来越多,民族自觉意识的不断增强,谋求学习、借鉴、适应现代文明的人越来越多,参与主流社会生活的人越来越多,鄂伦春人民的前景是光明的。鄂伦春族个案以及众多小民族生活实际,同时证明着费孝通先生小民族思想的科学性,以及他以其智慧和先见者的智慧提出的"各美其美、美人之美、美美与共、天下大同"——这一"贯穿了和谐与对话、双赢和互利"③精神的"新型文化文明观"④的预见力与当代合理性。

(《中央民族大学学报》,2011 年第 6 期)

8. 田野回望:"非遗"保护与"被保护者"的真实世界——兼以东北渔猎、使鹿民为例"

　　内容提要:田野回望,在一个无论是这个国家地理的边缘,还是人

---

① 参见何群:《环境与小民族生存——鄂伦春文化的变迁》,北京:社会科学文献出版社,2006 年,第 519—522 页。

② 参见何群:《环境与小民族生存——鄂伦春文化的变迁》,北京:社会科学文献出版社,2006 年,第八章。

③ 郑杭生:"费老对当代中国社会学的贡献",《中国民族报》2010 年 8 月 6 日。

④ 郑杭生:"费老对当代中国社会学的贡献",《中国民族报》2010 年 8 月 6 日。

文的边缘,回望核心、主流文化、主流话语,也就是说,在关顾和反思历史的同时,"从远处""在现场"获得一些有血有肉的冲击,回望核心,在这种来回、往复中获得一些验证和启发。由此,谈论民族传统文化保护,以及本文所侧重的对象——小民族及其非物质文化遗产保护,应首先注意解读"被保护者"的真实世界。这是有可能达成文化理解、有效保护方式选择的前提。

相对于族群人口占全国总人口绝对比例的汉族,我国55个少数民族中,传统文化形态一般为传统渔猎、采集、原始农耕,人口稀少的民族,即小民族,有20多个,如鄂伦春族8000多人,赫哲族4000多人,而使鹿鄂温克族只有200余人。当前,配合联合国以及整个世界再次掀起的人类非物质文化遗产保护运动,随着国家"非遗"保护工作全面深入,国家及各职能部门将小民族优秀传统文化的有效抢救、保护工作明确提上日程。在广泛吸收以往研究成果基础上,本项研究思路和问题意识的形成,资料和线索,主要来自两个渠道:作者既有相关研究的积累[1];2010年9月随文化部项目"人口较少民族非遗保护"调研组对鄂温克、鄂伦春、赫哲族进行的调研。

一、小民族与自然、社会环境之间的深深羁绊

一个显而易见的道理是,如果不一开始就把事物之间的区别说清楚,又如何沟通它们、弥合它们呢? 就小民族非遗保护而言,"只有认清并公开了他们的困难的性质,才能给他们以帮助。因为要保护一个无法加以鉴别和限定的对象是难上加难的"。[2]

"小民族""土著""原住民""原始民族",是社会生活中和文献中,外界对这样一部分人类群体——文化和历史经历具有特色,按照传统进

---

① 自1998年到2010年,笔者赴鄂伦春、鄂温克、赫哲族地区进行了数次田野工作。在鄂伦春族聚居的共15个猎民村中,笔者走访了11个猎民村,并对其中若干猎民村进行了接续调查。此外,笔者近年在北京、呼和浩特等还对数名鄂伦春族政府负责人员、知识分子进行了访谈和电话采访。

② [美]蒂莫西·塞弗林:《消亡中的原始人》,周水涛译,北京:东方出版社,1989年。第322—323页。

化论解释往往具有人类"原始时期"特点的这样一些族群的习惯称呼。我国近十余年对鄂伦春族、赫哲族等人口相对较少,尤其在1949年新中国建立之初,文化演化表现为传统狩猎、采集以及传统刀耕火种形态的这样一些群体,开始称其为"小民族",或"人口较少民族"(政府将10万人口以下民族划归为"人口较少民族")。一个现象是,小民族"人口少",这一点容易理解,而对其传统文化以及与传统文化特点直接有关的现实生存、发展状况有哪些特点和特殊性,则普遍认识不够。至于"土著""原住民""小民族""人口较少民族",甚或"第四世界",这些称呼和概念之间是否能够划等号,目前没有答案。但是作为一个社会、文化现象,这些族群文化上确有许多同质性,确实曾经历并面临着一些共有的现实生存和未来前景问题。

　　笔者近年对上述"小民族",或曾经"赤身裸体的野蛮人"的历史和现实生活投入一定兴趣,并主要以生息于我国东北大、小兴安岭深山密林中的传统狩猎、渔猎群体——鄂伦春族、使鹿鄂温克以及赫哲族等为个案,与尽可能了解到的世界其他地区小民族进行比较,希望借助生态人类学的一般理论,梳理、探索环境与小民族文化、环境剧变与其现实生存、发展之间可能存在的关系,初步感到,不同一般意义的民族(族群),小民族与其繁衍、生息的自然环境和社会文化环境之间有着直接而深深的联系。一方面,包括鄂伦春族在内的生活在世界各地的小民族,其传统文化是适应所在自然环境和社会环境的产物。适应特有的单一环境的结果,形成为简单文化。面对环境急剧变化、文化简单性的特点,束缚了他们适应新环境的能力。这种适应,包括生产技术、社会组织、心理等方面,并作为整体综合发生作用。另一方面,或许是更为重要的因素,是适应机会的缺乏,即因各种原因,小民族没有赢得相对稳定的适应时间,小民族作为主流社会弱势群体,缺乏和主流社会谈判、对话的权力。

　　费孝通先生生前对小民族特有生存问题也充满忧虑。"在全球化的浪潮之中,一些根蒂不深、人数又少的民族,如鄂伦春族,政府的确也尽力在扶持这个民族。他们吃住都没有问题,孩子上学也不要钱,但本身还没有形成一个有生机的社区,不是自力更生的状态。所以在我脑子里一直有一个问题,在我国万人以下的小小民族有十多个,他们今后如何生存下去? 在社会的大变动中如何长期生存下去?"①笔者理解,费孝通先生对"小民族"特征的归纳——"根蒂不深,人数又少","根蒂不深",是指文化复杂性程度差、异质性水平低,即传统生计方式多为传统渔猎、采集群体;"人数又少",即一般人口微少。恰恰是上述小民族简单文化的这些特点。更重要是,作为人类一部分,当小民族遭遇现代化,他们所赖以生存与延续的环境多发生巨大改变,这种改变,事关他们的生存。外部社会现在开始认识到,支持小民族的生活方式,是现代社会对他们的最大帮助。

回到本文论题,小民族"非遗"保护,领会"被保护"主体传统文化特点——以传统狩猎、采集、渔猎为生计方式,社会组织、制度松散,社会凝聚、动员力量较弱,以万物有灵、自然、祖先崇拜为特征的精神信仰形态等,那么,他们与汉族、蒙古族、回族等人口众多民族相较,必然存在一些特殊困难和问题。例如:因其人口少,又无文字,历史上文化传承方式主要是言传身教,有关本民族历史、社会、文化历程书面文献积累稀少或空白,民族文化表征大都集于语言、行为与信仰等精神层面,反映在民俗生活的诸方面。同时,因无文字,其传统文化承载者主要是老年人,又因为人口少,一个心中装着民族传统文化缤纷世界老人的离世,即意味着文化要素中某些部分、某些尚未被世人了解文化优势的遗失,如 2009 年 5 月嘉荫县胜利猎民村鄂伦春族老人莫秀英的去世,2009 年春鄂伦春自治旗鄂伦春族老人何金花的去世,2004 年街津口赫哲族老人尤某某的去世。一个人与一种文化的命运——这些在本族中具有"文化源"功能老人的去世,带给一种文化的影响,每每是颠覆性的。而这种问题,在人口众多民族中往往不是问题。因此,就"非遗"保护、文化传承而言,极有必要对小民族中一些健在的老人进行访谈、文化记录。再如,因其传统生计对自然环境的直接依赖,环境巨变会导致其传统生产方式的难以为继,文化自然演化的突然中断,如 1996 年鄂

---

① 费孝通:"民族生存与发展——第六界社会学人类学高级研讨班上的讲演",中国社会学会民族社会学专业委员会秘书处、北京大学社会学人类学研究所、中国社会与发展研究中心主办《民族社会学研究通讯》2001 年第 26 期,第 9—10 页。

伦春自治旗包括鄂伦春族人在内的全面禁猎。而禁猎之后的"转产"——选择以何种生产、生计方式替代固有的狩猎使这部分人很好地生活下去,这使"保护"对象变得有些不好确定,保护目标变得有些扑朔迷离。

二、"原生态""原汁原味"远不是现实:变化中的小民族文化、社会形态

众多研究试图说明,随着人类现代化进程加速的难以遏制,受文化变迁或文化适应性规律的左右,"民族"远非铁板一块。就小民族而言,20 世纪以来,小民族大多处在急剧的同化过程中。从环境与小民族文化关系推论,因其传统文化特点,以及历史、地理条件的左右,他们现实发生的同化,明显不同于一般民族实际上也在发生的文化同化,似乎他们走向衰亡的可能性更大,而实现长久稳定的自身重新调整的能力和条件则很有限。根据不同的个案分析和研究经验,有研究认为,小民族正在实现"民族重组"[①],正在走向现代化生存环境下文化的成功转型。也有研究从主体社会现代化进程推进,对小民族生活地域自然资源开发引起的小民族传统生存环境的破坏,传统文化衰亡等方面展开讨论。[②] 而不少个案传达出小民族对生活、对未来的理性而积极的心态——认为本族"还有希望,还有积极的变化"[③],认为"要想保护自己传统的生活方式,并不能简单地留恋过去,例如将纪念品放在博物馆,供人瞻仰"[④]。人们看到的,并不是他们对往昔的怀念,而是对周围变化了的环境的清醒认识,所做出的积极调整,以及对未来的展望。小民族社会、文化形态的实际情形,其传统社会的分化,与周围社会业已形成的整合等实际情况,有可能远远超出了他者的想象。

这一点,在我国唯一一个使鹿群体——敖鲁古雅鄂温克社会得到

① [美]乔安尼·内格尔、C. 马修·斯尼普:"民族重组:美国印第安人的社会、经济、政治和文化生存战略",《民族译丛》1994 年第 2 期。
② 尤金·林登:"失去部落,失去知识",《民族译丛》1993 年第 5 期。
③ "北极之旅俄罗斯-西伯利亚(1)",中央电视台十频道。
④ "北极之旅俄罗斯-西伯利亚(1)",中央电视台十频道。

了验证。2003 年 8 月,敖鲁古雅使鹿鄂温克社区进行了 1949 年以来第三次搬迁①,从原来居住于根河市北约 300 公里、距满归镇 17.5 公里处的敖鲁古雅鄂温克民族乡,整体搬迁至距根河市 4 公里处的根河市郊(原根河林业局第三车间旧址)。生态移民的主要起因,一为落实国家"天然林保护工程";二为应对老敖乡邮政、银行撤出,电路老化等社区萎缩现状;三为附近水坝水灾泛滥,需要维修;四为子女学校教育等等。此次生态移民作为指导性变迁,审时度势,无疑使这一群体与时共进,及时抓住了生存、发展机会。而搬迁引出的"故事",牵动的纷扰,也颇有些文化、社会意味。

☆以"是否为猎民"单独建立社区与使鹿者"失去老邻居""感觉不习惯"的苦恼和孤单。

事情原委是:在老敖乡已经与异文化有近半个世纪接触、吸收并业已形成一定的文化吸收、社会整合——多元文化社区情况下,"生态移民"社区设计办法,即单独给从事使鹿业的"猎民"建立社区,鄂温克干部、职工以及其他民族居民不享有分房资格的办法,使使鹿者感觉到"失去老邻居""感觉不习惯"等苦恼和孤单。也就是构成新敖乡社区的 62 户,均由过去老敖乡社区中挑出清一色鄂温克猎民组成。政府分配新住房的原则就是分给鄂温克猎民,其他居民移民至根河周边其他乡镇。因此,对新社区居民来讲,周围熟悉的邻居变了,过去熟悉的邻里关系被扯断。由此意味着需要新的邻里关系的重新开始,也意味着与周围社会新一轮的接触变得更为复杂和不自然。

---

① 1949 年以来,大体上,生活于大兴安岭西北坡的传统狩猎、驯鹿群体、使鹿鄂温克社区(村;乡)经历了三次搬迁。1949 年开始,政府组织实施,游猎游牧于在大兴安岭之中的使鹿鄂温克猎民第一次下山,1953 年之后,在中俄边境的额尔古纳河畔的奇乾乡陆续建立起供销社、民族学校、结核病防治院、俱乐部、养兽场等经济文化和医疗服务设施,为他们创造了就医、孩子上学、购买生活日用品的固定地点,但仍然保留着古老的生产生活方式,使鹿者微型社区开始形成。时隔十余年之后,1965 年,定居于奇乾使鹿社区,因中俄关系和猎场等原因,政府组织其迁移至满归镇北 17.5 公里处,兴建成敖鲁古雅鄂温克民族乡。为每一户猎民都盖起了一套新房,经过三十几年建设,形成了党政、工商、粮食、邮政、卫生等一套现代民族乡,并且有一部分人开始下山从事民族乡的建设工作,以及外出工作和学习,一部分人仍然从事着传统的生产活动。新近一次,即 2003 年 8 月政府组织实施的敖鲁古雅生态移民。

☆谁是猎民？哪个阶层能够代言使鹿者？——传统社会的进一步分化与解构。

同样是发生在敖鲁古雅2003年8月的搬迁，政府考虑鄂温克族干部职工不在分房之列。那么，住房怎样分配政府该找谁商量？关于此，也引起过纷乱。猎民群体认为，既然住房是分配给猎民住，为什么政府在商量一些相关大事时总爱找干部而不找猎民？谁是猎民？谁能代表猎民主体？结合上述迁移引起的"失去老邻居"的失落，不难发现，围绕迁移和分房，一个业已形成的吸收了多文化因素的使鹿社会结构发生动摇；同时，又使业已分化的传统社会进一步走向解构。

☆核心问题是并未解决好与群众中可能滋生的与政府玩"捉迷藏"游戏的兴趣。

半个多世纪以来使鹿鄂温克社会发展的核心问题，并往往被看作民族发展前景风向标的，是驯鹿业的兴衰问题。搬迁结束后，上级政府下拨专款为猎民准备了生产生活必需品，并为每户发放了生活补助费300元，无偿为猎民提供了液化气炉具和小灵通手机，同时为62户猎民的院落进行了平整并铺设了砖道。在细微处，又于搬迁那年的冬天，组织给山上的猎民送去过春节的饺子等等。然而，政府做的这些零零碎碎的"工作"依然不太让人领情。这或许是要理解，一个群体，他们最大的关注和隐痛是什么。如果政府在这一点上让群众失望，零零碎碎的工作只会进一步让群众失望，不仅不太领情，而会认为是"应该"，也不会提升政府威信，而且有可能让群众滋生与政府玩"捉迷藏"游戏的兴趣。或许，这些优惠政策一时会有短期效果，但是如果核心问题并未解决好，如规划的驯鹿圈养计划的失败——因没有周到考虑到驯鹿饲料来源、猎民经济承受能力，以及半野生的驯鹿是否适应圈养的环境、是否有成熟经验可供借鉴等问题。

☆使鹿群体对外部社会的了解和博弈能力令人意外

如2003年搬迁新址后敖鲁古雅乡猎民对政府试图将驯鹿所有权完全归个人主张的抵制。猎民从个人实际利益和外部条件出发，斟酌结果，还是把负担推给政府撑着于己有利。而政府和外人从他们的传统文化和心理判断，以为完全让猎民回归"传统"，自己拥有驯鹿使用发展的全部权利,岂不是他们内心所渴望的? 变化了的传统社会,现实中到底真实的社会、文化"图象"是怎样的? 如政府施与的照顾、优惠,出于尊重他们"传统文化"的善意的想象和考虑,或许已经滞后于他们从自身利用出发的现实选择,他们对外部社会的认识,可能已经超过了外界对他们的估计。

☆敖乡民族学校的戏剧性命运与启发

搬迁后的新敖乡民族学校于 2007 年与根河市二小合并,因涉及不少家庭,又因是"民族学校",此事在当地颇令人注意。合并后的根河市第二小学改称为"敖鲁古雅鄂温克民族学校"。如同 2006 年 8月,胜利鄂伦春学校已经合并到附近乌拉嘎镇中心校。[①] "敖鲁古雅鄂温克民族学校"的命运,传达了一个信息,即大社会环境下民族学校呈现边缘化走向。而代表主流话语的大社会,无论是现代文化的吸纳能力、社区规模、社区静态实力及动态张力等方面,微小社区以及某种意义上作为政策、制度、文化符号的民族学校,与临近的现代化中、小城市均构不成势均力敌,这是小民族教育承受边缘化压力的根本原因。

再谈搬迁后敖乡民族学校与根河市第二小学的合并。生源不足是主要原因。而生源不足与移民社区设计有关,又因迁移后离教育条件优越的根河市很近,使进城市学校读书成为家长首选。2003 年生态移民定居点住房安置对象为鄂温克族猎民,而各事业、企业鄂温克族职工,有敖乡户口的敖乡居民不享有住房安置待遇。其大多数人安居在根河市区,其子女自然就读于根河市区各学校。敖乡距离根河市仅有四公里,根河市区有三所小学,两个初中,市区各方面条件比敖乡学校要好一些,有些条件的家庭都把孩子送到市区上学,虽然这样会给家庭和学生带来很多困难,如坐车的花费,中午吃饭问题。这些迫使本来学生人数就少的敖乡学校撤消了初中部,仅保留了小学部。并出现有的班级只有二名学生,人数最多的班级也只有六七名学生的衰落状况。

---

① 2006 年 9 月笔者在黑龙江省嘉荫县胜利鄂伦春族村了解到,此村原来的民族学校已经与距村 2 公里左右的乌拉嘎镇中心校合并,合并后的中心校,同时挂出"鄂伦春民族学校"牌子。

我们看到,作为民族政策一部分的民族教育,伴随移民后新的社会环境影响,其制度性功能在一定程度上有所削弱。

上述围绕使鹿鄂温克社区搬迁引出的纷扰,透露出一种迹象,即小民族"非遗"保护,有可能是一项涉及面广泛、牵涉政府、地方社会、文化当事者等多个主体、非短期内能大见成效并洞察和预期其社会效应的复杂而长期的社会系统工程。外部因素——各级政府、公务员素质、制度建设、资金投入等至为关键;同时,又与小民族地区社会经济基础、经济发展水平、文化特点、社会风气、精神面貌,甚至地理条件,特别是当事民族整体社会、文化及变迁形态关系密切。

三、如何将"非遗"保护与小民族生存、发展实现有机结合

与上述环境与小民族文化、环境剧变与小民族的调整、适应,以及不同程度存在的文化衰亡危机等分析相关,凡此"真实世界",作为小民族"非遗"保护工作的"问题源",其"非遗"保护遇到的困难,往往与承载着"非遗"文化的群体传统文化衰落和极度的边缘化有关。自然、社会环境的剧变,使其"非物质文化遗产"日益丧失着生存和传承的环境和条件。这不仅使当事文化群体处于两难境地——要传统,还是要更好的生存与发展,也使政府"非遗"保护工作面临某种尴尬——是要现代化、促进民族和地方社会繁荣,还是要保护、挽救"落后"传统。由此,"非遗"保护方式成为最易引发问题的节点。

就"被保护者"——保护主体——小民族实际生活考虑,矛盾可能很大程度上是由下述原因引起的:小民族不得不把对传统文化的依恋与越来越明显的、吸收现代文明的必要性结合起来。如赫哲族地区政府为促进"非遗"的保护、传承,花钱让年轻人来学传统歌舞。鄂伦春地区有年轻人反映觉得本族传统歌曲不好听,也不情愿学。[①] 那么,怎样将"非遗"保护与现实生存结合,成为新时期提高人民生活水平的积极因素,让人们感兴趣、有积极性?对此,笔者认为成立于2006年的黑龙江省呼玛县白银那乡民族艺术团,全村人都是团员,通过整理、挖掘本

---

① 资料来自笔者 2010 年 9 月在鄂伦春自治旗、黑龙江省赫哲族地区的调查。

族传统文化要素,尤其是应邀展演获得经济收入和社会声望,巩固了村民民族文化认同、民族自觉,调动、焕发了社区活力等将保护、传承与实际生活有机结合的做法,值得借鉴。笔者认为,该民间艺术团在振兴社会、提高社会文明程度方面发挥的作用,可以从以下几方面看:在民间艺术团这个平台和载体上,全村人都是演员、都带着民族感情参与表演,这本身就让大家感到振奋。而且,通过参加各种演出活动,看到外部社会对本民族传统文化的兴趣和喜爱,看到本民族传统文化给大家带来的满足和启发,村民们能够感受到狩猎文化的当代价值,增强了"本民族文化会有一个美好未来"的信心。另外,过去村里的桦树皮制品中有一部分是生活用品,不是用来销售的。现在,桦树皮工艺品除了送给朋友,还可以变为收入。特别是成立公司后,大家按订单制作桦树皮制品,这已经成为大家收入的一部分。和桦树皮制品能挣钱类似,民间艺术团除了挖掘、传承民族传统文化以外,还利用这个平台融入大社会实体的运行。比如,通过外出表演,演员可以获得劳务收入。前些天,民间艺术团去鄂伦春自治旗阿里河镇演出,共演了 7 天,每位演员都挣了 560 元。团里演出的民族歌舞、展示的民族传统服饰,既能给大家带来收入,又能使大家突破传统,积极适应、融入当代社会。当然,民间艺术团不是专门的演出团体,团里的成员没有演出时就干活,或者种地,或者做手工艺品,大家既是农民又是手工艺人,还是演员。[1] 而该团的成立,得益于当地呼玛县政府的理解和鼎立支持,不仅同意成立白银那乡鄂伦春民间艺术团,并当即拨款 1.5 万元,购置服装 58 套,为民间艺术团的演出创造了良好的条件。民间艺术团由呼玛县主管文化工作的县长直接负责,并成为县非物质文化遗产保护工程的重要内容。现在,好多在外面打工的大学生、中专生都返乡参加鄂伦春民间艺术团。在村里演出时,全村人都是演员;在村外演出时,演员大约有四五十人。民间艺术团从 2006 年 8 月建团至今,共演出上百场,参加过北京中关村国际动漫城开业典礼、中国国际林业博览会等具有一定影响

---

[1] 资料来自笔者 2009 年 8 月对黑龙江省红十字会副会长、黑龙江省呼玛县前任县长关金芳(鄂伦春族)的访谈。

力的大型活动,得到了大家的充分肯定。[1] 这将"非遗"保护和传承与当事民族的生存、发展以及所在地区整个经济、社会发展目标一致,成为有机体和"正能量",并有可能摆脱"要人还是要文化"的世纪性困扰。

(本文发表于《民俗研究》2013 年第 1 期)

9. 酒与"酒"之两难——基于鄂伦春族生态环境与历史文化变迁的分析

内容提要:认识小民族的现实生活,不能不提及酒。而鄂伦春人饮酒的普遍性,一些人的过量饮酒、酗酒,已经成为威胁其生存的社会问题。那么,怎样正视、客观评说这令人讳莫如深的"酒"? 如果说,我们认定鄂伦春传统狩猎文化、环境与"酒"存在某种特殊契合,那么,作为该族历史上饮品的"酒",与当代的"酒"——环境剧变、文化震荡、酗酒之间,可能存在怎样的性质不同与勾连,可能存在怎样的至今不为当事民族和外部社会所真正认识的"内幕"? 本文从环境、历史和文化变迁取向,重新审视上述问题。而对上述问题的解读,或许就是费孝通教授所觉察洞察小民族社会"只可意会,不可言传"内幕的重要线索之一。

国内外众多相关研究,每每自觉不自觉接触到"酒"和"酗酒"。如从美国印第安保留区以经营赌场为生的印第安人沉醉于酒,到中国大兴安岭西北坡使鹿鄂温克猎民"点"一定要带酒。1992 年中国学者在西非加纳对亲历的当地土著喝酒"仪式"[2]所作的反思引申着人们关于

---

[1] 资料来自笔者 2009 年 8 月对黑龙江省红十字会副会长、黑龙江省呼玛县前任县长关金芳(鄂伦春族)的访谈。

[2] "1992 年,我正在多伦多大学历史系攻读博士学位。为了准备我的博士论文《殖民主义统治与农村社会的反抗:对殖民时期加纳东部省的研究》,我从多伦多只身来到加纳,进行实地考察并搜集资料。……我被邀请在教会用晚餐……开始用餐前,一位年龄最大的非洲教士拿起酒瓶,准备斟酒。他打开瓶塞后,自己用嘴对着酒瓶喝了一口。见到这种场景,我十分诧异,心里想,这可不是咱中国人的规矩啊! 哪能不先让客人喝却自己(转下页)

"酒"与小民族命运的联想:"当地的这种习俗如何形成不得而知,但可以肯定的是,当地的土著民族在历史上因喝酒吃过亏。这是上当受骗后总结出来的经验,并在后来待人接物的过程中用礼仪的形式固定下来。也许是先人在奴隶贸易期间因喝过生人的酒成为了被缚的奴隶? 或者是在殖民统治前期的绥靖过程中因贪杯而误中他人奸计? 总之,这反映了酒与权力之间的一种微妙关系。"[①] "酒"似乎与鄂伦春族等这些"根蒂不深,人数又少"[②]的小民族群体的集团人格或众趋人格等民族性具有某种关系。无论如何,认识这些小民族的现实生活,不能不提及酒。而鄂伦春人饮酒的普遍性,一些人的过量饮酒、酗酒,已经成为威胁其生存的社会问题。

那么,怎样正视、怎样客观评说这令人讳莫如深的"酒"? 如果说,我们认定鄂伦春传统狩猎文化、环境与"酒"存在某种特殊契合,那么,作为该族历史上饮品的"酒",与当代的"酒"——环境巨变、文化震荡、酗酒之间,可能存在怎样的性质不同与勾连,可能存在怎样的至今不为当事民族和外部社会所真正认识的"内幕"?

一、环境、文化、酒——"酒"之历史溯源

民族志描述表明,鄂伦春族早就有饮酒习俗,酒是狩猎文化整体的重要组成部分。在白酒传入前,鄂伦春人自制马奶酒。是用马奶、小米和稷子米和在一起发酵一周,然后用蒸馏器蒸。马多的人家自己做,马少的人家几家合起来做。不管是一家酿制的还是几家合作酿制的,都

（接上页）喝将起来的? 正当我在心中暗暗将自己民族的'礼貌'和恩萨瓦姆教士的'无礼'进行对比时,老人喝了一口后十分礼貌地对我说:'尊敬的客人,根据我们的传统,开瓶之后,先由主人尝一口,以保证酒里没有毒药。你已经看到了,酒是好的,没有毒。'说完,他首先给我斟酒。当时,我的心被深深地触动了。假如他没有后面的解释,我对这一场景的解读会完全不同。"参见何群编著:《土著民族与小民族生存发展问题研究》代序,北京:中央民族大学出版社,2006年,第1—2页。

① 参见何群编著:《土著民族与小民族生存发展问题研究》代序,北京:中央民族大学出版社,2006年,第3页。

② 费孝通:"民族生存与发展——第六届社会学人类学高级研讨班上的讲演",中国社会学会民族社会学专业委员会秘书处、北京大学社会学人类学研究所、中国社会与发展研究中心主办《民族社会学研究通讯》2001年第26期,第9—10页。

是全"乌力楞"的人一起来喝,直到全部喝完为止。一些地方的鄂伦春人,还有酿造都柿酒的习惯。都柿果含有酒精成分,鄂伦春猎手曾抓到过吃都柿果醉倒的活狍子,人吃都柿果多了,也要醉倒。他们制作都柿酒的方法是,在桦皮桶里装半桶都柿,然后扣盖封好,不使汁液流淌出来,两手抓住装有半桶都柿的桦皮桶,上下左右使劲摇晃,使都柿在桶壁上撞碎,不一会就酿造成都柿原汁酒。这种都柿酒也用在婚宴和平时招待客人。① 烧酒传入后主要饮用烧酒。

至于他们狩猎时期饮酒的事迹,文献记载较为罕见。一般他们在说亲、婚礼、祭奠、欢聚、节庆时,都要有酒。而且,酒在其中具有媒介和画龙点睛功能。史禄国在他的研究中,对鄂伦春人饮酒问题,做过较为深入的分析。他了解到,在满洲通古斯人中,大概在 30 岁之后,不受老人约束时才喝酒。实际上,通古斯人在远离"文明"时,因为往往得不到酒,是一点酒也不喝的。因为当时买酒必须用现款,而他们通常是没有现款的,赊欠非常有限。一个通古斯人不劳动,他就赊购不到任何东西,当然也喝不到酒。他在调查中看到,居住在离村落很远的通古斯人,在那一年中只喝过两三次酒。他曾同几个家庭一起一连生活了好几个月,在这几个月期间从没有见到过一个喝醉酒的男人或女人。在狩猎和游牧期间,通古斯人完全没有贪杯误事的。如果有人喝醉了,就会增加造成冻死、烧伤或其他类似灾害的风险徒然自取灭亡。他在毕拉尔千中观察,贪杯的人并不多见,他们之中有许多人根本不喝酒或很少喝酒。有时候,四五个男人在一起边饮边谈,通宵达旦只喝一瓶酒。他认为,对于通古斯人酗酒的印象,主要靠从卖酒商人那里收集来的材料和某些旅行者的记述,他们恰巧在俄罗斯人和汉人的居民点遇到通古斯人拿着他们的产品和酒在购买物品;要不就是从一些盛大集会中的记述看到的,如婚礼、每年一度的集市等。在这些时候,通常最后总要大喝一场。但是,他还是不得不说,通古斯人收入的很大一部分是浪费在这项开支上。实际上,通古斯人除火药、面粉,用得不多的布料

---

① 参见葛长海:《传统食用的野生植物》,政协黑龙江省黑河市委员会文史资料委员会编:《鄂伦春今昔 50 年》,黑新出图内字(8003)003,2003 年,第 219 页。

和其他必需品外,再就是酒。因为通古斯人的衣着至今(指 1915—1917 年)仍然广泛使用兽皮和皮毛,他们需要购买的衣料尽管很便宜,但买得也不多。[1]

20 世纪 30—40 年代,日本学者永田珍馨在鄂伦春族地区调查后,关于鄂伦春人饮酒状况,另有一番描述:不管老少皆喝酒,用茶碗或白桦碗盛一杯,依次轮流痛饮。醉后强制不和睦的人和不熟悉的客人大喝,乱蹦乱跳,有的还表现出残杀的样子。[2] 这个场景,也许是某个个别现象,而不是日常生活。但是,从鄂伦春人能自酿马奶酒、都柿酒,白酒的顺利传入,酒对生活各个层面的渗透和社会功能,认为狩猎文化与酒具有某种亲和性是可能的。

在史料中,也有旧政府关于禁止散商进山向鄂伦春族兜售烧酒的记载。如 1917 年 4 月,为保护鄂民健康,库路协领徐希廉呈上峰发布告:"严禁散商进山卖酒,对鄂民违反饮酒之禁,立即拘留重罚";1929 年,库玛尔路再次下达训令通告:"不准运烧酒、烟土",动员"佐领等务须破除情面,严重查禁",对"有故犯者随时送来署,转送司法机关照例惩办","对佐领等有不认真者,定即参半,决不宽容"[3]。

以上记载表明,一方面,鄂伦春族所处地理、气候条件,生产生活方式以及由此形成的性格、心理,可能易于接受酒;另一方面,所处社会环境的变化——商人的出现、奸商的利用,提供了他们接触到白酒的方便,又因为酒与文化特点、社会环境的交互作用,以至酒在这个狩猎社会有时成为灾患。按照客位理解,似乎这个民族在酒的问题上,存在失缺把握酒与健康、酒与越轨之间分寸的能力。

近年的一本鄂伦春人物传记,记述了一位猎人回答他的儿子所问"为什么要喝酒"的提问:告诉你吧。男人到山上打猎,在茫茫的林海面前,显得极其渺小无能、孤独无助,会产生一种难以排解的寂寞、难以

---

① 参见史禄国:《北方通古斯的社会组织》,呼和浩特:内蒙古人民出版社,1984 年,第 496—497 页。

② [日]永田珍馨:"使马鄂伦春",浅川四郎、永田珍馨:《兴安岭之王 使马鄂伦春》,赵复兴译,呼和浩特:内蒙古文化出版社,1999 年,第 165 页。

③ 王兆明主编:《新生鄂伦春族乡志》,哈尔滨:黑龙江人民出版社,2003 年,第 19 页,21 页。

宣泄的苦闷,特别需要麻醉一下自己,在雪地冰天里,更需要温暖。酒就成了他们的最好选择。① 对鄂伦春猎人而言,酒是他们生活的一部分,是其身心赖以平衡、社会秩序赖以维护的活跃因素。这表现在社会制度对酒引出的麻烦也采取了最大的通融,如习惯法认为醉酒后伤人、致人于死命不是故意杀人,处罚方式是给人家送些东西,赡养因此失去儿女无人照顾的老人等。

酒与鄂伦春人似有不解之缘。据笔者的朋友、猎民后代何文柱讲,鄂伦春族爱喝酒有多种原因。一是精神苦闷、无寄托。历史上,鄂伦春人受尽统治者、侵略者的欺压掠夺,奸商盘剥,常被当作炮灰利用,九死一生,主宰不了自己的命运。精神苦闷、压抑,往往借酒消愁或以此麻痹自己。二是与天气寒冷有关。天气寒冷地区生活的民族一般都有饮酒的习惯。在天寒地冻的时候,饮酒可以去湿御寒,舒筋活血,消除疲劳。三是与狩猎生产方式、宗教信仰有关。猎民讲究"满音",即运气。出猎时,有人说"满音"——运气好,那是猎民最愿意听的话。猎民出外打猎喝酒时,往往把酒碗举起先敬神灵,然后自己再喝,是祈求神灵保佑、恩赐,多打野兽,猎物丰收,这时大家都敬酒喝酒。四是与生活单调贫乏有关。过去,由于鄂伦春人物质生活艰苦,生活单调贫乏,尤其是受狩猎生产方式影响,多数猎民性格封闭内向、沉默寡言。不喝酒时,不爱说话,从不惹是生非。一有酒喝,朋友聚在一起,有说有笑,联络感情,交流狩猎经验,畅谈外界所见所闻。当时,酒很难买着,是贵重的东西,用酒招待人表示情深义重和尊敬,逐渐形成了以酒待客的习俗。五是与父辈、家庭、社会环境影响有关。有的鄂伦春族孩子从小看到父辈喝酒,甚至受大人的指使去买酒。撇开生理遗传不谈,在这种家庭环境中长大的人多数饮酒。当地有人认为,就个别人说:"我父亲是喝酒喝死的,我这辈子绝不喝酒",能有这种认识,有这个毅力、说到做到的人,毕竟是少数。②

---

① 参见峻林、马连军:《兴安路漫漫》,呼和浩特:内蒙古人民出版社,2001年,第55页。
② 参见何文柱:"谈谈鄂伦春民族生存发展问题",《鄂伦春研究》1998年第2期,第22页。

二、"酒"——调整传统与现代关系之"安全阀","酒"之两难

追溯酒与鄂伦春族的历史渊源,酒与鄂伦春社会、文化整合之间具有存在的合理性。酒之于传统文化构建、延续,传统社会秩序维护、延续,功能巨大。那么,饮酒何时开始显示出背离传统功能性质、脱离传统功能轨道,发展成为经常性的、并引发非正常死亡等社会问题?由基本上的"酒利",演化为基本上的"酒害"?是否与环境剧变、文化衰落有关?是否是狩猎文化走下坡路时的一种特殊适应?

何青花老人说:"文革"以后喝酒死的多,生活没有指望了。乌鲁布铁村猎民关举金讲:"20多年前,丈夫死后,她一个人拉扯三四个孩子,困难重重,曾喝过酒麻痹自己。"在猎民村,笔者认识的猎民妇女吴雪青、葛秀丽,一个喝酒后过河溺死,一个因酒后不慎导致胎儿流产。还有那个在乌鲁布铁镇医院看到的酒气熏熏、患有心脏病、来医院救命的40多岁的单身汉,那个猎民村街巷里举着酒瓶、脸上划破流血似笑非笑的单身汉,古里猎民村那位心情郁闷、舍不得收拾酒桌的老猎民……而使鹿鄂温克知名画家柳芭也是因酒后到河边洗衣倒在河里溺亡。[①] 去年该群有两单身汉也因醉酒而动刀子,致使一方住院。看到、听到的一幕幕与酒相关的情景、事件,很是让人惊异和压抑。

就鄂伦春族而言,酒成为社会问题,与长期"转产"不成功这一致命因素有关。自1953年全面实现定居,由猎业向农业等生产方式的转换——"转产",是历时数十年、至今依然前景不明的老大难问题。从1958年到1976年,鄂伦春族生产方针几经变化。继特定自然、文化、政治条件之下定居后猎农并举的昙花一现,充满希望的养鹿业因"文

---

① 柳芭的"故事"颇为传奇。她毕业于中央民族大学美术系,毕业后到内蒙古人民出版社任美术编辑。因在城市发生的诸多不适,故停薪留职回故乡敖鲁古雅,并在那里嫁人生子。然这个寻找心灵安稳、精神归宿的过程,也是她艺术创作极为活跃的过程。或许说,酒成就了她——使她有灵感、活力,酒也摧残着她。可是酒的后面是什么?难道非酒不可?目前她的妹妹似乎也常常沉溺于酒,她的生活境况是:她与其亲属在驯鹿"点",丈夫前些年去世,一个儿子在南方一所学校读小学。她清楚儿子该走出森林,去读书、见世面,将来有出息,这些观念都是她对现代化的领会,但自身处境的极度边缘化,加之作为母亲对儿子的思念,喝酒、放松神经、淡化痛苦,或许是最方便的选择了。

革"动荡夭折,"文革"前后的农业也几近闹剧。同时,随着森林开发、人口剧增,狩猎业无可遏制地走向没落。狩猎生产不仅不能够满足猎民家庭基本生活需要,而且折磨着猎民的精神。如1985年古里猎民村,主要依靠猎业维持生活的家庭约占猎民总数的30%,其中生活较好的不过只有几户。大多数猎民户需要依靠护林津贴和民政定期不定期补助和学生助学金聊以为生。问题更在于,由于猎业萧条,生计无着,多数猎民大部分时间闲散游逛,情绪低落,酗酒轻生,家庭悲剧时有发生。据资料,1981—1985年6月,仅有16户的讷尔克气村非正常死亡高达17人,仅有21户的朝阳村高达15人。① 由于缺乏生活经验,营养不良,加之经常过量饮酒,猎民身体素质普遍下降,抗病能力减弱。这是当时肺结核病虽经不断治疗,但仍未完全控制,甚至时有回升的一个重要原因。这种情况已经严重影响到猎民下一代。从肺结核病患者的年龄构成分析,1985年6—7月调查,发病率中年高于老年,青年高于中年,少年儿童高于青年,0—15岁占患者总数的66.3‰。②

　　1993年前后,在经历1978年土地家庭承包经营"一刀切"不成功之后,带有某种猎民社会自主选择性质的猎民集体农场(经济联合体)的兴起,曾经带给那个社会的人们无尽希望。1998年8月笔者在当地,听首创集体农场模式的鄂伦春自治旗原乌鲁布铁镇镇长关跃进(鄂伦春族,1999年调任旗政府任职)介绍,1987年他到乌鲁布铁镇工作,到所属朝阳猎民村下乡,着手组建猎民集体农场,上级政府给予资金支持。1990年农场职工达30多人,其中鄂伦春族20多人。一些猎民吃住在农场,基本生活有保障,并且人均年收入3600多元。当时农场管理是主要环节。猎民有饮酒的传统,体质较差。农场制定规章制度,包括限制饮酒量和饮酒次数,猎民身体素质开始好转。1992年他离开之后猎民集体农场解散,几个猎民光棍死了。他感到,集体农场如果像当

① 呼伦贝尔盟盟委、鄂伦春自治旗旗委联合调查组:《关于鄂伦春族猎民生产、生活问题调查报告》,转引自沈斌华、高建刚:《鄂伦春人口概况》,呼和浩特:内蒙古大学出版社,1989年,第224页。
② 鄂伦春自治旗结核病防治院:《鄂伦春自治旗四乡肺结核病调查小结》(打印稿)。转引自沈斌华、高建刚:《鄂伦春人口概况》,呼和浩特:内蒙古大学出版社,1989年,第224页。

年那样发展下去,对鄂伦春猎民有好处。一是通过规章制度改造原来不利于身体健康的生活方式;二是集体组织的优势使年轻猎民农业生产技能普遍提高,可以引导他们逐渐向农业过渡。然而,这样一种组织方式,最后纷纷解体。1998 年 8 月笔者在托河乡猎民集体农场看到其运转良好,而到 2003 年 9 月再度到当地时得知,因体制、管理等诸多一时难以调查到的复杂原因其也已经解散。集体农场原来耕种的土地,由乡政府组织承包给外边三位有经营能力的汉人。与 1998 年和 2000 年不同,2003 年,兴起的木耳袋生产已经衰落,又因集体农场解体,除三五户农业大户,大多数猎民处于失业状态,笔者在托河乡政府遇到,猎民几十元钱也要找政府想办法。

2008 年,自治旗实施猎民发展基金项目工程,希望通过此项目,逐步使猎民从事种植、养殖等生产。而农业已经前途不大,因已无地可开。据了解"现在还不能说七个猎民村已经实现转产。七个猎民村有900 多猎民人口,估计 20% 的人还可以,从事养殖业、搞食用菌的是少数,多数是种地,即农业大户。这些人少到上千,多则上万亩土地;80%的人还转不过来,还是靠政府救济生活。现在猎民享受双重'低保',即城镇和农村。农村低保一年人均 3000 元,月均 200 多,半年发一次;城镇月均 130 元,每月发一次。看病、子女入学费用由政府负责"[1]。

应该认为,从目前形势看,有党和国家民族区域自治制度、各项民族政策等制度保障,各级政府的努力,民族精英的竭诚奉献,特别是业已形成的对弱势群体施与关爱、公平、正义理念深入人心等社会环境,生活于当下中国的猎民,不会存在温饱难以为继之窘迫。那么,他们最深切的危机可能源于哪里? 这一点,恐怕在于其文化特殊性,以及这种"特殊性"与环境互动,最后促成政府民族优惠政策难以取消、以及猎民对优惠政策形成的无以选择的依赖。劳动创造了人,劳动、自食其力并赋予创造性状况的持续,直接影响人类的心理、精神健康。历史无法躲避、难以假设又无以预期,在多种悖论与纠葛中,鄂伦春人走到了现在。

---

[1] 笔者 2009 年 12 月 6 日于北京中协宾馆对鄂伦春自治旗政府副旗长吴涛先生进行的访谈。

恰如族内有识之士所参透:"关键是政府得长期坚持这种做法——实行各种优惠。除非下一任领导有另一种更好的办法替代,即猎民能接受并能挣钱更多的办法"。[①] "其实猎民自己也不知道该从事什么,除了让他们打猎他们知道外。""我们过去总说他们没事干,如不少有地的猎民,有地的,不会种,租出去,收租金,没事干了;没有地的,更没事干了,也呆着,喝酒,惹点事儿。"[②]2010 年 9 月 26 日,笔者随文化部小民族非物质文化遗产保护调研组在阿里河听莫旗长讲:目前猎民文化转型、生产方式、生存出路尚处于探索之中。猎民社会存在问题可以概括为几点:尊严的丧失,生活信心的失去,致使酗酒、自杀。这有点类似一些离休、退休者的情形。离休、退休后,状态往往就不行了,体现在衣着打扮,开始随意、不那么讲究,也体现在体质上滑坡,病来了,也体现在心理,变得脆弱、自卑。1953 年定居后,猎民由狩猎转向其他产业,一直没有真正转好,转过来。现在猎民有点"四不像",不像农民、工人、商人、职工干部。人的社会分工中,猎民什么都占不上了。

国外一些学者就印第安人与西方人接触后酗酒成为社会问题的原因进行总结,大多数是从文化方面进行解释,但其说法不一。一种极端的说法是,印第安人酗酒是由于对印第安文化的丧失感到失望,另一种说法与此相反,认为是由于过分肯定印第安人的民族性。一种不太普遍的说法则想从遗传学和生理学上找答案。安东尼·华莱士对易洛魁人从兴旺到衰落和沦为附庸所进行的研究,为从文化上来说明印第安人酗酒的原因提供了一些依据。虽然易洛魁人在全盛时期或举行短暂的酗酒狂欢活动,但到 1790 年代走下坡路时,酗酒才发展成为经常性的严重的社会问题。许多易洛魁人的首领都成了大酒鬼。酗酒不仅表示无言的绝望,而且发展成为华莱士所谓的"爆炸性的、不加区分的敌对情绪,甚至在家庭内部发泄,殴打家人。印第安人喝酒时的表现与清醒时大不相同。平时他们表情冷漠、矜持,这时变成步履蹒跚、吵吵嚷

[①] 笔者 2009 年 12 月 6 日于北京中协宾馆对鄂伦春自治旗政府副旗长吴涛先生进行的访谈。

[②] 笔者 2009 年 12 月 6 日于北京中协宾馆对鄂伦春自治旗政府副旗长吴涛先生进行的访谈。

嚷、无所顾忌的醉汉了。印第安人想尽快喝醉,究竟在多大程度上是由于主观原因而不是客观原因,这是白人观察家有争论的一个问题。印第安人对喝酒或酒后肇事不加指责,但在清醒时有这类行为,则多半要遭到谴责"。① 与印第安人酗酒原因进行比较分析,鄂伦春人饮酒成为一定程度的社会问题,主要根源在于生存环境、社会环境以及由此引起的自然环境剧变,狩猎文化断裂。

由"转产"问题引发,使这个群体无论从技能、组织,还是心理、观念,均面临诸多难题。他们以往的文化优势急速褪色,在各种资源争夺角逐中每每失利。

如为什么猎民大龄未婚男性问题成为社会现象?此一番性选择上的失意,有其复杂的社会、文化原因:相较汉族等异族男性,他们吸引异性的资本已经匮乏——生产技术、技能、多方面的才干。因不熟悉农业,不擅长养殖、加工,不习惯、不善于经商,而难以吸引和获得包括本族妇女在内的女性的欣赏,怀疑他们是否能够为自己提供有保障的生活。在实地,看到嫁给汉族等异族男子的鄂伦春年轻妇女,不过于计较嫁妆、对方的家庭负担和拖累,说只要对方人好、勤劳、会干活就行。性格、体质、审美——相对于汉族等异族男子,性格上的不善表达,交往、相处经验、技巧的简单,体质强健程度、审美上可能的问题,家庭背景、社会关系网络等条件、资源上可能的弱势,均构成婚姻市场竞争中的失利。尽管民族优惠政策带来特殊社会资本,当地政府细致、体贴的工作,有利地减轻了这种压力。可以认为,作为现代化冲击下狩猎文化衰落的缩影,男性猎民基本上失去了传统社会中具有的主体地位。昔日的英雄猎手,沦为今日自身难保的"懒汉"。在此,形成为社会问题的猎民男性情场的失意,隐含了狩猎文化面对来得太快的复杂环境无可奈何的尴尬。而对爱情的渴求、对稳定家庭生活的向往,以及由此带来社会身份、地位的认可,社会及人性中固有需要的不满足,容易促使一些人借酒求得身心平衡。

---

① [美]维尔科姆·E.沃什伯恩:《美国印地安人》,陆毅译,北京:商务印书馆,1997 年,第119—120 页。

因酒引出的问题,不仅存在于猎民阶层。具有共同文化底色的鄂伦春人,面对不同的工作、生活环境,存在各自的、同时又有同质性的适应问题。一般容易认为,猎民阶层处于鄂伦春社会底层,受教育程度、物质生活水平明显不及干部、职工阶层,而且"转产"成功与否直接殃及或惠及此群体。而干部、职工阶层,作为主体民族中有文化、较早跻身主流社会者,出路多,前程光明,应该是不太需要酒的。然而事实并不尽然。干部、职工阶层有时面临的因文化以及连锁的社会偏见带来的困境,同样不是轻易能摆脱的。

一些相关研究,如以印第安人为例的"丹佛酗酒研究",试图对具有"中产阶级个性品质的人"与酗酒、遭逮捕比率进行分析,以解释中产阶级的酗酒程度问题。研究假设:对未来的态度以及成功动机与被捕的比率有关。但是研究结果与人们假想中的预期的情况正相反。"越是有中产阶级个性品质的人,遭逮捕的可能性越大。……那些生活得不好而面对未来满怀希望的迁居者更容易严责自己,而且比那些混日子的人更容易有焦虑不安的心情。同样,生活得不好而又有强烈的成功动机的人会对自己经济上的失败更敏感。这两种人饮酒最多,因此他们被捕的机会也最多。"①研究指出:"中产阶级的个性品质只有在允许中产阶级的目的能够实现的结构环境下才是适合的。否则,这种心理品质就会变得不适合,就会在接受了这种心理品质的人身上产生附加的调整问题。"②受该项研究启发,现代社会复杂的人际关系,花样翻新的政治游戏规则,一定程度上使鄂伦春族干部、职工"产生了附加的调整问题"。如在外界看来,他们总有些死板、不灵活、"协调"能力差。有一些比较典型的例子:有位鄂伦春族干部天赋好,学习用功,成为本民族最早的大学生。他在工作上讲原则讲政策,在本地区威信高,受尊敬。由于他敢说敢批评,得罪了上级领导,与一些人的关系闹僵了,结果不受重用,遭排挤,调到外地工作。年轻时一滴酒不喝的他开始借酒浇愁、酗酒。仕途坎坷,壮志难酬,最后走上轻生之路。还有一位鄂伦

① [美]马文.哈里斯:《文化人类学》,李培茱等译,上海:东方出版社,1988年,第176页。
② [美]马文.哈里斯:《文化人类学》,李培茱等译,上海:东方出版社,1988年,第176页。

春族干部,工作能力比较强,然而性格暴躁,一时性急打了人,结果不得升迁。朋友劝他活动活动,送送礼,他不听,还说正经的鄂伦春人没这么送礼的,靠送礼当上官的给鄂伦春人丢脸。再如,1978年开始拨乱反正,"文革"中受迫害的鄂伦春族人获得平反、落实政策,给指标安排工作。一位鄂伦春族男青年分到粮米加工厂当了工人。这人不擅言辞,在单位工作积极肯干,能吃苦,夜班白班一样干。班组长看他家无权无势,经常安排他干脏活累活,而会来事会耍嘴皮子给班组长递烟的人干轻活,活干得少也不受批评,工资奖金不少开。身强力壮的他气愤之下要对上司动武。后来,又因家庭夫妻矛盾,单位不顺心,个人不得志,酗酒发泄,走上轻生之路。[1] 据了解,在鄂伦春族中,认为世态炎凉,适应社会困难,开始酗酒、逃避现实,不愿接触人,走极端,轻易自杀的比例高于周边的其他民族。

以上事实说明,"酒"在鄂伦春族中,由作为饮品、文化象征符号,发展成为现实的"毒品"、"酒害",没有逃离环境与文化、环境剧变与小民族生存危机问题范畴。而"酒"在某种意义上扮演了调整传统与现代关系的"安全阀"角色。而"酒"也是其致命杀手。"酒"使其陷入两难境地:滴酒不沾,何以能替代"酒"安抚身心?深陷于"酒",一个"酒鬼"如何应付现实各种挑战?

三、非正常死亡、酒——环境、文化、人交互作用之复杂体现

事实是,狩猎文化的确容易与人口非正常死亡搭界。需要区别的是,过去的非正常死亡,调查中不止一次听鄂伦春老年人说:原来不出麻疹,也没有流行肺结核。原来是外伤多,上山凉着死的多,出汗、肚子疼。按照一般理解,除自杀、意外事故,因病死亡应该属于正常死亡范畴。鄂伦春族因肺结核、肝病、心脏病而致死的普遍性,主要出现在与外界接触频繁之后。特别是从清末民初以后,麻疹、鼠疫、肺结核的肆虐。这与环境变化直接有关。

我们说,任何民族所处的生存环境,不可能恒久不变,问题是,渔

---

① 何文柱:"谈谈鄂伦春民族生存发展问题",《鄂伦春研究》1998年第2期,第22页。

猎、采集等小民族文化,往往表现为难以抵御外界某些因素的侵袭,并且其借鉴和吸收的,往往是外来文化对其具有消极影响的某些部分。如民国之后,政府推行"弃猎归农"末期,当时有鄂伦春人农业大户因儿女酗酒、吸食鸦片而倾家荡产,重返山林。抗战时期,他们可能热衷于日本人施予的小恩小惠,而不认识被组织成"山林队"是政治利用。又如对白酒的传入的选择倾向。由狩猎需要适当喝酒有御寒,调整心理等文化功能。关键是随着环境变化使得弄到白酒极为方便之后,鄂伦春人就破坏着以往酒的意义,发展出酗酒,因酒而伤及肝、危及心脏、脑溢血并致死。

非正常死亡一旦成为社会现象,对其的认识就变得异常困难。仅就传统文化影响看,如上所言,猎民在当代每每显得不合时宜。如"受传统生活方式、习惯等影响,猎民很多人不会过日子,不懂得积累,不会以现代的方式融入当代生活。过去族内头领很具有权威,自由自在游猎、生活于森林中。现在失去了过这种生活的环境,现在你要腰里插个刀在街里走,人家以为你要行凶呢"。① 并且,"他们跳到了那条船上,但很快发现他们不能接受、适应这里的一切。他们很可能会跌入海里,失去了自己的特色,而成为新环境的依附者"②。梳理鄂伦春族史,无论是历史上还是现实中,总给人一种他们没有把握住"发展机会"的印象,无论是清末民初的"弃猎归农",还是后来的开地务农,或是对外人来讲难得的政治攀升契机。相反,他们有时会做出令人意外的举动和选择。对此,有解释认为:变化是所有文化的特点。同时,"影响一个特定文化内部即将发生变化的方式的那些因素,就是一个文化鼓励和赞许机动性的程度如何;该文化在一个特定时期的特殊需求是什么;以及可能最重要的一点是新的因素与既有的文化母质之间'适合'程度如何"③。在这里,"一个文化鼓励和赞许机动性的程度""既有的文化母质"直接取决于文化异质性水平。一种文化具有的"文化异质性"水平,

---

① 2010 年 9 月 26 日笔者在鄂伦春自治旗听鄂伦春族干部这样谈自己的民族。
② 参见[美]蒂莫西·塞弗林:《消亡中的原始人》,周水涛译,北京:东方出版社,1989 年。
③ [美]威廉·A. 哈维兰:《当代人类学》,王铭铭等译,上海:上海人民出版社,1987 年,第 558 页。

是指一种文化在吸收多种文化基础上获得的适应能力。其特色和特长不是单一的、脆弱的，而是多元而坚韧的，具有很强的适应和转型能力。与文化异质性相对应，一种文化体现出"同质性"，是指这种文化性质简单、单一，意味着吸收异文化的可能性比较小，文化适应和转型能力比较弱。

就这个道理，有个案研究指出：我们能从许多民族志报告上看到，族群之间互相学习耕作方法的事很多。"但是另一方面，安哥拉移民没有采用汲干水的方法去耕种湿地和咸水湖地，尽管他们常常占有适于种冬季玉蜀黍的地。实际上，报告多次指出，安哥拉人部落对于这类很好的土地未加利用。他们为什么不利用呢？看起来原因在于他们的传统力量，一种保守的力量。尽管这种力量非常重要，但时常阻碍他们有效地适应环境，或是在可能选择一条新路时，迫使他们走原来的路。"① 不仅如此，因文化异质性水平局限，小民族在文化借用中往往失利。如"某些古代勘探者在澳大利亚寻找金矿时，给当地的土著人灌输他们关于死亡和制作木乃伊的一些看法，以后这些土著人不再关心他们国家的金矿，却接受了对死者进行防腐处理和与之有关的祭亡仪式。这些土著人忽视了最吸引他们的行业，却接受了无用和无益的习俗"。② 由此笔者联想到鄂伦春社会的另一种现象，即该族女干部增长很快，并一旦提拔任用，工作都很出色，而男干部则有些青黄不接。不仅女干部，似乎整个女性群体在社会生活中显得具有活力。1998 年 9 月，笔者在呼玛县白银那乡参加鄂伦春族定居 45 周年庆典，看到频频上台表演民族歌舞的也是精神抖擞的鄂伦春女性，而男性相比则露面不多。民族传统体育表演如"搬棍"等，也是女性运动员吸引了更多观众。而目前非物质文化遗产传承人大多为女性。当然这主要与女性传统社会分工有关。

再回到女性、男性干部的讨论。分析影响男干部成长的文化原因，至少一定程度上是因为，适应山区、密林潮湿、阴冷生存环境，猎民、特

① ［英］雷蒙德·弗思：《人文类型》，费孝通译，北京：华夏出版社，2002 年，第 41—45 页。
② ［英］G. 埃利奥特·史密斯：《人类史》，李申等译，北京：社会科学文献出版社，2002 年，第 26—27 页。

别是男性猎民有饮酒的习惯,这种传统一直不同程度地延存至今。而一旦进入现代官场,官场上酒场更多,只是这种"酒场"与过去性质不同,是建立和扩大关系、资源网的手段,贵在要把握"和谁喝"和"喝多少"的分寸。鄂伦春族干部因重义气、或对"酒场"话外音一定程度地不知不识,或看不惯,往往不能很好把握自己,掌握分寸,因而因喝酒而贻误前程。据当地知情人士讲:他们酒量并不是个个大,但一喝起来就不能自控。其他民族干部也喝,但多能自控。过去喝酒符合狩猎文化逻辑;而现代官场的"酒场",是政治博弈、抢夺资源角逐的"场",不喝不对,喝多了、不机智的喝,非但不能建立起可以利用的关系网,失去攀附、攀升的机会,反而因酒身心俱伤,沦为竞争失败者,并有可能导致恶性循环,即身心状况恶化,倾向于非正常死亡。不难发现,作为社会现象的非正常死亡,是这个民族环境、文化、人交互作用的复杂体现。

这一点,反映在猎民阶层,尤其变得不那么温情脉脉。笔者通过1999 年鄂伦春自治旗档案史志局一份调查资料[①],对乌鲁布铁猎民村6 位猎民遭遇的亲人非正常死亡情况作了简单记载:Z,男,1968 年 7 月生。初中毕业。其父母去世,兄弟姐妹 8 人。二兄死于枪杀,一兄服毒自杀,一姐被丈夫打死,一姐服毒自杀。S,男,1974 年生,初中毕业后回村。父母早亡,父亲死于肝炎,母亲死于精神病。留下他和一姐一妹三个孤儿。姐姐不知何故走失,妹妹在鄂伦春旗中学读书。他 1999 年 25 岁时尚未婚娶。他目前主要依靠政府政策性补助为生。他希望政府能给他安排工作,或分给他土地。Q,女,1975 年生,小学文化,父母早亡,母亲服毒自杀,父亲酗酒身亡。其丈夫酗酒死亡后,与丈夫的弟弟结婚。她有一儿一女,家里没有耕地,靠猎民补助和丈夫打工、打鱼卖钱为生。M,女,1958 年生,丧偶。丈夫因病去世,女儿服毒自杀。丈夫的弟弟酒后冻死,妹妹车祸死亡,另一妹妹酒后死亡。Z,1970 年生,小学文化。父亲酗酒死亡,妹妹服毒自杀。Q,1965 年生,初中文化。母亲服毒自杀,父亲打鱼溺死。她在孤儿院中长大,与汉族 G 结

---

① 根据 1999 年 12 月,自治旗档案史志局:"鄂伦春族猎民社会调查"统计资料整理。

婚,一个孩子患有结核性脑膜炎。家中有 15 亩地,主要靠政府救济为生。以上六位猎民,因非正常死亡失去的亲人达 18 人,平均每人 3 人。父母的死亡使他们成为孤儿,家庭成员的非正常死亡使家庭成为残缺家庭。因非正常死亡导致家庭残缺,而孤儿和残缺家庭容易带来进一步的社会问题。

另据一项调查,1980—1996 年十八站、白银那两乡非正常死亡共 92 人,平均年非正常死亡 5.75 人。死因中,刀杀、枪杀致死 28 人,占非正常死亡的 30.4%,居非正常死亡第一位。死者平均年龄 23 岁,多为男性。他们的家庭环境一般为,一些年轻人因失去母爱、父爱,没有良好的生活环境和学习环境,没有学业,没有职业,没有社会地位,也没有经济地位,生活极度艰难。男青年大多为单身,每天在单调的气氛中生活,没有爱情和友情,经常酗酒,无所事事,打起架来,不考虑后果。鄂伦春族是狩猎民族,男性多上山打猎或下河捕鱼,因天气寒冷、饮酒过多造成的冻死事件占非正常死亡第二位,占非正常死亡人口的 22.8%。如 1980 年 12 月 1 日,十八站乡的孟举成、孟宝林等四人赶着马爬犁掉入冰河中。当时,他们完全可以逃生到附近的村子,但是他们奋力搭救落入冰河中的两匹马。两匹马终于被拖到河岸上,可他们已经耗尽力气,加上天气的极度严寒、结成冰的棉衣棉裤无疑是雪上加霜。他们四人最后全部冻死(三男一女),平均年龄 24 岁。自杀,包括上吊、服毒造成的死亡居第三位,16 人,占非正常死亡人口的 10.9%。自杀的原因多样,如因家庭不和,或其他困窘,对生活失去信心,没有勇气面对现实。自杀者中有青少年,也有年轻女子和中年男性。鄂伦春族地区河流纵横,因各种原因溺死者居非正常死亡第四位。有的因河水暴涨,而使用桦皮船技术欠佳;有的是儿童下河戏水发生意外。[1] 上述非正常死亡死因分析,可以概括为自然环境、家庭、社会环境、个人际遇等因素。

另据笔者对鄂伦春自治旗鄂伦春民研会组织的乌鲁布铁镇朝阳猎

---

[1] 关小云:《鄂伦春族非正常死亡引起的思索——对十八站、白银那两乡非正常死亡的调查》,《鄂伦春族研究》1997 年第 2 期,第 53—55 页。

民村 1958—2000 年死亡情况调查资料的整理,1958—2000 年朝阳猎民村死亡的 128 人中,上吊、卧轨、开枪自杀者 21 人;因酒后冻死、淹死等 7 人;因在野外着凉、被野兽伤害致死者等 13 人;因肺结核而死亡的 31 人;因肝炎、脑溢血等与酗酒有直接关系以及只注明"因病"而死而没有注明病因亡故者 40 余人;婴幼儿死亡者 6 人。按照上述死因的大致统计,非正常死亡者在这份调查统计中共计 118 人,占死亡人口的 92.19%。上吊、卧轨、开枪自杀,酒后冻死、淹死,因肝炎、脑溢血等与酗酒有直接关系的死亡者占 52%。肺结核致死者占死亡总数的 24.21%。1998 年 8 月 25 日鄂伦春自治旗防疫站负责人向笔者介绍,在当地,鄂伦春族感染肺结核病的多,原因主要是生活条件差,吃、住、饮食结构成问题。家庭环境上,与父母生活习惯不好影响到孩子有关。屋里屋外一样,炕上炕下一样,传染病容易侵蚀不健康的身体。而在死亡原因疾病"谱"上,鄂伦春族肝脏病排在第一位,原因是有饮酒习惯,酒龄长,酒量大。同次调查 8 月 27 日,该旗妇幼保健站负责人向笔者介绍,鄂伦春族食物结构单一,吃菜少、喝牛奶少,儿童得贫血病、佝偻病的多。这又牵涉到传统习惯与现实生活条件,而儿童总要长大成人。总的来看,上述非正常死亡死因,可以概括为自然条件、传统习惯、社会环境、个人际遇等多种因素交汇所致。

四、总结与延伸

上述从历史、环境、文化变迁取向对鄂伦春族酒与"酒"之两难现象的梳理和分析,又很自然地将我们的视线引入医学人类学、医学社会学领域。酒,作为人类许多群体生活中合理要素,存在了千年万年,甚至与人类与生俱来。它作为社会、文化构建中的活跃因素,在我国,不仅在少数民族,在汉族也是如此。无数豪情满怀的诗、无数风流英雄,因酒而成就。然而,酒之于小民族——渔猎、采集民群体,历史流淌中,时光如丝如缕撕拉中,现代化浪潮裹挟中,给予他们的,却常常是苦涩汲取中享有安慰,松弛舒坦时沉浸危机,虽死犹生般解脱忘我。

似乎存在一个规律,半个多世纪来,随着狩猎文化的穷途末路,鄂伦春人的酒以及与其有关的传统的非正常死亡类型、性质也随之发生巨大演变。问题的核心是自然和社会环境的剧变,喝酒已不是过去意义上的文化特色,往往是"活着没意思"、依托酒去寻找"活着"的感觉或力图挣脱某种困惑与某种恐惧。心理学家指出,将宇宙现象看成一个充满秩序和意义的世界有助于人们克服对死亡的恐惧。包含灵魂、投胎转世和来世等概念的世界观带来了永生不灭的观念。另外,通过与国家、组织和事业等比我们自身更强大、更持久的实体相联系,通过对自我存在的实实在在的证明,例如孩子、金钱和具有文化价值的成就,我们还能获得象征性的永生。反过来,我们也通过遵守自己观念中的标准和价值观来获得自尊。① 而鄂伦春社会对周围世界的感触,数十年随着狩猎业瓦解,传统社会组织的迅速解体,传统世界观得以留守的程度已经很难测度。如果与周围社会、组织的接触范围、参与管理社会的程度很是有限,如果自我存在感知到的成就——孩子、金钱、社会地位很是缺失,如果在现有生存环境中能否有可能遵守自己观念中的标准和价值观为人处世从而获得自尊已经成为问题,如果上述人性中各个层面的需求难以获得基本满足,从而影响自尊的维护,从而放弃而颓废,那于文化与人,将是怎样的悲哀。因此,恰如人类对宗教的需求,能否、如何走出酒与"酒"之两难,意识并减少此中变量,依然是困扰我们人类的怪圈。

（本文发表于《思想战线》,2014 年第 2 期）

---

① 参见［英］凯特·道格拉斯:"蔑视死亡",《新科学家》,《参考消息》,2004 年 10 月 13 日。

二、 俄罗斯等地土著民族与小民族生存发展问题研究

1. 俄罗斯萨米人传统物质文化

内容提要：萨米人是北欧的土著民族,也是跨界民族。俄罗斯的萨米人主要分布在科拉半岛,他们在这里创造了独特的物质文化和精神文化,他们的文化高度适应极北严酷的自然条件,反映了人与自然的统一。

萨米人是北欧的土著民族,主要分布在挪威(3万人)、瑞典(1.7万人)、芬兰(5000人)、俄罗斯(2000人)。

俄罗斯萨米人约80％居住在摩尔曼斯克州的科拉半岛上。20世纪初,科拉萨米人全部是农村居民,而20世纪末他们中几乎40％生活在城市里,其中很多人受过中等专业教育或高等教育,在非传统经济部门工作。

在近数百年时间里,由于居住地之间相互交错,萨米人与其他民族交往密切。他们与俄罗斯人交往已有八个世纪,与卡累利阿人交往时间也很长。此外,在科拉半岛西南部早就居住着芬兰人,19世纪末一批养鹿科米-伊热梅茨人和涅涅茨人从伯朝拉河地区迁到半岛东部,萨米人与他们也有较密切的交往。而现在半岛上的居民绝大部分是外来移民,主要是俄罗斯人,还有乌克兰人、白俄罗斯人、鞑靼人等。

作为北欧的土著民族,萨米人祖先占有比现在分布区广泛得多的地域,后来随着俄罗斯人、卡累利阿人、芬兰人、斯堪的纳维亚人的进入,萨米人逐渐被排挤到极北地区。从保存下来的萨米人远祖所固有的特征来看,萨米人的人种类型是独特的,从语言来看,一般认为萨米语属于芬兰-乌戈尔语族波罗的芬兰语支。在长期的历史发展中萨米人创造了独特的文化。这种文化明显不同于他们的北欧邻人,也有别于外乌拉尔的生活在相似的自然条件下、有着相似生活方式的民族。

萨米人的传统文化,无论是物质的还是精神的文化,是在各种因素的长期作用下形成的,其中自然环境,尤其是北极严酷的气候条件起了重要作用。作为民族,萨米人是在科拉半岛北部、卡累利阿、芬兰和斯堪的纳维亚半岛这片广大土地上形成的。这片土地的绝大部分处于北极圈内,是气候和动植物界极为特殊的地区。现在萨米人占有的土地,无论在俄罗斯还是在北欧国家,主要属森林冻土带和冻土带,包括山地冻土带。在生态上,北大西洋沿岸是特殊的地区。对萨米人物质文化的研究表明,它主要由森林带成分和冻土带成分构成,前者在东部地区,后者在西部地区表现得更明显。萨米人传统物质文化对自然环境有很强的适应性,达到了与自然环境的和谐统一。

萨米人直到19世纪末20世纪初基本保持了古代经济—文化类型的特点。这是一种捕鱼、养鹿和狩猎相结合的类型。狩猎对象主要是陆地动物野鹿,后来也猎取毛皮兽;沿海地区萨米人会猎捕海兽,如环斑海豹、髯海豹、格陵兰海豹等。与渔猎经济相适应,萨米人过着半游牧生活。

在19世纪末20世纪初,萨米人生活在定居公社类型的地域性村庄中,在科拉半岛这样的村庄有17个,大多数村庄都有夏季和冬季两个住地。此外,每个家庭都有几处住地,分秋季和春季住处。所有的经营地(牧鹿场、狩猎地块)在村庄之间分配,这项制度被严格遵守。在半岛有限的空间条件下,该制度保证了各村庄在经验地利用上的平等权利,也有利于经验地的合理利用,防止资源枯竭。

19世纪末20世纪初,科拉萨米人从事的基本行业是养鹿和捕鱼,这两项工作平均提供其全部收入的2/3。由于当地动物资源渐趋枯竭,狩猎的规模已很小,只提供萨米人全部收入的10%左右。在20世纪初,萨米人工作种类增加,如在铁路和伐木部门工作或为地质勘探队做向导等,在非传统行业工作的收入达到全部收入的25%—30%。

科拉萨米人传统经济年度是被严格规定的,一年被分成八个工作季,在各个工作季里需按计划劳作,总的目标在于保障经济的综合性和各种经济活动方式的有效结合。按出工数量和耗费时间,养鹿业在所有行业中占第一位。实际上萨米人全年都在从事养鹿业。从鹿群规模、牧场承受能力、牧鹿犬的利用等方面来看,萨米人养鹿业对科拉半岛自然条件有非凡的适应性,对萨米人生活方式的形成起到决定性作用。

19 世纪末 20 世纪初,萨米人的鹿群都不大。1926 年,在极圈附近 60％多养鹿者的鹿群规模不超过 50 头,平均为 20—30 头。所养的鹿主要用于托运,也宰杀一部分,鹿肉做食物,鹿皮可用来缝制衣服和覆盖帐篷(在较早时期鹿肉和鹿皮靠狩猎野鹿获取)。此外,家鹿还可在狩猎时用作"诱饵"。养鹿人易地放牧主要在南北方向上进行,迁移距离一般不超过 200 公里。

冬季放牧时间约为四个半月(11 月下半月至 3 月),在半岛的森林地带和森林冻土带上放牧,距冬季村庄较近。在这段时间里,萨米人比较安逸,因为鹿移动的速度相当慢,每天约两公里。鹿群很分散,牧人的任务主要是掌握鹿群移动的方向、防狼和不使自己的鹿群与邻人的鹿群相混。萨米人认为,这种"散"放的方式非常有利于苔藓(鹿的食物)的保护。冬季里,萨米人相当多的时间是在村庄里度过的。除养鹿外,他们还在湖上凿冰捕鱼,猎取毛皮兽、柳雷鸟、野鹿(1 月 19 日以后)。东部村庄(伊奥坎、卢姆博夫、波诺伊、索诺夫)的萨米人从 2 月到 4 月与邻近的俄罗斯人一样参加"冰群狩猎"——从岸边缘的浮冰群上猎捕格陵兰海豹。

3 月中旬鹿群走出森林向北移动,在 4 月初或中旬到达位于沿海地区的夏季牧场。5 月 6—7 日母鹿到达位于沿海地区的夏季牧场。同时牧鹿开始产崽,对此,半岛西部和东部的萨米人采取的方式不同。在西部地区(莫托夫、基利金地区),养鹿业对萨米人已不太重要。到达夏季村庄后,萨米人放开鹿,任其自由活动,他们开始捕鱼,给幼鹿打烙印推迟到秋天进行。在东部地区(捷尔斯克兴等地区),养鹿业是萨米人的主业,对他们来说,鹿产崽是十分重要的事。预产期间,牧人要一直守在孕鹿附近,需用又长又粗的绳子把孕鹿栓在大石头上,且每天都要换新地方。这时其他鹿可自由活动。幼鹿出生第二天或第三天,即给它打上烙印。打上烙印后,幼鹿随母鹿自由活动,这样可以更好地照看母鹿和幼鹿,亦可防止母鹿抛弃幼鹿。著名科拉萨米人研究者 B. B. 恰尔诺斯基认为,这种产崽护理方式表明萨米人对鹿驯化的程度相当高,当然这种产崽护理方式只能在鹿群规模不大的情况下实行。

夏天,直到 9 月末,鹿在沿海地区牧场自由地、尽情地吃着苔藓。除鹿群外,萨米人还有少量训练有素的雄鹿,利用他们托运。这类鹿单独放养,一般在夏天把它们放在沿海的海岛上,因此也称其为岛鹿。

萨米人在夏季可从养鹿业中脱身。他们只需在 8 月初去牧场照看一下三个月大的幼鹿,这时幼鹿的毛皮最适合做衣服。夏天自由放牧是萨米人养鹿业的特点之一。这样,萨米人在夏天脱身去专事捕鱼。捕鱼业在 19 世纪末 20 世纪初是萨米人很著名的行业,构成其收入的重要部分。他们在湖里捕捞白鲑、河鲈、狗鱼等;在大河入海口捕鲑鱼。此外,萨米人还在海边猎捕环斑海豹和髯海豹。

夏天,鹿的自由放牧持续三个半月,到 10 月中旬。萨米人认为,夏天自由放牧能使鹿更好地增肥。B. B. 恰尔诺斯基指出,鹿在自由放牧情况下,由于不是集中在一起密集地移动,而是分散甚至单独行进,较少踏坏苔藓,而生长缓慢的苔藓被踏坏后需很长时间才能恢复。另外,他认为在萨米人的宗教观念中似乎有某种禁忌,即在夏天禁止限制鹿的自由。

夏天过后的一个半月(10 月至 11 月上半月),对萨米人来说是紧张、忙碌的,而且这时只能从事养鹿业。下第一场雪的时候,要去把散放的鹿找回来,集合到一起。首先到岛上把单独放养的雄性役鹿(岛鹿)集合起来,赶回村庄。然后去冻土带找寻鹿。用套索捕住一些鹿,通常是雄鹿。再靠铃铛以及特殊的喉音吸引其余的鹿,逐渐集结成群。有时也利用狗来赶鹿到集合点。把鹿集结起来后,按主人把鹿分开。然后开始向半岛纵深处的冬季牧场转移。一般在 11 月中旬养鹿者到达冬季村庄。这样就结束了全年经济活动周期。

可见,萨米人养鹿业有如下特点:在多数时间里把鹿散放,不大量聚集,牧鹿者通常步行,冬季雪滑而不用雪橇。这样有利于保护苔藓,防止踏坏、压坏。

萨米人传统的养鹿体制保持到 19 世纪末,即养鹿的科米-伊热梅茨人和涅涅茨人到来之前。他们是从伯朝拉河地区迁移到科拉半岛的,是严重的兽疫迫使他们远走他乡的。科米-伊热梅茨人借用涅涅茨人的养鹿体制,这种体制与萨米人的完全不同。他们从事的是以生产畜产品为目的的大规模养鹿业,需一年四季不分昼夜地看护鹿。于是,在科拉冻土带上两种养鹿体制发生冲突,优势自然在经济效益更大的外来体制一边。苏联时期集体农庄的组建,从根本上确立了涅涅茨人的养鹿体制。这样就破坏了萨米人赖以生存的科拉冻土带的生态平衡,使他们走上了失去千百年来创造的传统文化的道路。

为适应半游牧的生活方式,萨米人创造了若干种住所样式。在萨米人所有群体中都流行一种最古老的住所,即一种叫做"韦扎"的帐篷。它有用木杆搭成的骨架,在其上覆盖树皮和草皮。每根长约两米的四根粗木杆构成韦扎骨架的基础,插入预定的帐篷四角的地里,两根木杆上端打透孔,五根横杆穿过这些孔。为坚固起见,在骨架两对基本木杆之间沿侧面用一根或两根横杆连接。韦扎的顶盖由倾斜摆放的一根挨一根的木杆构成,上铺桦树皮、松树皮、云杉皮和草皮。帐篷顶上有排烟孔。韦扎外形呈平截头四面棱锥体。

韦扎是不能带走的建筑物。19 世纪,韦扎主要建在春季和秋季捕鱼的地方,也建在夏季村庄里。在更远的时代,韦扎是唯一固定的住所,包括冬季住所。在 19 世纪,韦扎是地上的建筑物,而在此前它是半地下的。考古学家在科拉半岛北岸发掘新石器时期村落遗址时发现了半地下的住所,其居民是现在萨米人的祖先。这种类型的住所也在居住在现在的卡累利阿、芬兰森林地区的森林萨米人的祖先那里流行。

对在极北地区生活的萨米人来说,韦扎是特别好的住所。在韦扎的中央建有炉灶,在寒冷的季节,炉灶里的火昼夜不停地燃烧。炉灶被用来取暖、照明、烤衣服(把衣服挂在悬在炉灶上方的横杆上)和做饭。在火炉周围砌上大石块。火炉上方悬挂几条末端有钩的链子,把锅和茶壶挂在钩上。固定这些链子有几种方法,其中最通行的是帐篷骨架中央处固定有挂钩,链子挂在钩上即可。炉灶左右是睡觉的铺位。炉灶后面,对着入口处是"洁净的地方",那里摆放着神像、辟邪物、器皿、食物。这块"洁净的地方"与一系列禁忌和宗教仪式有关,萨米人对它的尊敬随着时代的发展而逐渐减弱。

韦扎的门一般朝南,用木板做成,合叶用铁、皮革、兽角等制作。门向外开,因有一定倾斜度而能自动关门,有利于保持室内温度。为防风,常在门外挂上用麻布或粗帆布做的门帘,有时用雪堆起类似门斗的东西。这一切很好地防止了住在韦扎里的人挨冻。

韦扎不仅可做住房,也可做经济设施。例如,在洛沃泽尔捕鱼地,萨米人把韦扎用作保存鱼的库房。他们在韦扎里挖坑,把鱼放在里面。在坑里存放过程中,鱼产生一种萨米人喜欢的特殊气味。现在,各地的韦扎都退出使用了。

除固定的韦扎外,萨米人自古以来就流行一种叫做"库瓦克斯"的骨架活动房。库瓦克斯的骨架由长约三米的木杆构成,把木杆按圆形树立,在顶端会聚。木杆的数量不等(12—25 根),根据预计的库瓦克斯的面积(按住人数量确定)来决定木杆数量。在建库瓦克斯时,先立三根木杆,顶端用绳子捆在一起,然后把其余木杆搭上。外面盖上麻袋布或粗帆布,用绳子将其固定在骨架上。上面有排烟孔。库瓦克斯内部布局与韦扎相同。在中央也建有炉灶,炉灶两边是睡觉的地方,炉灶后面也是"洁净的地方"。库瓦克斯是很轻便和舒适的活动房,它的建立和搬运都较简单。有时在运送途中需过夜时,可临时搭建半个库瓦克斯,即使用一半的木杆,搭成半圆形。必要时,在这种半个库瓦克斯前面安设炉灶,在炉灶旁边立一木杆,其上端有弯曲,把锅盖挂在上面,正在火的上方。至今,库瓦克斯还被养鹿人、猎人、渔人用作移动房。

直到 20 世纪头几十年,萨米人仍过着游牧的生活,他们表现出对自然环境的奇特的适应性和非凡的耐力。许多关于萨米人的著作都指出,萨米人滑雪速度甚至超过了野兽的奔跑速度;萨米人在冬季的冻土带上能准确地判定方位和辨别地点。多次在科拉萨米人中考察的恰尔诺卢斯基指出,萨米人有独特的视觉记忆并能辨别一个地方的最细小特征(在地平线上森林的轮廓、冻土带的波状地形等)。恰尔诺卢斯基在半岛东部地区萨米人的库罗普捷夫村结识一位盲人,他能在冬天独自去找鹿群。有一位萨米人说:"我闭上眼睛也能认得路,我根据轻轻晃动的感觉和地面的高低不平就能确定滑雪的方向。"萨米人对自己居住的地方了如指掌。他们把道路分成四种:帕利格斯——小路;凯纳——相邻居民点之间的冬季道路,夏天留有明显的痕迹;罗奥塔——走的人多的冬季道路;谢卡斯——新的道路,沿第一个痕迹走的。

在路途中,萨米人确定前进方向的方法很多:按风向(他们把风向分成八种);按太阳、月亮;按海上天空的颜色(如果沿海岸行走的话);按树皮的颜色,等等。如果难以找到正确的方向,就让萨满走在前面。各种形状的大石头也成为萨米人的"指路者"。

萨米人是具有超常耐力的行走者。他们能一天连续不休息地行走45—50公里。萨米人把在路上放慢脚步当作一种休息,而无须停下来。夏天沿着不易分辨出来的小路迁移时,为不偏离小路,就得掌握高超的辨别方向的技能和十分熟悉当地地形。夏季步行迁移时,萨米人一般不在途中露宿。如果不得不在路上过夜,则在石头和苔藓之间干的地方或在大石块旁边安置下来,而且必须点上篝火。如果需要带上许多物品和食品(如8月去牧场宰杀三个月的幼崽,为取其皮做衣服),则需带上驮载的鹿。和其他养鹿民族的驮鞍相比,它的驮鞍极简单,把两块松木或云杉的弓形小木板搭在鹿的背上,其中一块木板相应的孔里,这样两块板上端就连接上了;而下端用皮条连接,皮条从鹿的腹部通过。驮子挂在木板凸出的上端。为防止磨坏鹿背,在驮鞍下垫一块鹿皮或粗帆布。物品装在专门的驮袋里,驮袋通常用鹿皮缝制。现在,萨米人在夏季沿冻土带迁移时,仍然使用这种古老的驮鞍。

总之,萨米人在开发和利用科拉半岛自然资源过程中创造出高度完善的适应极北严酷条件的物质文化。萨米人传统的经济-文化类型、生活方式和行为准则反映了人与自然的统一。萨米人十分珍视他们的周边环境,竭力完好地保存苔藓地带,那是养鹿业与他们自己兴旺的基础。他们也同样关心水体中鱼类资源的贮备,保护当地的植物群。

(初祥编译,《西伯利亚研究》,2008年第4期)

2. 关于俄罗斯联邦扶持北方小民族的问题（节选）

苏联解体后，俄罗斯联邦同其他独联体国家一样，国家体制和意识形态都发生了很大变化，特别是生产持续下滑，通货膨胀，财政拮据，经济形势十分严峻。即使在这种情况下，它仍然不断采取措施，帮助北方民族克服困难，发展经济和文化。

一、首先采取坚决措施，保证及时向极北地区供应物资，以解燃眉之急。1992 年 4 月 4 日，俄罗斯最高苏维埃通过《关于保证向极北及其相等地区供应商品的决议》。该决议规定，俄罗斯内地供应商品的企业和机关向生活在北极及其相等地区提供商品的价格不得超过供货机关销售给其他地区消费者的同类商品的平均价格；依靠俄罗斯联邦共和国预算对供货机关补偿向极北地区供应商品的全部销售利润所得税，同时对送货者补偿向极北地区送货的 50％的运价；向极北地区供应商品的事宜由供货企业和机关按照所签订的合同不折不扣地进行办理，而不管它们的生产计划完成情况如何；如果供货企业和机关不履行已签订的供货合同，极北地区消费者有权按议价从其他供货单位购买必需的物资，而为此多支付的费用则由不履行合同义务的原供货单位承担；责成俄罗斯联邦境内的共和国部长会议及边疆区、州、自治构成体、莫斯科和圣彼得堡的执行权力机关都尽力协助解决向北极及其相等地区供应商品以及向这些地区运货问题。1992 年 4 月 6 日召开的俄罗斯联邦第六次人民代表大会会议将此作为一项议程专门讨论了有关解决极北及其相等地区的社会经济问题。

二、积极采取措施，既发展现代工业，又要保护当地的少数民族权益以及他们的传统经济部门。1992 年 4 月 22 日，俄罗斯联邦总统签发《关于保护北方少数民族居住地区和经济活动地区的紧急措施的命令》。该命令指出，一定要保证北方少数民族的合法权益，维护和发展他们经营管理的传统形式，确保北方工业开发区的生态平衡。为此，俄罗斯总统作出了有关决定。例如，责成俄罗斯联邦境内居住有北方少数民族的共和国以及边疆区、州和民族自治区的各级政府机关会同北方少数民族地区联合体划定养鹿、捕鱼、狩猎等传统的自然资源利用地区。这些特定地区的土地是当地少数民族的"不可剥夺的财产",不经他们同意,不得被随便收归国有,而用于工业开发或同传统经营管理无关的其他开发;把鹿场、猎场、渔场等场地无偿转交给当地少数民族终生所有并留传给下代或租赁给他们;责成俄罗斯联邦政府按规定程序制定和批准在北方少数民族传统自然资源利用地区使用土地及其他自然资源地区使用土地及其他自然资源的法则,只有经过国家生态学家的认真论证才能在这些地区从事工业生产活动;1992 年 10 月 1 日之前,会同俄罗斯联邦境内的共和国及边疆区、州和民族自治区的各级地方政府就在极北及其相等地区建立民族(国家)公园和禁猎区的问题提出建议;等等。1995 年 5 月 26 日俄罗斯联邦议会国家杜马通过的《关于俄罗斯北方、西伯利亚和远东本地少数民族经济、文化危机状态的决议》强调指出,必须积极采取措施,逐步落实民族自治政策。由于工业开发给北方民族居住地区和经济活动场所带来的损失的赔偿问题需要马上解决;建议国家杜马民族事务委员会同国家杜马有关委员会根据联合国宣布的从 1994 年 12 月 10 日起的世界土著民族国际十年的决议尽早起草关于制定有关论述解决俄罗斯联邦当地少数民族立法条例的建议,并保证在 1995 年将下列法案提交国家杜马审理:《俄罗斯当地少数民族的法律地位原则法》《关于传统自然资源利用地区法》《村社法》和《养鹿业法》等;建议俄罗斯联邦政府审理以下问题:关于有当地少数民族通过其社会联合组织(协会)参与制定俄罗斯联邦北方、西伯利亚和远东当地少数民族到 2000 年的经济、社会发展计划问题;关于俄罗斯联邦民族事务委员会下设俄罗斯北方、西伯利亚和远东本地少数民族事务委员会的问题;关于确定因北方民族居住地收归国有和行业开发的结果,给他们聚居地区和经济活动场所造成损失而向北方当地少数民族提供补偿费用的程序问题。

三、俄罗斯政府有意向极北、西伯利亚和远东地区大量引进外国技术、资金,以加快这些地区经济的发展。西伯利亚的自然资源极其丰富。仅以能源为例,该地区的能源蕴藏量占世界的 30% 以上,其中煤占70％,天然气占33％,石油占20％左右。苏联时期,全国70％的石油和50％的天然气供应来自西伯利亚。据《俄罗斯消息报》1993年12月8日报道,西伯利亚和远东地区丰富的自然资源已引起国外,首先是亚太国家伙伴的极大兴趣,成为外国在俄投资最多的地区。俄罗斯当时的外贸企业的15％分布在西伯利亚和远东,这些企业的产量占全部这类企业的25％,出口量占34％。外国在俄投资最多的是远东(占全部外资企业的64％,外资企业所生产产品的38％和出口额的65％)和西伯利亚(分别是21％,51％和26％)。据该报说,"在必要的国家支持、建立市场机制和促进经营的情况下,西伯利亚和远东原料部门有可能成为在短期内稳定整个俄罗斯经济形势的主要因素"。

纵观近80年来苏联、俄罗斯联邦对北方小民族经济、文化的扶持、帮助情况,笔者有这样几点看法:(1)苏联、俄罗斯联邦对北方少数民族的扶持工作坚持常抓不懈。从1917年十月革命后一直到目前,苏联和俄罗斯联邦都在帮助北方民族发展经济和文化。无论是20—30年代苏联处于困难时期,还是今天俄罗斯联邦尚未摆脱经济危机的情况下,国家都尽力扶持北方民族,而从未中断这一工作。同时,在政府的帮助下,经过几十年努力,北方少数民族地区的经济、文化发展起来了,但又出现了新的矛盾和问题。如前所述,由于现代化工业的建立和发展,又在一定程度上破坏了当地的生态平衡,使他们的传统经济部门遭受损失。政府在不断总结经验、教训基础上,积极采取相应措施,尽力解决这些新问题。由此不难看出,苏联、俄罗斯对少数民族扶持工作的长期性和艰巨性。(2)苏联、俄罗斯联邦对北方少数民族的扶持工作总的看来是有计划有领导的。苏联时期,由苏联共产党和苏联政府先后通过许多有关决议,帮助北方民族发展经济、文化,而且在20—30年代还在全俄中央执行委员会下设立专门机构(北方委员会)进行具体操作。苏联解体后,俄罗斯联邦的议会和政府接连通过不少决议,帮助北方民族克服当前困难,恢复和发展生产,而且俄罗斯议会在1995年5月26日的决议中也明确提出在该国民族事务委员会下面将设立俄罗斯联邦北方、西伯利亚和远东本地少数民族事务委员会,以专门负责这些地区的扶持工作。(3)在扶持北方少数民族发展经济、文化方面,苏联和俄罗斯坚持既国家"输血",又帮助当地民族"造血"的方针。无论是苏联时期,还是当前,国家都免征极北及其相等地区的农业税,向这些地区发放优惠贷款,设法及时供应急需物资和商品,引进外国的资金和技术,以帮助当地少数民族发展经济,提高居民生活水平,同时,又扶持当地少数民族发展其传统经济(养鹿业、狩猎业和捕鱼业等),并帮助他们就地取材,发展现代化石油、天然气工业。在文化教育方面,国家帮助他们创造文字,扫除文盲,建立各类学校,资助当地少数民族学生,同时又特别注重从当地民族中培养、造就知识分子和建设人才。

(刘庚岑文。中国世界民族学会主办《世界民族研究》内部刊印,1996 年刊)

3. 俄罗斯北方小民族的现代化与民族过程

北方小民族,顾名思义是指称那些居住在世界最北部的人口较少民族。俄罗斯北方小民族共有 26 个,这些小民族几乎是世界北方小民族的全部,只缺少阿伊努人(日本北海道)。但从阿伊努人曾广泛分布于库页岛的历史来看,在俄罗斯的萨哈林岛(库页岛)上应有少量阿伊努人存在,只不过在人口统计中没有显示出来。因此,俄罗斯北方小民族在一定程度上代表了世界北方小民族,对它们的研究也因其颇具代表性而尤显重要。而且这些北方小民族中有些是跨界民族:萨米人(瑞典、挪威、芬兰)、爱斯基摩人(即因纽特人,美国的阿拉斯加、加拿大、格陵兰岛)、阿留申人(美国的阿留申群岛)、埃文克人(即鄂温克人,中国、蒙古国)、奥罗奇人(即鄂伦春人,中国)、那乃人(即赫哲人,中国)。因此,对俄罗斯北方小民族的研究还可以为对这些跨界民族进行比较研究铺平道路。

一、俄罗斯北方小民族的现代化过程

俄罗斯的 26 个北方小民族虽只有 18 万人左右,但却分布在近千

平方公里的土地上。除萨米人和部分涅涅茨人分布在欧俄北部外,其余全部分布在西伯利亚和远东地区。这些小民族传统的经济部门是驯鹿业和渔猎业(包括猎捕海兽)。严酷的自然环境,与先进民族的隔绝状态,使这些小民族的社会发展极为缓慢。直到十月革命前,这些小民族还多处于原始社会阶段,只有个别民族正在向阶级社会过渡。由于它们的物质文化相近似,因此精神文化也大同小异,例如这些小民族几乎无一例外地信奉萨满教。

所谓现代化,一般是指社会发展由自给自足的自然经济转变为现代化工业、社会化生产的经济,这是人类社会发展的一个必然过程。众所周知,人类社会的发展是不平衡的,各民族进入现代化进程的时间也是不同的,即使是同一国家内的各民族也是这样。当 1917 年已经开始现代化进程的俄国爆发无产阶级革命时,在西伯利亚原始森林里和冻土带上的北方小民族还在过着原始社会的生活。

自 17 世纪北方小民族陆续被俄国征服至俄国十月革命,它们已在沙皇统治下生活了 300 年。俄国当局基本没有破坏这些小民族的氏族、部落组织,只是通过其头人向他们征收毛皮税。火枪的传入和铁器的普遍使用,提高了这些小民族的劳动生产率,在一些小民族中出现了财产分化。十月革命和随后的社会主义改造打断了北方小民族向阶级社会过渡的进程,使其跨越几种社会形态直接进入现代社会。正如苏联学者所说,这是跨越千年的一步。

十月革命后,北方小民族社会向现代社会过渡大约经历了半个世纪的时间。其间,有两个标志性事件加速了这个过渡。其一是 30 年代开始的农业集体化劳动。据统计,在北方小民族居住区,1934 年归入集体农庄的鹿的头数占这些小民族所饲养的总头数的 12%,1935 年末为 50%,1943 年为 89.2%。[①] 通过集体化,北方小民族的氏族组织逐渐瓦解,传统经济得到改造。这些小民族的产品,如毛皮、鹿肉等,已不仅仅是为满足自己的需要,其中一部分纳入国家商品流通,通过商业部

---

① 参见[俄]H. 瓦赫京:《俄联邦极北的土著居民》,圣彼得堡:欧洲大厦出版社,1993 年,第 36 页。

门换取自己所需的日用工业品。同时,苏维埃政权还帮助北方小民族转入定居,为其中一些民族创造了文字,创办了学校、医院,等等。其二是50年代末60年代初开始的并村运动。伴随着苏联政府对北方地区自然资源进行大规模开发,北方地区开展了合并小村庄和合并小集体农庄为大型集体农庄或改组为国营农场的运动。据统计,1953—1966年,该地集体农庄数量减少了74%,国营农场数量增加了3倍。①北方小民族的氏族制和自然经济残余被彻底消灭。人们主要在大型集体农庄和国营农场里从业,实现了从结构单一的传统经济向多种门类的现代经济的转变和从简单职业分工的社会向多种职业分工的社会转变。至此,北方小民族现代化的趋势已不可逆转。

由于地处偏远地区的小民族的社会发展的滞后性,即其远离人类社会发展的主流,这些小民族的现代化与较大、较先进民族的现代化相比有很大不同。它们是在自身社会经济发展并无现代化要求、世界观尚处于蒙昧状态的情况下遭遇现代化的。它们只有在较大、较先进民族的推动下才能直接进入现代化过程的较高阶段,而不必去重复较大、较先进民族在追求现代化时所走过的曲折的道路。当然这并不是说它们不需为现代化付出代价,恰恰相反,这些小民族将付出更大的代价。俄罗斯北方小民族的实践证明了这一点。

俄罗斯北方小民族是被国家的主体民族——俄罗斯人拉入现代化的。这种被动性使得这些小民族至今没有成为家乡现代化建设的主角。这些小民族的成员一般从事技术性低的工作,而管理者和技术人员多由俄罗斯人等外来民族的人担任。在现代化过程中俄罗斯北方小民族生产关系的变革较彻底:原始的封闭状态被打破,人们摆脱了氏族制的羁绊,成为现代意义上的职工,与其他氏族、部落和民族的人一起工作。相比之下,这些小民族所在地区的现代工业是以资源开采为主(石油工业、森林工业、采矿工业等),国家无意在这里建立现代经济体系,这与当地自然条件极为恶劣不无关系。

---

① 参见[苏]B.B.马尔希宁:《在民族文化相互作用中的北方民族》,新西伯利亚:苏联科学院西伯利亚分院,1990年,第19页。

从长远看,现代化是这些小民族摆脱落后、跟上时代前进步伐的必由之路,然而这些小民族真正理解这一点还需要一个过程。同时,国家某些政策脱离实际或某些失误也会对这些小民族造成伤害,使其产生悲观情绪。首先,这些小民族面对生产关系的剧烈变革不知所措,尤其是那些被定居在民族混合的大型村镇里的人们,在思想上难以理清传统与现代的关系。他们一方面被迫脱离了传统生产活动,另一方面又不能胜任新的工作。精神上的失落使他们意志消沉,酗酒、斗殴、自杀等现象增加。80年代末,俄罗斯北方小民族中15%有劳动能力的人"赋闲在家"。[1] 1970—1980年,这些小民族每2名死者中就有1名系外伤所致;每10万人中有70—90起自杀事件,比苏联全国平均数高2—3倍。[2] 其次,苏联在50年代加快了北方小民族地区自然资源开发速度,占用并污染了大片土地,使需要广大地域才能进行的驯鹿业和渔猎业日渐萎缩。大片森林被砍伐,如在远东有30%的森林被毁坏,使以森林狩猎为生的乌德盖人、奥罗奇人等难以维持生计。[3] 举世闻名的西伯利亚油气田位于汉特人、曼西人、涅涅茨人等小民族地区,当地鹿场被占用,环境污染问题尤为严重。整个北方仅鹿场就减少2000万公顷,致使10万头鹿失去食物来源。[4] 祖传的牧鹿场和渔猎地面积大量减少,定居、并村等措施的负面影响,使北方小民族的传统经济迅速衰落下去,从事传统经济的人数锐减。80年代末,北方小民族中只有近1/3有劳动能力的人从事传统行业。但这已不是原来意义上的传统行业了,在生产组织形式、生产工具上出现了现代化特征,如成立了国营或集体狩猎队、养鹿场、养兽场、民族服装场等经济组织,使用了新式猎枪、雪地汽车、硬铝质船等现代工具。驯鹿业、渔猎业是北方小民族文化的物质基础,传统经济的衰落势必使它们的民族文化失去根基。同时,北方小民族地区的生态环境受到不同程度的破坏。由于施工草

---

① 参见[苏]B. B. 马尔希宁:《在民族文化相互作用中的北方民族》,新西伯利亚:苏联科学院西伯利亚分院,1990年,第18页。

② 参见[苏]A. 皮卡、Б. 普罗霍洛夫:《小民族的大问题》,《共产党人》1988年第16期。

③ 参见[苏]H. 瓦赫京:《俄联邦极北的土著居民》,《历史问题》1990年第1期。

④ 参见[苏]З. П. 索科洛娃:《改革与北方小民族的命运》,北京:新华出版社,1993年,第22、27页。

率,输油、输气管道每年要发生 700 次爆炸或泄露事故,不但损失石油开采总量的 7%—20%,而且使牧鹿的苔原受到污染。在秋明州每年烧掉的伴生气大约有 100 亿立方米,使该地上空臭氧层大量消耗。[①]由于污染,当地以生长缓慢的苔藓为食的鹿的肉已达不到食用卫生标准。放排的原木经常堵塞河道,破坏了渔业资源。阿穆尔河下游的洗矿厂、造纸厂、化工厂、炼钢厂等几十家企业的有毒废水都直接排入河里,致使河水净化后仍不能饮用。河里的鱼越来越少,而且鱼的体内含有毒素。以捕鱼为生的那乃人、尼夫赫人等小民族深受其害。环境状况的恶化导致当地小民族居民健康水平下降。80 年代末,北方小民族的死亡率比俄联邦平均死亡率高 1—2 倍,人均寿命比苏联全国人均寿命少 18 岁。[②]

可见,俄罗斯北方小民族的现代化过程有其特殊性。同时,这些小民族也为现代化付出了高昂代价。这不仅表现为这些小民族的传统经济和生存环境遭到破坏,而且表现为它们的民族过程加快和民族特征逐渐消失,也许这才是最沉重的代价。

二、俄罗斯北方小民族的民族过程

毋庸置疑,十月革命的胜利、苏联的建立和随后开展的社会主义现代化建设使俄罗斯北方小民族的社会获得了前所未有的进步。这些小民族享有与国内其他民族平等的政治权利。在小民族居住区成立了自治区(7 个)、民族区和民族村。小民族中的大多数人已转入定居生活。在昔日的荒原上出现了小城镇、油田、矿井和工厂。小民族居住区破天荒地有了学校、医院、俱乐部等文教、卫生设施。民族村都通了电,广播、电视、摩托车也进入了普通家庭。60 年代后,这些小民族中的大多数人迁入民族混合的大村庄,并在大集体农庄或国营农场等经济单位工作。在这样的经济单位中平均有 30%—50% 的职工是以俄罗斯人为主的外族人。油气田、矿山及森林、水电等部门的职工也主要是外族

---

① 〔俄〕Г. H. 瓦奇纳泽:《俄罗斯》孙润玉等译,北京:新华出版社,1993 年,第 22、27 页。

② 参见〔苏〕A. 皮卡、Б. 普罗霍洛夫:《小民族的大问题》,《共产党人》1988 年第 16 期。

人。外族人的大量涌入使这些小民族在自己世居的土地上也成了少数民族。当汉特-曼西、楚科奇、涅涅茨、亚马尔-涅涅茨、泰梅尔（多尔甘-涅涅茨）、埃文克、科里亚克自治区成立时（1930年），这些小民族均占当地人口多数。而到1979年，它们分别占本自治区人口总数的3％、9％、13％、11％、16.2％、20％、24％。[①] 90年代初，在汉特-曼西自治区里的120万人中汉特人、曼西人只占1.7％，在科里亚克自治区里科里亚克人只占15％。1998年，在亚马尔-涅涅茨自治区里涅涅茨人只占4.2％。[②] 还应指出，一些小民族中的青年人离开本民族聚居地也是造成其民族人口比例下降的原因。1979年，10516名那乃人中有1200多人、2552名乌利奇人中有300人居住在自己的民族村之外。[③]

寄宿学校一直是俄罗斯北方小民族地区学校教育的主要方式。寄宿学校在20年代开始出现时，主要是为解决游牧民子女上学难的问题，后来又把寄宿制扩展到托儿所和幼儿园。60年代初，虽然这些小民族中的大多数人已实现定居，但寄宿制学校体制继续保留下来。在这种体制下，这些小民族儿童从小便离开家庭由国家抚养和教育。设在城镇或大村里的寄宿学校往往是民族混合型的，即有两个以上民族的学生同校学习。

这样，无论是在生活、工作中，还是在学习中，这些小民族与其他民族的交往都日益频繁。在与不同民族的长期接触过程中，这些小民族的民族特征正在逐渐消失。也就是说，这些小民族的民族过程在加快进行，在语言、文化认同感、人类学类型上都发生了不利于它们作为民族共同体存在的变化。

小民族语言逐渐退出使用。共同的语言是民族识别和民族认同的重要标志之一。俄罗斯北方小民族被纳入现代生活后，它们与其他民

---

① ［苏］3. П. 索科洛瓦：《改革与北方小民族的命运》，《历史问题》1990年第1期。

② 参见［俄］A. B. 阿尔秋霍夫：《亚马尔-涅涅茨自治区人口数量和劳动市场》，《经济与工业生产组织》1999年第3期。

③ ［苏］H. B. 科切什科夫：《远东土著民族的历史命运与当代问题》，《苏联科学院远东分院通报》1990年第3期。

族的交往愈加密切,族际共同语的地位愈显重要。随着俄语迅速普及,小民族语只在家里或从事传统经济活动时使用。最近的两三代人大多是从寄宿学校出来的。他们从小脱离家庭生活,没有受过正常的母语教育,在学校里全都用俄语交流。因此毕业后他们完全掌握了俄语,却往往不会讲母语了。这与官方不适当地强调学习俄语的重要性也有关系。学校减少了教授小民族语言的课时,甚至从学习科目中取消了一些小民族语言,至于用小民族语讲课更是罕见。1970 年,整个北方地区用来授课的民族语只有涅涅茨语,且只有低年级;作为学科科目的只有涅涅茨语、爱斯基摩语、汉特语、曼西语、埃文语。这样一来,以本族语为母语的人数迅速减少。

笔者认为,随着经济一体化和城市化的发展,小民族的语言将逐渐走向消亡。它要走过一条"单语—双语—单语"的道路,即从只用母语转向母语与国家主体民族语双语共用,然后再转向单语,只不过这时的单语已不是母语,而是国家主体民族语了。小民族语言自然消亡是一种正常现象。但这是就语言发展的总趋势而言,且限定在"自然"消亡范围内。任何强制或促使其消亡的行为都是对小民族合法权益的侵犯。因此,国家在制订语言政策时应该更多地考虑到小民族使用母语的权力,充分尊重小民族的意愿,绝不能因为小民族语言迟早要消亡就不尊重它的现实存在。苏联当局在实行双语制时不适当地强调掌握俄语的重要性和长期坚持学校教育的寄宿制,客观上促进了小民族语言走向消亡。这是其语言政策的一个失误。

民族文化认同感不断弱化。北方小民族在极为严酷的自然条件下创造了自己独特的经济类型——驯鹿业和渔猎业。这种原始经济建立起人类与自然的和谐关系,达到了人类与自然的完美结合。这种在生产力极端低下的条件下表现出来的人与自然和睦相处的精神,正是今天人类所缺少的。在创造物质文明的同时,北方小民族也创造了精神文明。世代相传的口头文学、说唱、舞蹈,独具特色的岩画、服饰艺术,木雕、骨雕等工艺品,独一无二的桦树皮旧器皿等无不令人惊叹!

然而,由于没有文字,这些小民族的独特文化只能靠口耳相传。这种传承方式的脆弱性使小民族抵御外来文化冲击的能力低下。当现代化来临,人口流动加快,各民族文化相互碰撞时,它们的文化必然处于劣势地位。在这种情况下,小民族文化的传承只能寄希望于那些仍在从事传统行业、居住相对集中的群体。

民族文化认同感是民族意识的重要方面。民族文化认同感不断弱化是北方小民族现代化过程的共性。弱化的原因,从经济基础来看,这些小民族当中的多数人已脱离传统经济活动,使传统文化失去根基和发展前景;从学校教育来看,完全以俄语教学的寄宿学校的毕业生全盘接受了俄罗斯文化;从家庭教育来看,父母向孩子传授民族文化的传统被阻隔,因为孩子从小便脱离家庭住校学习;从社会环境看,外来民族带来了先进的生产方式和生活方式,书籍、报刊、广播、电视都在传播俄罗斯文化,而这些小民族文化水平逐步提高,尤其掌握了俄语,增强了自身接受俄罗斯文化的能力。

民族文化认同感弱化首先表现在那些离开民族主体到城镇或大型工业企业工作的人、与外族通婚的人身上,其次表现在脱离传统行业或定居在民族混合大村里的人身上。1994 年对恩加纳桑人的调查显示,7 岁以上被调查者中有 26.4％的人知道 1 首以上的本族民歌(其中12.4％的人知道 5 首以上),而 50 岁以上的人中有一半多知道 5 首以上;7 岁以上被调查者中有 27.1％的人从未听过本族历史故事,有25.9％的人记得一些故事(其中 17％知道 3 个以上的故事,只是听过但不能讲述的占 47％)。同时,越来越多的人忘记了古老的习俗和传统的仪式。在恩加纳桑人中对庆贺孩子出生、婚礼、葬礼等民族仪式一无所知的人占成年人总数的 51.8％,对仪式了解但不参加的占24.4％,而参加的只占 23.8％。

萨满教是北方小民族社会精神生活长期发展的结果,反映了他们对自然和世界的认识水平。萨满教一方面主宰人们的思想,一方面规范人们的行为,是这些小民族文化的有机组成部分。在沙俄统治的300 年间,萨满教在抵御外来文化、维系民族文化认同感方面起了重要作用。十月革命开展的无神论教育和对萨满的斗争,使萨满教失去了昔日的地位。解除了萨满教的精神束缚后,人们开始吸收先进民族的文化,走向外部世界。这是一种进步的现象,但同时也使人民的民族文化认同感减弱。应该指出,近年来萨满教有复兴之势。以恩加纳桑人为例,1994年,15岁以上被调查者中有35.2%的人称自己信奉萨满教。但由于萨满教赖以存在的社会经济基础已消失,这些小民族整体的文化水平已大大提高,萨满教要恢复昔日的地位已无可能。

异族通婚引起北方小民族人类学类型的改变。在现代化中北方小民族的族内婚瓦解了,与其他民族通婚的现象日益增多。生产和生活方式的变化,教育水平的提高,与其他民族的关系越来越密切以及苏联鼓励民族通婚的政策,使这些小民族的青年人的婚姻观念发生了变化。从民族混合型学校毕业的年轻人有与长辈不同的思想观念。他们在婚姻上往往更重视经济的、感情的因素,而不太在意民族属性。同时他们把婚姻自主、反对父母包办婚姻的思想付诸行动,族际婚姻更加普遍。北方小民族之间、小民族与邻近较大民族(雅库特人、布里雅特人)之间,小民族与俄罗斯人和乌克兰等欧洲民族之间的通婚现象随处可见。这样,这些小民族的人类学类型发生了巨大变化。例如,涅吉达尔人与那乃人、乌利奇人、尼夫赫人通婚的结果,使纯粹的尤卡吉尔人已经所剩无几。1971—1990年间,恩加纳桑人男子的32.6%和女子的52.2%涉入族际婚姻,其中前10年有33.3%的人与外族人结婚,后10年增至51.9%。在这20年间,父母一方是恩加纳桑人的新生儿数量(占56%)已超过父母均是恩加纳桑人的新生儿数量(占44%)。① 这从另一方面说明了族际婚姻的迅速发展。这些小民族之间的通婚基本保持了性别上的平衡,但它们与俄罗斯等外来民族在通婚性别上却是单向流动,即女子外嫁。产生这种情况的原因之一是俄罗斯人等外来民族的男性比例过高,例如,在泰梅尔(多尔甘-涅涅茨)自治区乌斯季-阿瓦姆镇有38名俄罗斯人,其中30名是男性。另外,小民族妇女与外来民族男子同居现象增多。这种单向流动成为这些小民族中的男子单身者增加的原因之一(有时达30%)。

----

① 〔俄〕B.П.克里沃诺戈夫:《恩加纳桑人的现代民族文化过程》,《民族学评论》1999年第1期。

扩大婚姻范围,实行远缘繁殖,对小民族来说是优化种群,提高人口素质的有效途径。然而由于有些小民族人口太少,随着混血者一代代的增加,其人类学类型会发生改变,最终导致该民族被较大民族同化。例如,只有1300多人的恩加纳桑人,1994年混血者占其总人口的56.5%。而且近十多年间混血速度明显加快,1994年10岁以下儿童中混血者高达85.2%,其中与欧洲民族的混血者占40%。[①] 按这个速度发展下去,经过几代人后恩加纳桑人的人类学类型将根本改变。同时,随着异族通婚现象的增多,民族认同感的强度便会趋于下降。较高的异族通婚率是小民族被同化的一个关键性因素,因为异族通婚家庭子女的民族属性观念已经淡化,无法靠他们去传承小民族的语言和文化。

三、俄罗斯北方小民族在相当长的历史时期内不会消亡

俄罗斯北方小民族的现代化过程也就是他们与较大、较先进的民族接近的过程。在民族接近过程中这些小民族会向先进民族学习许多以前不懂的知识,在文化水平普遍提高的情况下形成本民族的知识分子队伍。民族知识分子作为民族的精英会用所掌握的知识去审视自己民族的历史和文化,既看到其发展的落后性,也看到其天然合理性,从而激发起民族自豪感,并寻求一条适合本民族实际的现代化道路。民族知识分子的活动,增强了全民族自我意识。苏联解体后,北方小民族的现代化进程受挫,其生活陷入困境。这时,这些小民族的知识分子精英们起来为维护民族权益而斗争。北方小民族的7个自治区全部争到了联邦主体的地位。俄罗斯北方小民族协会和一些地区性小民族协会已经成为北方小民族维护自身权益的组织和协调的机构。

民族是人类发展过程中一定历史阶段的产物。民族的形成是人类历史上一个群体与其他群体长期隔绝的结果。现代化以经济手段打破了各民族间的封闭状态,为消灭民族差别创造了条件。这是历史性的进步,对于社会发展滞后的北方小民族来说,更是如此。现代化不仅使

---

① [俄]B. Π. 克里沃诺戈夫:《恩加纳桑人的现代民族文化过程》,《民族学评论》1999年第1期。

一个国家内各地区、各民族经济一体化,而且也使国际区域经济和世界趋于一体化。社会过程的突飞猛进带动民族过程的发展。民族差别缩小并逐步趋同是世界民族过程的普遍规律。西欧各国联合在欧盟的旗帜下是共同经济利益使然,也是民族差别缩小的表现。但需要指出的是,在现代化过程中必然是小民族首先失去自己的民族特征,与较大民族融合或自然同化于较大民族当中;同时,较大民族之间的融合过程也在进行。就是说,民族不分大小,其发展的最终趋势是一致的,即民族特征逐渐消失,直至民族消亡。当然,这是个漫长的过程。在现代化程度较高的日本,阿伊努人虽然已基本失去自己的语言和文化特征,但他们当中的许多人还保持着民族自我意识,承认自己是阿伊努人。就是说,这个民族仍然存在。同样,俄罗斯北方小民族在一个相当长的历史时期内也不会消亡。其根据是:第一,传统经济是民族文化产生的基础,尚有近 1/3 的小民族人口在从事驯鹿业或渔猎业,近 10% 的人口仍在过着游牧生活,他们是传承民族文化的中坚;第二,由于文化水平普遍提高,人们的民族自我意识和民族认同感会增强,即使语言消失了,民族自我意识和民族认同感还将存在;第三,俄罗斯政府对北方小民族实行保护和扶持的政策;第四,北方小民族的自我保护意识增强,维护自身权益的斗争方兴未艾。

现代化是社会进步的必由之路,即使有被同化的危险,小民族也没有必要自我封闭,拒绝现代化。正确的态度是,既不应拒绝先进民族的帮助,也不应妄自菲薄,而应顺应现代化的历史潮流,发挥自己的主观能动性,争取和其他民族一道繁荣、发展。民族同化、民族融合、民族消亡是历史的必然,关键在于这是属于自然过程。国家政策应充分考虑小民族的特殊性和各民族社会经济发展的不平衡性,慎重对待小民族的现代化问题,不可"一刀切"或急躁冒进。在这个问题上光有良好愿望是不够的,一厢情愿是不行的,应当充分尊重小民族的意愿。

总之,从某种意义上说,现代化是一把双刃剑,它既能给小民族带来福祉,也能给小民族带来不幸,而趋利避害的关键是国家的民族政策。

(初祥,《世界民族》2000 年第 4 期)

4. 俄罗斯埃文吉地区纪行

今年(指 2012 年)4 月初,应俄罗斯阿穆尔州对外经济联络旅游与商业部(外联部)的邀请,我们少数民族代表团一行 12 人,前往俄罗斯阿穆尔州腾达市参加了鄂温克"养鹿人与猎人日"(驯鹿节)活动。代表团一行受到了阿穆尔州外联部高度重视,也受到了腾达市政府的热情接待。同时增进了中俄两国鄂温克、鄂伦春兄弟民族之间的友好情谊,彼此都留下了难忘而又美好的记忆。

意外的惊喜

早上 8 时,我们准时来到黑河海关,等待边检后过境。这时我在想:冬季怎么渡过黑龙江呢? 当我坐上气垫船时才知道是如此快捷、便利;气垫船在洁白的冰面上快速行进,只用了 3 分钟就来到了对岸城市——俄罗斯布拉戈维申斯克市,接受了俄方海关的边检,我们顺利入住了布市的亚洲大酒店。4 月的俄罗斯气候较冷,寒风刺骨,但一踏进酒店的大厅,一股暖流扑面而来,仿佛回到了家中。

吃过了午饭,在导游小姚的陪同下,我们参观了布市的市容市貌。首先来到了列宁广场和胜利广场。列宁广场中央有座列宁塑像,俄罗斯人民仍然怀念他们的伟人——列宁;胜利广场是为了纪念二战胜利而修建的,广场中有象征枪炮的标志和该市在反法西斯战争中牺牲的英雄名单,供市民和游人缅怀。我看到了列宁塑像和二战牺牲的英烈名单,很受感动,肃然起敬。我多么希望这个世界永远和平,没有硝烟与炮火,没有痛苦和悲伤。每个人都在温暖的阳光下幸福快乐地生活……

我们漫步在布市的街道上,边走边欣赏这座美丽的城市,典型的俄式建筑风格,美丽的俄罗斯姑娘楚楚动人。不知不觉我们来到了阿穆尔州地方史志博物馆。这座博物馆气势恢宏,具有典型的俄罗斯建筑风格,古朴典雅,令人敬仰而难忘。该馆已有 120 年的历史。博物馆解说员用笨拙的中国话向我们一一介绍该博物馆的概况,该地的自然风光、物产情况、二战纪念、少数民族的民风民俗及俄罗斯历史文化等。一件件实物,一张张图片,都体现了俄罗斯文化历史悠久,底蕴深厚,这些令人感叹和震撼,难以忘怀。随着讲解员的介绍,不知不觉中从一楼来到了三楼,楼上是各国摄影爱好者的摄影展,其中包括人物肖像、自然风光。每一件摄影作品都有很深的艺术感染力。这时我突然被一张照片吸引,天哪!我简直不敢相信自己的眼睛,我的目光牢牢地定格在这张照片上:原来竟是我姨妈和她的小外孙女的合影,她们身穿民族服饰,露出甜蜜而灿烂的微笑,享受着天伦之乐。我万万没有想到在异国他乡的俄罗斯布市,阿穆尔州地方史志博物馆里,能够见到亲人的照片。于是,我十分激动地向游客介绍:"这是我姨妈,这是我姨妈!"大家都围拢过来,与我一起分享快乐。连解说员都露出了幸福的微笑。这意外的惊喜,使我激动不已,来到俄罗斯,来到这文化底蕴深厚的博物馆,竟然有我亲人的照片,真是给我一个意想不到的惊喜。参观完博物馆,又去了商场和一些经营琥珀、金银首饰的专卖店,感受不同的文化。回到宾馆,我的脑海里仍然回放着摆放在异国他乡的姨妈的照片,我突然有种思念亲人的感觉。我顺手打开电视,想看看异国的电视都播放啥节目,又让我惊喜的是,祖国央视频道及部分省台节目映入眼帘。原来,友好邻邦竟是这样息息相通。夜晚,我站在窗前向祖国的方向眺望,美丽的黑河市近在眼前,灯光璀璨,舞动着一条银色飘带的黑龙江,将此岸和彼岸紧紧地连在一起。

白桦之城

凌晨 4 点,我们乘坐大巴,前往另一个城市——白山市。2 个多小时的车程,一路欣赏着俄罗斯的音乐,一曲曲优美的旋律伴随着我们前行,使我们忘记了旅途的疲劳。在白山市只停留了一个多小时。城市干净而优美。早上 8 时,我们踏上列车,前往我们的目的地——腾达市。火车时而在林中穿行,时而在浓烟中通过。望着车窗外,一睹异国的风景。那远山、近树,还有那一座座具有俄式建筑风格的木板房(木刻楞房)一闪而过;火车道两旁的山野上,到处是浓烟滚滚,地上的火苗通红一片,火苗一点点地向前移动,一条长长的火线通红明亮,徐徐推移,形成一道亮丽的风景。我们乘坐的火车仿佛穿越了充满硝烟的战场。一开始我还纳闷:哪来的这么多的烟呢?我仔细一看,漫山遍野都被浓烟围绕。导游小姚说:"这是俄罗斯在烧荒,他们每年春秋两季都这样烧荒。"我这才明白。回想我们家乡每年春秋两季的防火期,人人都紧张,生怕哪天山火发生。而俄罗斯的烧荒确实措施得力,不仅保护了生态环境同时也有利于护林防火。真是一举两得呀!我不由自主的说道:"野火烧不尽,春风吹又生。"火车带着我的思绪,在滚滚浓烟中穿行,向远方驶去。

一路欢声笑语,我们终于来到了腾达市。腾达意为"自由放牧和因为休息的地方",1976年建市,是一座年轻的城市,距布拉戈维申斯克市840公里,在阿穆尔州的西北部,是该州的直辖市,贝阿铁路上的交轨站,是俄罗斯鄂温克、鄂伦春主要聚居区之一。是一座因铁路而兴的城市,铁路运输业在经济中占主导地位。城市面积124平方公里,人口3.8万,木材加工业比较先进。

腾达市是一个美丽的城市,美就美在城市周围及市中心各街道到处是白桦树,白桦树有时像一位位少女亭亭玉立;有时又像手握钢枪的战士,保卫着自己的家乡。正是这些白桦树给这座年轻的城市带来了生机与活力。草坪、鲜花、楼宇还有美丽的白桦树形成一道和谐美丽的风景。

在前往腾达市历史博物馆的路上,一位俄罗斯妇女做导游,她饶有兴趣地向我们介绍该市的概况。她为该市拥有"白桦之城"美誉而自豪,能生活在白桦林中而骄傲。随着这位导游的介绍,我环视着城市各处,楼前屋后,街道两侧,一排排、一对对全是白桦树,让人们心中对白桦树产生欣喜、敬仰。联想这座城市美丽圣洁,人们身穿各种颜色的衣服穿行在白桦林之间,而这些穿各种颜色衣服的人们,在白桦林的映衬下,就像一幅流动的版画,让这座城市升起一种诗情画意的美景。素有"白桦之城"美誉的腾达市,以它的洁白美丽喜迎八方来客,欣赏它的容颜;一座静雅和美的"白桦之城"成为人们心目中的圣洁之城,永远绽放着青春魅力。

养鹿人与猎人日

腾达市五一村是鄂温克村,距市区 15 公里。全村 1000 余人,大部分为鄂温克人,其次为鄂伦春人和俄罗斯人。主要是以狩猎、渔猎、放养驯鹿、毛皮加工及手工业为生活来源。共养殖驯鹿 5000 只,每户养殖三四十只不等。鄂温克人饲养驯鹿是采取游牧方式。在游牧点住在"撮罗子"里。在村里居住俄式木板房(木刻楞房)。驯鹿是鄂温克人不可割舍的生存伙伴,驯鹿为他们带来了快乐与幸福。

养鹿人和猎人日(驯鹿节)是当地鄂温克的传统节日,一般在每年3 月份的最后一个周末举行。近几年,该地区的发展得到了阿穆尔州的高度重视,致力于对鄂温克民族文化遗产的保护和恢复。特别是2012 年是中国、俄罗斯旅游年,今年的"养鹿人和猎人日"节日活动规模较往年大,邀请了包括国外的中国黑河和大兴安岭的少数民族代表和俄罗斯国内的雅库、结雅市等地代表团参加。节日当天周边的鄂温克、鄂伦春群众身穿民族盛装,载歌载舞,欢聚一堂,共同欢度节日。腾达市女市长给那金剪彩并致开幕词,用鄂温克语表达祝贺,在场所有的鄂温克人和嘉宾们欣喜若狂。节日开始时,鄂温克老艺人主持萨满仪式,祭祀山神,喜迎贵宾。族人跳起传统的萨满舞,鄂温克男女老少跳起了欢快的舞蹈,唱起了传统的民歌,表演了具有民族特色的舞蹈。一个个精彩的节目,高潮迭起。观看节目是在露天举行的,简易的主席台和木板长凳的观众席。由于天气寒冷,我们坐在冰冷的木板凳上,一会工夫就冻透了,好多人都冻跑了,但我们丝毫不觉得冷,还在尽情地观看节目,欣赏优美的音乐。悠扬的歌曲和舞蹈家精彩的表演,占据了我整个心灵,我们用快乐和激情战胜了严寒,同时我也感受到了鄂温克养鹿人的快乐和坚强。

观看完节目,我们兴致勃勃地来到了会场四周的"斜仁柱"参观,村民们搭起的一个个"斜仁柱",还有一头头可爱的驯鹿,供游人参观,并精心制作了本民族的传统美食,其中有鹿肉、犴肉、大马哈鱼、烙饼等。我们大口大口地品尝着美食,"久违"的大马哈鱼是如此诱人。女主人特别热情好客,把所有的好东西都拿出来给我们分享。我看着这位妇女,感觉她就是鄂伦春人,果然不出所料,而且夫妻俩都是鄂伦春人。见到本民族的兄弟姐妹,真是欣喜若狂,我们开始用本民族语言进行交谈,完全没有语言障碍,甚至没有方言的区别。我们从老婆孩子谈起,谈到生活工作的方方面面,越谈越高兴,越谈越尽兴。见到亲人的感觉就是不一样。我们虽然远隔千里,在不同的国度,但我们同饮黑龙江水,同根同源,都有相同的血脉,都是兴安儿女,我们的心是相通的,天下鄂伦春是一家人呀!

民族文化的传承

腾达市的鄂温克族是世居民族。他们创造了在极端酷寒条件下生存的特有的生活方式及民族文化。驯鹿是他们的最爱,并得到了很好的传承和保护。腾达市五一村(相当于我们国内的民族乡),该地有一所民族学校,始建于 1933 年,从小学到初中,还有幼儿园,是一所 11 年级寄宿制学校。教育、教学及寄宿费用,全部由政府拨款。该校的基础设施完善,师资力量雄厚。在校生只有 150 多人(鄂温克、鄂伦春 75 人),30 多名教师,他们生活在优美的教育教学环境中。校长亚历山大·佛得罗夫热情地接待了我们,并饶有兴致地领着我们参观了各个教室、图书室、微机室、实验室、音乐室、室内篮球场、幼儿园、技能培训基地等。该校的学生从一年级就开始学习计算机知识,是全腾达市第一个学习计算机的学校。校长介绍说:"该校给每个学生创造良好的学习环境,不仅让学生们学到文化,增长知识,还特别注重技能知识的传授。为传承民族文化,开设了双语教学,编写了图文并茂的乡土教材。"我们在图书室见到了他们的教材,我们虽然不认识俄文,但从一幅幅插图上就了解到教材的内容,与生产生活息息相关,一目了然,通俗易懂。校长又带我们来到了教学实验基地,这是一个 200 多平方米的技能基地,相当于我们国内一所中等职业学校,专用于实践教育,有 11 个专题功能教室。

厨房里有各种餐具、面包机、烤箱等用具;裁剪室里有缝纫机、锁边机、针线、剪刀等用具;服装设计室有各种时装书刊,各种款式的鹿皮服饰及学生们亲手裁制的衣帽、裤子、鞋等摆放在那里,用以展示学生们实践的成果。一件件衣物、一双双绣花手套、一件件工艺品都体现了学生们的聪明与智慧,体现了民族文化的魅力。校长介绍说:"这些东西都是学生在实践课上自己制作的,我们在教授文化课的同时,还展开了技能培训教育,让孩子们学会生活,学会各种技能,提高生存能力以培养他们的民族自豪感,使民族文化得到继承和发扬。同时,学校饲养了60头驯鹿,专用于上实践课。从一头驯鹿的宰杀到兽皮加工及制作,每一个环节都有教师传授,鹿肉用来做各种美食,鹿皮用来做服装、手工艺品。通过这种实践课,孩子们学会烹饪、时装设计制作、毛皮画制作、雕刻等技能,这种实践课每个月上两次。"我看到学生们的一项项学习成果,听到校长的介绍,内心非常敬佩,该校的教学理念和教育方式,还有文化传承、生产生活技能传授等方面卓有成效。我仿佛看到学生们展翅飞翔,既有科学家、文学家,又有时装设计师、美食专家,从这里走向社会,一展才华。

校长是一位精明强干的俄罗斯人,他深爱着自己的教育事业,在这所学校当了17年的校长,培养和输出了很多人才,而且了解和热爱民族文化,能说一口流利的鄂温克和鄂伦春语。他知道我们一行是鄂伦春人,很热情地请来了他们本校的六位鄂伦春教师,让我们相互交流,增进民族情谊。一位鄂族老师饱含深情地说:"我们家的亲戚也在你们那边。"我也随口告诉她:"我姥爷原来生活在结雅河。"我们彼此间更加亲切了。参观结束后,校长请我们一行人来到了学生餐厅,餐厅宽敞明亮,温馨舒适,高雅而又美丽。墙壁上有几幅鄂温克自然风光及体现驯鹿文化的油画。很有艺术感染力。我们随着校长的介绍,一边欣赏一边听着俄罗斯音乐。那美不胜收的美景在心中激扬,艺术之花开在心间。

校长邀请我们坐在餐桌的两边,长方形的餐桌,两边各坐2人。俄罗斯的鄂族老师陪我们聊天,用母语讲故事,唱民歌。一会儿,服务员端来了饭菜,有鹿肉大丸子、大马哈鱼和美味的鱼籽、新烤制的面包、奶酪,还有一些菜、都柿果酱、糖拌红豆果、鹿肉干、狍肉条。这丰盛的午餐,看得出校长的精心和热情。他不仅盛情款待,还发表了热情洋溢的祝酒词,这段话像美酒一样醇厚,意味深长。

五一村两天的节日活动结束了,我们恋恋不舍地离开了这所民族学校,离开了这个小山村。校长和老师还目送我们,久久地挥着手臂,向我们致意。我含着泪水,向他们道别。无论我走到哪里,都会想念着你们,想念着在五一村生活的兄弟姐妹,我的鄂伦春亲人们……

思念结雅河

从美丽的腾达市乘坐火车赶往布市,我们四个姐妹在火车包厢里,开心地说说笑笑。这两天的活动令我们热血沸腾,感受很多,彼此都发表自己的感想,越说越激动,因为在异国他乡有我们的骨肉同胞。吃饭的时间到了,我们关上包厢门,拿起在超市买的食品:俄罗斯的面包、香肠、奶酪、方便面等,真是美味可口。我们喝着俄罗斯的伏尔加酒,吃着俄罗斯的美味,嘴里哼着《莫斯科郊外的晚上》《喀秋莎》等名曲,欣赏着车窗外的风景,享受着域外风情。这时,鸿苇说:"快看看结雅河……"我迅速站起来,那结雅河面真宽阔,洁白的水面,波光粼粼,是那样的迷人。结雅河呀结雅河,我终于来到了你的前面,终于看到了你,结雅河是我们几代人最想念的地方,那里洒下祖辈的鲜血、泪水、留下了祖辈的足迹。

记得小的时候,常听姥爷讲述美丽的结雅河,他把对结雅河的眷恋,对家人的思念,对故乡的爱都留在了结雅河。

大约在 1904 年,年仅 18 岁的姥爷与叔父们在山上放马。突然,从村庄里传来了枪声、哭声、喊声,顷刻间浓烟滚滚,火光冲天。不一会儿,那村庄、家园和亲人们在"罗刹"(沙俄)罪恶的屠刀下血肉横飞,尸横遍地。年轻的姥爷和活着的人们冒着生命危险逃离了家乡,离开了结雅河,逃往黑龙江。"罗刹"还在追赶,一些老人和孩子被"罗刹"砍掉一只胳膊、一条腿,有的含泪死去,有的还死在了江里。一位孕妇在逃难时还生了一个孩子,为了逃命,赶紧把孩子塞进胸前的衣襟里,跑了一夜,当她打开衣襟时,孩子还活着,在睡梦中露出微笑,大家含着泪水看着刚刚出生的婴儿,在场的人激动不已,这个坚强的小生命给大家带来了新的希望。姥爷就是那次死里逃生来到了黑龙江,来到了呼玛河,在大兴安岭扎了根,成家立业,生儿育女,生活了一辈子,再也没有回到故乡。结雅河成了他一辈子的思念,结雅河的亲人们成了他永久的牵挂。

我对在座的姐妹们讲述姥爷的辛酸往事。我的一席话,也引起了她们的共鸣。金红、鸿苇、学英的祖辈也曾经生活在结雅河、精奇里河等流域。他们也都纷纷讲述祖辈们的经历。有辛酸的往事、有痛苦的泪水、也有甜美的生活,家家都有不同的故事,感人至深。

在历史上,鄂伦春族最先居住在黑龙江北,外兴安岭以东的广袤地区,那里是鄂伦春族祖祖辈辈生活的家园。十七世纪中叶以后,由于沙俄的侵略袭扰,才迫使他们逐步南迁到现在的大小兴安岭……

当我的思绪从结雅河的忧伤中走出来时,我们经过 20 多小时的旅途行程,已经回到了布市。上午我们漫步在大街上,欣赏着被称之为俄罗斯"亚洲第二大城市"的布拉戈维申斯克市。十一时,来到布市海关,很快办理了过境手续,回到了祖国美丽的城市——黑河。此时此刻,回头再看一眼布市的街景,我内心充满着思念之情,想念生活在外兴安岭的鄂伦春人,黑龙江的水把我们分隔在南北两岸。他们在江北,我们在江南,但这隔不断我们骨肉之情,隔不断思念之情。巍巍的兴安岭连着我们的根,滔滔的黑龙江连着我们的心。鄂伦春人像兴安岭的樟子松一样高傲挺拔,像白桦林一样洁白纯情,像春天的"达子香"花一样美丽芬芳。黑龙江水源远流长,鄂伦春人的生活生生不息。

当我再回首望着江对岸的布拉戈维申斯克市时,我在心里说:结雅河呀,我想念你……

(关小云,鄂伦春族,曾担任黑龙江省塔河县民族宗教局局长)

5. 瑞典萨米人及其驯鹿业考察报告

1996 年 5 月,根据中国社会科学院与瑞典斯德哥尔摩大学的交流协议,我们赴瑞典进行了主题为"瑞典萨米人现代化进程"的考察。在中国驻荷兰大使馆周从吾参赞的热情帮助下,这次考察得到了荷兰华商胡守锡先生在国际旅费方面的慷慨资助,他们对国内学术事业的支持是令人钦佩的。同时,在瑞典考察期间,斯德哥尔摩大学国际关系部主任英格·布里特女士在为我们安排考察日程、联系访谈对象、提供有关资料和全程陪同考察等方面付出了感人的努力。在此,我们谨向他们致以崇高的敬意和衷心的感谢。

对北欧萨米人及其驯鹿业进行考察,是我们在1994年六七月间完成中国社会科学院"院长基金"项目"敖鲁古雅鄂温克族猎民现状"调查之后萌生的念头。我们希望通过对国外"驯鹿民族"现代化进程的了解,为我国的鄂温克族猎民群体及其驯鹿业的发展提供一些有益的借鉴。同时,我们也希望通过对萨米人及其驯鹿业的考察,对环北极圈"驯鹿文化"的类型有更多、更直观的了解。

在为期两周的考察中,我们首先在斯德哥尔摩走访了有关政府部门和科学研究单位,与瑞典农业部、教育部负责任事务的官员和斯德哥尔摩大学、乌普萨拉大学、北欧博物馆研究萨米人历史、宗教、语言、文化、经济地理等方面的专家、学者进行了交流。然后,我们赴瑞典北部拉普兰地区进行实地考察。是时,拉普兰地区仍然是冰天雪地。基律纳是瑞典最北部的一个小城市,也是瑞典萨米人的政治中心,在那里我们走访了萨米议会(萨米庭);在基律纳以南处于北极圈边缘的约克莫克是瑞典萨米人的文化中心,在那里我们走访了萨米民间职业中学、萨米小学、萨米幼儿园、萨米手工艺基金会、著名的萨米手工艺人及其家庭作坊,参观了萨米博物馆。最后,我们来到基律纳以北的一个叫做"鹿湖"的萨米村庄,访问了驯鹿萨米人的家庭和驯鹿冬季饲养营地,在蓝天、雪原、驯鹿群、篝火以及好客、健谈的驯鹿业牧人组成的自然、人文景观中完成了这次考察。

1994年我们完成关于敖鲁古雅鄂温克族猎民及其驯鹿业的调查报告之后,曾在报告的扉页上追记了对于驯鹿营地的感受:

当晨曦推开大兴安岭森林的夜幕时,整夜觅食的驯鹿成群结队地陆续返回鄂温克族猎民的营地。鹿铃声打破了营地清晨的沉寂,唤醒了鄂温克族猎民成年累月迁徙游猎于山林的又一天的生活。猎民们走出传统的"斜仁柱"和现代的帐篷,点燃了为驯鹿熏赶蚊虻的篝火。各户门前的炊烟冉冉升起,鹿奶茶的清香很快弥漫于营地。我们铺着兽皮席地而坐,喝着奶茶,吃着列巴,注视着营地里唯一的儿童与他收养的小狍子游戏,目送着几个猎民青年斜挎枪支的身影隐没于森林深处,他们正沿着祖辈的足迹去追寻未归的驯鹿……

1996 年我们完成对瑞典萨米人及其驯鹿业的考察后,在撰写本报告时,同样有一些考察随想希望得到抒发。

当我们乘坐驯鹿牧人驾驶的机动雪橇在茫茫雪原上快速滑行时,身后扬起纷飞的雪花,一对橇痕在雪地上能够不断延伸。在放养驯鹿的冬季营地,雪橇的轰鸣声引来成群的驯鹿,它们挺着丫丫叉叉的鹿角伴随着铃声涌向一个个食槽,一只刚降生的茸茸幼鹿跌跌撞撞地追随着急于争食的母鹿。主人点起了篝火,我们铺着驯鹿皮围坐在篝火旁,喝着咖啡,吃着驯鹿肉三明治,听着驯鹿牧人讲述他的驯鹿和生活,看着他用望远镜眺望远方、搜寻驯鹿的神情……

这些略有诗情画意的描述并非文学的润色,而是对我国驯鹿鄂温克人和瑞典驯鹿萨米人真实生活的写照。这些生活场景有不少相似之处,它们反映了环北极圈驯鹿业经济和驯鹿文化的共性特征;这些生活场景也有很多不同之处,它们反映了"驯鹿民族"在现代化过程中发展的差别。

需要说明的是,本报告主要涉及以驯鹿业为生的萨米人,因为萨米人不仅是萨米民族传统经济生活和语言文化的当代承载者和传承者,而且也是瑞典少数民族政策和民族立法的实施、保障对象。

一、萨米人的历史与文化(略)

二、萨米人的现状与发展

(一)萨米人口数量

萨米人原为一个统一整体,后在殖民化过程中随着他们世居的"萨普米"地区被瑞典、挪威、芬兰和俄罗斯分割而分属于 4 国。国界的森严壁垒和各国力图使萨米人融于各自主流社会的努力固然使得萨米人产生了不同的地区特点和习俗差异,但萨米人传统的民族文化特征和民族认同依然十分鲜明和强烈。1986 年由蓝、红、黄、绿 4 色组成的北欧萨米人共同旗帜的诞生,不仅展示了萨米人的共同起源和文化特征,而且也向世人昭示:萨米人过去、现在都是一个统一的整体。

由于诸多原因,如政府为避免民族歧视的指责,萨米人定义的难以确定及技术上的一些困难,导致萨米人口统计数字不是很精确。据最近估计,世界萨米人口共约 7 万余人。其中挪威萨米人口最多,约为35000 余人;瑞典次之,为 17000 余人;芬兰位居第三,为 5000 余人;俄罗斯最少,仅 2000 余人。[①]

狩猎、捕鱼和饲养驯鹿曾是所有萨米人的主要生产和生活方式。随着 19 世纪中叶工业化过程在北欧诸国的加快,萨米人生产、生活方式有了很大改变。一部分占萨米人口总数 10%—15% 的萨米人依然以饲养驯鹿和渔猎作为主要的生产和生活方式,但生产工具和居家设施已相当现代化;占萨米总人口 90% 左右的萨米人则融入主体社会,从事与主体民族相同的工作。从事驯鹿业放养的萨米人虽然是萨米人中的少数,但却较好地保持了萨米人的传统文化和语言,成为萨米文化的代表,也成为各国政府给予特殊扶持和民族学家着力研究的对象。

瑞典是萨米人主要分布国之一。政府认为在人口普查中以民族分类是对少数民族的歧视性行为,现在关于瑞典萨米人口的各种数字都是在 50 年代一次普查基础上的推测。目前比较流行的瑞典萨米人口总数为 1.5 万—2 万人:一是《萨米人:太阳和风的人民》中所载数据,认为萨米人口为 1.7 万人;一是瑞典农业部主管萨米事务官员提供的瑞典萨米人口数,为 1.7 万人。由此可见,瑞典萨米人口应在 1.5 万—2 万人之间,取其中间数,瑞典萨米人口数约为 1.7 万人左右。1988 年瑞典人口为 880 万人,[②]以萨米人口 1.7 万计,则萨米人仅占全国总人口的 1.9%。萨米人口不仅与占人口 90% 的瑞典人相比居于少数,而且与瑞典的移民群体相比,人口也属少数。瑞典现有芬兰移民 20 万人,南斯拉夫移民 5.2 万人,伊朗移民 4.8 万人,挪威移民 4.7 万人,丹

---

① 《萨米人:太阳与风的人民》,第 6 页,其中 4 国人口相加不足 7 万,原文如此。
② *The Saami People Sun Wind.*

麦移民 4.1 万人,①都大大超过了萨米人口总数。

瑞典是一个人口稀少的北欧大国。近 100 年来,随着工业化和城市化水平的不断提高,瑞典人口分布及其行业构成发生了根本性的改变。瑞典的城市化、工业化过程对萨米人口分布及行业构成也产生了极为重要的影响。首先,瑞典工业化过程中对原料和能源的需求导致对拉普兰地区大规模的开发。铁矿的开采,森林工业的发展,大型水电站的建立,对劳动力产生了大量的需求。与传统驯鹿和渔猎业相比,工业具有更高的收入和稳定、优越的生活环境,因而吸引了大量的萨米青年放弃了驯鹿业。据瑞典萨米议会提供的数字,瑞典全国从事传统驯鹿和渔猎业的萨米人仅 700 户 1934 人,占其人口总数 1.7 万人的 11.34%,而 88.66% 的萨米人则融入与瑞典主流社会,从事工业、社会服务、科学技术、文化教育等工作。其次,拉普兰地区工业的发展和移民的涌入导致新型工业城镇,诸如基律纳、约克莫克等城市的建立。城市具有众多的就业机会和完整的生活设施,而萨米人教育水平的提高也为萨米人进入城市生活铺平了道路,于是导致萨米人口分布出现向城市集中的趋势。萨米议会所在地基律纳和萨米博物馆、萨米民间职业学校所在地约克莫克作为萨米人的政治和文化中心而集中了大量的萨米人。此外,也有大量萨米人离开拉普兰地区,迁居到瑞典南部城市。据研究萨米人的专家估计,仅瑞典首都斯德哥尔摩就有 3000 萨米人,占瑞典萨米人总数的 18%。

瑞典萨米人口分布及行业构成的特点,反映了萨米人对瑞典主流社会参与程度的提高,并进而对萨米人的婚姻和家庭状况产生影响。首先,萨米人与其他欧洲民族通婚比较普遍。"二战"后拉普兰地区的大规模开发形成 50 年代萨米人和瑞典人的通婚高峰。此后随着更多的萨米人迁居城市,萨米人与欧洲民族的通婚变得更为普遍。由于瑞典政府没有进行过有关萨米人与异族通婚的统计,所以难以取得确切的数字。但是,从一些萨米人体貌特征欧洲化来看,萨米人与其他民族的通婚不仅相当普遍,而且有相当长的历史。其次,萨米人家庭规模已

---

① The Sweden Population(《瑞典的人口》),Fact Sheets on Sweden,1950.

与瑞典主流社会基本相同。瑞典是欧洲工业化国家中妇女生育率较高的国家,平均每个妇女生育 2.1 个孩子。在传统社会中,萨米人每个妇女一般生育 3—4 个孩子,每个家庭规模为 5—6 人。① 但是,随着萨米人现代化和教育水平的提高,萨米妇女一般只生育 2—3 个孩子,家庭规模也缩小为 4—5 人,接近于瑞典全国平均水平。第三,萨米村青年性别比例失调。驯鹿放养收入低,劳动强度大,难以更多地吸纳劳动力。由于这个原因,许多青年、尤其是青年妇女远离故乡,到收入高、劳动条件好、生活条件好、就业机会多的大城市工作。久而久之,造成萨米村男青年多、女青年少的状况,并导致一些青年男子不易成婚。我们在对萨米"鹿湖"村的调查中了解到,该村共 11 户人家,仅有 6 户为完整家庭,其余 5 户为 5 名独身未婚男子。性别比例失调对萨米人口和驯鹿经济造成一定程度的负面影响。

(二) 萨米人组织

为捍卫民族权利,促进民族语言文化的发展,瑞典萨米人一直进行着顽强的斗争。其中,萨米人社团在萨米人各种运动中发挥了极其重要的作用。

早在 20 世纪初的 1918 年,瑞典萨米人曾召开过全国第一次萨米人大会。但是,真正作为萨米运动标志的,是"二战"后于 1950 年成立的萨米人全国性组织——"瑞典萨米人全国联合会"(SSR)。该组织以萨米村和非驯鹿萨米人的 13 个协会作为其成员,几乎涵盖了瑞典所有的萨米人,具有较强的代表性和活动能量。SSR 每年召开一次年会,商讨萨米人所面临的各种问题,并积极采取行动,呼吁议会、政府重视并解决萨米人的各种现实问题。作为压力集团,SSR 不仅游说议会以促成萨米人境况的改善,而且还利用法庭捍卫萨米人的权利。作为瑞典驯鹿萨米村的代表,SSR 在 1966 年对瑞典政府提出起诉,要求归还萨米人在耶姆特兰省山区牧养驯鹿的权利。虽然这场延续整整 15 年的诉讼在 1981 年以萨米人败诉而告终,但 SSR 虽败犹荣,更加赢得了萨米人的信任和社会的重视。

---

① 根据瑞典斯德哥尔摩大学比较宗教系萨米人教授路易斯·贝克曼所做介绍。

除 SSR 外,萨米人还成立了一些成员组成和奋斗目标不尽相同的萨米人社团。如 1945 年成立的"萨米文化促进协会",以促进萨米民族文化和手工艺品生产的发展为目标,对宣传保护和发展萨米文化作出了积极的贡献。又如 1963 年成立的"萨米青年联合会",在团结和组织萨米青年参与全国萨米人运动方面发挥了积极作用。1956 年,在"萨米人是一个整体"这一口号的号召下,挪威、瑞典和芬兰三国萨米人在挪威召开会议,成立了"北欧萨米人理事会",上述瑞典的主要萨米团体成为其成员。1975 年"北欧萨米人理事会"加入"世界土著人理事会"(World Council of Ingenous people),萨米人在世界范围为维护土著民族的权利、促进土著民族生活、文化和经济的发展做着不懈的努力。

1993 年瑞典萨米人政治生活中的一件大事是瑞典萨米议会(萨米庭)的成立。通过全国萨米人普选而建立的萨米议会,标志着萨米人终于有了属于自己民族的全国性权力机构,因为萨米议会的组织程序决定了它较以往的萨米社会团体更能代表萨米人的利益,更能维护和促进萨米民族的发展。

瑞典萨米议会的建立是瑞典萨米人呼吁、斗争的结果。1983 年瑞典政府内阁迫于萨米人问题日益增多的压力,组成了一个有萨米人参加的委员会调查萨米事务。1989 年该委员会公布了其主题报告,认为萨米人仍没有获得与其作为土著少数民族相当的政治地位;建议颁布法律,建立普选的萨米议会,促进萨米文化和萨米组织的发展;建议修改《驯鹿业法》,加强驯鹿萨米人的法律地位。据此,瑞典议会于 1992 年宣布建立瑞典萨米议会,1993 年对《驯鹿业法》进行了部分修改,将萨米议会的建立列入议事日程。

在萨米党派、团体和萨米人选民资格登记并被确认之后,1993 年 5 月瑞典进行了萨米议会选举。此次选举登记选民共 5000 余人,投票选民共 3798 人,13 个政党中有 11 个政党获得议会的 31 个席位,其中最大的"瑞典萨米人全国联合会"共获得 7 个议席,选民不足 200 人的 3 个小党各获得 1 个议席,其余 7 个政党获 21 个议席。据萨米议会官员介绍,挪威共 3.5 万萨米人,但参与该国萨米议会的选民仅 5000 余人,占总人口的 14.3%,相比而言,瑞典萨米人参加议会选举投票的选民占总人口的 23%,这反映了瑞典萨米人对此项选举的重视.

萨米议会 4 年一届,普选产生。议会议员推选 1 名议长和 3 名副议长,组成议会主席团,其中议长必须上报瑞典政府批准。在休会期间,由 7 人组成的执行委员会执行大会决议,履行萨米议会的日常工作。由于欧洲联盟拨给瑞典萨米议会 1.5 亿克朗(1995—2000 年)用以支持瑞典萨米人经济和文化的发展,为此萨米议会成立了 5 人委员会管理这笔款项。瑞典萨米议会共 45 人,即 31 名议员和 14 名工作人员。议员中有 16 名驯鹿萨米人、15 名非驯鹿萨米人;工作人员中有 1 名瑞典人。

瑞典萨米议会的建立宗旨主要有 4 点,即:根据国际法原则发展萨米民族文化和经济;确认萨米人作为瑞典土著少数民族的法律地位;参与社会规划,维护萨米人对土地和水资源的特别权利;增进瑞典萨米人的民族认同和团结。根据萨米议会成立宗旨以及萨米法的规定,萨米议会具有 3 项基本权力,即:有权促进有活力的广义萨米文化(包括经济活动)的发展;有权提出有利于发展萨米文化的建议;作为公认的权力机构,有权自由决定行使职权、开展工作的方式。萨米议会的 3 项基本权力派生出萨米议会的 6 项具体职能:(1)分配资金。萨米议会掌管着政府资助、萨米基金及来自其他渠道的大量资金,用于帮助萨米人、萨米文化机构和萨米组织。合理分配资金,促进萨米文化发展便成为萨米议会的一项重要工作。(2)批准任命萨米学校理事会理事长。(3)指导与萨米语言有关的工作。(4)参与社会规划。(5)发布有关萨米事务的消息。(6)可以制定一个委员会执行议会的决定。

萨米议会成立以来,在瑞典萨米人政治、文化和经济生活中发挥了积极而重要的作用。但由于瑞典萨米人议会的宣传侧重于文化和经济两个方面,因此对政治的参与略显不足。例如萨米人对拉普兰地区土地和水源的拥有权等问题,远不能为经济和文化问题所包容。但不能否认,在促进萨米人语言、文化和驯鹿业经济发展方面,萨米议会做了许多工作,收到了较好的效果。例如在我们访问萨米议会时,议会议长等人去于首都与农业部协商受害驯鹿业赔偿金额问题,并从欧盟所给的援助金中划拨相当数量的资金用以增加对驯鹿死亡的补偿。萨米议会作为维护萨米人利益的代表,得到萨米村和驯鹿萨米人的普遍信任和广泛拥护。

(三)驯鹿业经济

1. 萨米村。萨米村是在传统"希达"的组织基础上建立的瑞典萨米人驯鹿业经营组织。一个萨米村往往内含着数个"希达",而每一个"希达"又由若干个家庭组成。萨米村规模大小不一,最大的萨米村有80户人家,最小的萨米村仅2户人家。

瑞典的驯鹿萨米村和萨米人分布在瑞典北部的拉普兰地区。其中,北博腾省(Norbotten)32村,西博腾省(Vasterbotten)7村,耶姆特兰省(Jamtland)12村,3省合计共51村。但如前所述,瑞典纯粹意义上的萨米村共43个。[①]

瑞典驯鹿业在经营体制方面的基本特征是驯鹿家庭私有和牧场及猎场、渔场萨米村所有。作为合作经济组织,萨米村依据《驯鹿业法》的有关规定,由村民大会选举的理事会管理萨米人日常事务,其职能主要有二:经济职能和社区服务职能。经济方面的职能主要包括分配牧场、猎场和渔场,组织驯鹿业生产,向每个家庭征收其应付费用,以及接受政府主要包括分配团体的赔偿、赠予的款项并用于驯鹿业生产和公益事业。在1971年之前,除了分配牧场这一承袭"希达"制度而来的职能外,并不具备组织驯鹿业生产的职能。驯鹿由单个家庭经营造成劳动力资源的极大浪费和生产效率的低下。为改变这种状况,瑞典政府于1971年颁布法令,要求萨米村在驯鹿私有的前提下实行驯鹿业生产的统一经营。驯鹿业合作经济的实施,不仅在一定程度上提高了劳动效率和效益,而且也有效地促进了驯鹿萨米人生产、生活的现代化进程。与萨米村的经济职能相比,萨米村的社区服务职能比较弱。此外,萨米村也以加入萨米人党派团体的方式积极参与萨米政治运动并发挥着相当重要的作用。

---

① 在过去有关萨米人的文献中,萨米村数量为44个。但据瑞典萨米议会主管经济的官员统计,瑞典纯萨米村共43个。

2. 驯鹿业。驯鹿业是瑞典萨米人的传统经济部门。历史上,以游牧的方式经营驯鹿曾是所有萨米人的共同生产方式,但随着拉普兰地区的开发,越来越多的萨米人自愿或被迫转向其他行业谋求生机。据瑞典萨米人议会提供的数字,现在瑞典从事驯鹿业的人有北博腾省550户、1600人,西博腾省60户、184人,耶姆特兰省90户、150人,3省共计700户、1034人,不足全国萨米总人口的12%。

为保护生态环境,瑞典政府有关部门规定萨米村饲养驯鹿数量的上限为28万头,这一指示由各省分解落实到萨米村,再由萨米村落实到家庭。由于最高饲养畜量的限制,大多年份中驯鹿数在22万—30万之间波动。1994年末瑞典存栏率共279176头,其中北博省最多,为163449头;西博腾省次之,为61270头;耶姆特兰省最少,为54450头,3省分别占驯鹿总数的58.55%、21.95%和19.50%。出售鹿肉是萨米人经济收入的主要来源。为满足生活需要,萨米人必须宰杀驯鹿,保持了较高的出栏率。1992/1993年、1993/1994年、1994/1995年三年中,分别宰杀驯鹿84099、98290和80094头,其中1994/1995年出栏率为28.69%,全部鹿群不到4年即可周转一次。

萨米人的牧场分为夏季牧场和冬季牧场,在这两个牧场之间作远距离的迁徙是萨米牧人的重要工作之一。一般情况下,为节省劳动力,萨米村通常将全村驯鹿混群放牧,只在冬季最寒冷或迁徙的时候,为更好地照顾鹿群而依"希达"或家庭分群放牧。

经过多年的发展,瑞典驯鹿萨米人的生产和生活都已具备相当的现代化水平。在驯鹿业生产中,机动雪橇、越野摩托车、直升飞机和通讯设备的普遍运用,有效地降低了劳动强度,提高了生产效率。在日常生活中,妇女儿童已不再随群放牧而实现了定居。但是,用瑞典全国平均水平来衡量,萨米驯鹿经济仍然是劳动强度最大的行业,而且经营驯鹿的收入也远远低于全国平均水平。如1995年驯鹿萨米人户均收入16万瑞典克朗,但维持一个家庭一般需要25万—30万瑞典克朗,因此萨米人必须在放牧驯鹿的同时兼营其他副业。

3. 其他行业。瑞典驯鹿萨米人在从事驯鹿业的同时,还从事诸如狩猎、捕鱼、制作手工艺品和接待旅游者等工作。渔猎权是萨米人的一项特权,在萨米人的生活中仍然具有十分重要的作用。据萨米议会官员介绍,一般的驯鹿萨米家庭每年猎驼鹿的收入约占家庭总收入的1/10。此外,在拉普兰地区的6000多个湖泊中,有1000多个仍可以捕鱼。具有鲜明萨米民族特色的手工艺品制作历史十分悠久,但在过去对萨米人而言,首先是它们的使用价值而非艺术价值。随着萨米地区旅游业的发展,观光者越来越多,萨米手工艺品,如鹿角刀、鹿皮制品、腰带、雕塑、绘画等受到广泛喜爱并身价倍增。旅游业也是萨米经济的新增长点。参观驯鹿营地,体验驯鹿业生产生活的乐趣,在人、动物、自然的融汇中感受萨米文化的底蕴,对于城市旅游者是颇具吸引力的。

(四) 萨米语言和教育

1. 萨米语言。历史上萨米语言曾遭受社会乃至政府的歧视。"萨米语是濒临消亡的语言""没有用的语言"等言论在瑞典曾一度十分流行。一位萨米母亲曾对他的孩子说:"在瑞典的主流社会中,你用萨米语甚至不能买到一块面包。"更有甚者,一些瑞典人甚至根本否认萨米语的存在,宣称瑞典只有两种语言,一种是瑞典语,一种是手势语。瑞典官方也曾对萨米语采取过不公正的措施,例如,直到20世纪50年代才正式取消在学校不准使用萨米语作为教学语言的规定。

社会对萨米语言的轻视和萨米人大量地脱离萨米语使用环境导致越来越多的萨米人失去自己的民族语言。其中,萨米人和瑞典人之间的通婚经常使年轻一代失去学习萨米语的机会。现在,萨米语在萨米村仍然是被广泛使用的语言,但双语甚至三语现象已十分普遍。所有居住在萨米村的萨米人不仅可以讲本民族语言的萨米语,而且不少人能熟练地运用瑞典语、英语或挪威、芬兰语。目前使用或可以讲萨米语的萨米人没有确切的统计数字,但大致与驯鹿萨米人的数量相同,大约在2000—3000人。

20世纪50年代以来,随着萨米人民族运动的高涨,以及政府和社会对萨米语重要性的重新认识,萨米人丢失自己民族语言的趋势正得到有效的遏制。萨米学校的母语教学以及萨米人社会地位的提高使学习萨米语的人数也有所增加。正如萨米女教授路易斯所说:失掉民族语言就意味着失掉思维,失掉民族。出于对这一观点的认同,许多萨米人知识分子为萨米语言的使用和发展进行着不懈的努力。

2. 萨米教育。早期萨米教育以家庭教育为其主要特征,儿童主要通过家庭学习与生产、生活有关的知识和技能。先后由教会和政府主管的萨米人的正规学校教育开始于 17 世纪,但都没有把传授萨米民族自己的文化作为主要目的。教会对萨米儿童施教的根本目的在于培养传教士,而政府早期萨米教育的宗旨是使萨米人更好地适应瑞典主流社会。他们共同的特征是对萨米文化的漠视和对瑞典文化的强调。20世纪 50 年代,瑞典政府开始重视萨米民族语言和文化特点在教学中的体现,萨米学校的创办,萨米教学语言的运用,对传播和发展萨米传统文化起到了一定的促进作用。

瑞典是一个高福利的国家,每个儿童都有接受九年制义务教育的权利,并由学校提供一顿午餐。九年制义务教育之后的高等专业学校和大学不仅全部免费,而且可以获得政府的一笔无偿资助和低息贷款。在这种教育体制支持下,萨米民族教育得到了很好的发展。目前,瑞典共有 6 所萨米小学,约 110 名学生,还有 1 所民间职业学校,共 50 名学生,以及两所幼儿园,办学经费由政府、社区和民间各承担 1/3。瑞典萨米小学学制 6 年,毕业后进入九年义务制普通中学。由于教学设备好,师资力量强(大学毕业后再学两年师范课程后可担任教师),每个学生受教育的时间相对较长,因此萨米小学毕业的学生比普通学校毕业的小学生更具有竞争力。至于萨米民间职业学校,主要招收完成九年制义务教育的萨米人和对萨米地区和萨米传统文化感兴趣的其他民族的学生。该校共 5 个专业,即驯鹿养殖专业、手工艺品制作专业、语文专业、翻译专业和生态环境专业。各专业由于情况不尽相同,学习时间也各不相同。其中只招收萨米学生的手工艺品制作专业学制为 2—3 年,学生在老师的指导下学习传统萨米手工艺品的制作,其余 4 个专业学制为 1 年。全校 50 名学生中,生态环境专业共 15 名学生,都是瑞典人。但是,这些瑞典青年或多或少与萨米人有一定的联系。如一位来自南方某省的青年,他的母亲就是萨米人。依照法律规定,萨米儿童有权在萨米学校和社区九年义务制学校之间任意做出选择。但是,不论上哪一类型的学校,萨米儿童都有权要求以母语教学。即便是萨米小学毕业后乃至九年制教育结束后进入更好一级的学校学习,如中学和大学,萨米人都有权要求开设以萨米语言讲授的历史文化课程,前提是学校具备这方面的师资。50 年代之前禁止在学校使用萨米语的法令已彻底废止而被现在的尊重和鼓励萨米人使用民族语言的权利政策所取代。在教育部颁布的教学大纲中,萨米学校的教学目标共有两个:一是掌握萨米人的文化遗产;二是掌握萨米语的听、说、读、写能力。[①]不仅如此,无论萨米学校还是萨米幼儿园都努力创造一种反映萨米传统生产、生活方式的氛围。我们在约克莫克参观过的萨米幼儿园儿童、萨米小学和萨米民间职业学校,无不陈设驯鹿萨米人过去以及现在仍在使用的器物:如森林中的帐篷和架在树上的仓库,驯鹿和各种狩猎对象模型,弓箭和猎枪、滑雪板,等等,形成一种强烈的萨米文化氛围,使学生在潜移默化中受到本民族传统文化的熏陶。

三、依法管理的萨米村与驯鹿业

驯鹿业是萨米人的传统生产行业,也是萨米文化的依托。萨米人饲养役使驯鹿的历史虽然可以追溯到 1000 年以前,但是驯鹿业作为萨米人典型经济生活的象征,则是在 16—17 世纪发展起来的。这一方面表明萨米人在长期的游猎、捕鱼和饲养驯鹿过程中,驯鹿业在萨米人的经济生活中占有越来越重要的地位。尤其是驯鹿在提供交通运输条件,满足食物、皮毛需要,商品交换使用等方面的稳定性,以及驯鹿作为财产的观念趋于成熟,这些因素都促进了驯鹿业的发展。另一方面,随着瑞典王庭对北方地区的殖民化过程,开发矿产资源、争夺土地水源对萨米人的生存环境产生了影响,渔猎业开始逐步萎缩,这也在一定程度上促进了萨米人对驯鹿业生产的依赖性。

驯鹿业的发展及其在萨米人社会生活中的重要地位,使瑞典政府也主要以驯鹿业作为制定有关法律和政策的对象。1886 年以来,瑞典

① The 1994 Curriculum for the Compulsory School System. 瑞典教育科学部,1994 年,第 18页。

政府对萨米人的政策主要体现在对驯鹿业进行规范的法律中。20 世纪以来,瑞典政府在原《驯鹿草场法》基础上,又颁布了一系列法令,如 1928 年颁布的关于驯鹿牧养的 309 号法令,1960 年颁布的关于驯鹿标记问题的 144 号法令等。1971 年,瑞典议会通过了《驯鹿业法》,1993 年 1 月 28 日瑞典议会对该法令进行修正后重新颁布,使《驯鹿业法》成为集中体现瑞典政府对萨米人政策的法律。

1993 年修订颁布的《驯鹿业法》共计 16 款 102 条,涉及方方面面,规定十分具体。该法开宗明义地规定:"具有萨米族血统的人根据本法规定使用土地和水源,牧养驯鹿和生活。"[①]这一法律定位对牧养驯鹿的权利做出严格的限定,即"驯鹿牧养权为萨米村村民所享有"。事实上,在 19 世纪末瑞典政府制定《驯鹿草场法》时,瑞典的萨米人即被区分为驯鹿萨米人和非驯鹿萨米人两部分。前者根据法律规定从事传统的驯鹿业生产;后者则因其没有驯鹿或不以驯鹿业为主而与瑞典人"一视同仁"。正像我们在考察中多次问及非驯鹿萨米人的情况时,得到的回答总是:"他们与瑞典人无异"。非驯鹿萨米人的"瑞典化",表现在他们除了没有从事驯鹿业生产的权利外,享有与瑞典公民一样的权利,但是享有这些权利的程度——如择业选择和就业层次等则另当别论。总之,《驯鹿业法》仅仅是针对驯鹿萨米人及其驯鹿业而制定的,非驯鹿萨米人不在此法律规范或保障之列。根据调查,瑞典从事驯鹿业生产的萨米人大约为 2500 人,只占瑞典萨米人总数的 15%。所以,该法的实施对象只是一个很小的驯鹿萨米人群体及其驯鹿业。

(一)萨米村及其管理

瑞典的驯鹿萨米人分别聚居于 43 个萨米村中,各村规模不一,大者 80 余户,小者仅 2 户,广泛分布于拉普兰地区。萨米村作为驯鹿萨米人聚居的行政单位,同时也是发展驯鹿业的组织形式。根据《驯鹿业法》的规定,驯鹿牧养由萨米村负责,萨米村依法为村民的共同最高利益对本村的驯鹿牧养事务进行管理,其义务是促进驯鹿业以最优经济效益的方式发展,并负责建造、维护和管理驯鹿业所需的设施。

---

① 本报告所引《驯鹿业法》,原文为瑞典文,由外交部高峰同志译为中文,下文不再逐一注明。

作为萨米村的成员,必须具有以下法定资格:一是在村属牧区内参加牧养驯鹿的萨米人;二是在村属牧区内参加驯鹿牧养,并以此为长期职业且尚未以其他工作为主要收入来源的萨米人;三是上述两种人的配偶或尚未离家的子女,或去世村民的遗孀和未成年的遗孤。需要指出的是,萨米村的村民有驯鹿牧养村民和一般村民之分,前者是指该家庭的其他成员,拥有驯鹿的他们按照《驯鹿法》的规定属于驯鹿牧养村民。这种区别在村民参与萨米村主管过程中体现为不同的权利。

根据《驯鹿业法》的规定,萨米村必须制定村属章程,该章程将规定村名、村理事会所在地、理事会成员和审计员的数量及任期、村年度财政、全体村民会议的次数和召开时间、本村基金设立的宗旨和划拨方式、有关驯鹿业生产的要求等。该章程必须经省政府登记、审核方能生效。根据萨米村章程的规定,萨米村设立理事会,理事会由村民大会选举产生,设主席 1 名、理事 1 名或几名。理事会依照《驯鹿业法》和萨米村章程领导本村牧区范围内的驯鹿业生产,组织、管理村民所需的公共劳动,保证村民的共同利益得到维护并使任何村民不受虐待、歧视,收取村民义务交纳的费用并处理村内的其他事务。在对外交往方面,理事会作为萨米村的代表与外界打交道,在法庭和政府机构面前充当萨米村利益的代表。由于萨米村的规模不一,人户很少的萨米村无法设立理事会,这类萨米村可根据萨米村民的要求由省政府派出 1 名督办代理该村事务,像理事一样代表该村村民,并根据省政府的有关规定向该村索取报酬。

理事会根据需要开会,依据多数票作出决定。在出现分歧意见且票数相等时,按理事会主席支持一方的意见作出决定。理事会每年要向村民大会提交年度财政管理报告,汇报理事会的工作和全村的经济情况。按《驯鹿业法》的规定要特别报告以下情况:该年度村属牧场中牧养驯鹿群的所有者及每人所拥有的驯鹿头数,当年驯鹿业生产中的劳动力开支,当年鹿群给别村造成损失所支付的赔偿费,当年所进行的投资和资金筹集方式,当年流入和流出本村基金的情况,借贷款情况,该年度本村的其他收支,村民用于驯鹿业生产交纳的预付款,每个驯鹿牧养村民为本村公益活动摊付的款项,等等。在向村民大会报告前,确切的规定是在村民大会召开前一个月,理事会需将报告送交审计师审查。萨米村设审计师1名或几名,由村民大会任命,专事对理事会的报告进行审查后提出审计报告,对理事会报告提出的批评必须有明确的理由和根据,并在此基础上对是否认可理事会报告作出特别判断。这项工作必须在村民大会召开前两周完成,将审计报告交理事会。

萨米村的村民通过村民大会参与萨米村事务的管理。按《驯鹿业法》的规定,每一个成年村民在选举理事会成员、审计师,批准理事会年度报告和修改萨米村章程有关内容时,都享有1票。但是,在其他问题上则只有驯鹿牧养村民才有投票权。同时,他拥有的驯鹿的有效头数每超过一个百位数即增加一份投票权。这就是驯鹿牧养村民与一般成年村民在参与萨米村管理中的权利区别。当然,以拥有驯鹿数量的多少牧养村民与一般成年村民享有投票权的多寡是有限度的。瑞典农业部对驯鹿业的发展实行规模总量控制,要求驯鹿规模保持在28万只以内。这种控制是通过省政府对萨米村和萨米村对村民拥有的驯鹿量加以最高限额的规定来实现的。《驯鹿业法》第15条规定:"省政府有权规定在村属牧场上所牧养的驯鹿的最高头数";第35条规定:"萨米村必要时可规定某村民所拥有的驯鹿最高限额"。这种必要性是以省政府对该驯鹿规模的最高限额为前提的,否则省政府可以对有关萨米村处以罚款并限令执行。由于对村民拥有驯鹿的数量有限制,所以在最高限额以外的驯鹿数量对于增加驯鹿牧养村民的附加投票权是没有意义的。尽管如此,在保持驯鹿总量控制的条件下,萨米村各户村民拥有的驯鹿数量差异很大,驯鹿牧养村民所享有的投票权也很不一样。为此,《驯鹿业法》规定:"任何人不能靠自己拥有,或通过代表他人(法律允许),行使大会总投票权1/5以上的权利。"村民大会通过各项决定均以投票方式进行,多数票的意见为最终决议,平票时靠抽签决定,投票人两边相等时则取决于大会主席支持的一方。在涉及修改萨米村章程时,所作出的决定要获得驯鹿牧养村民2/3以上票的支持才算有效;章程中有关内容的修改,如村名等,还需获得大多数成年村民的支持方能通过。在每年例行的村民大会之外,如果有 1/5 以上的成年村民提出书面要求,理事会需召开特别村民大会。

总之,萨米村的管理是很有特点的一种乡村民主管理方式。《驯鹿业法》在这方面的规定十分具体,甚至包括何时发出召开村民大会的通知,通知中要讲明开会的时间、地点和所要讨论的问题等细节。这些细致入微的规定是从驯鹿业迁徙游动的实际需要出发的,对于保障萨米村民的民主权利是必要的。

(二)驯鹿业及其管理

驯鹿业是萨米人的传统产业,也是驯鹿萨米人(即萨米村村民)最主要的生产行业,《驯鹿业法》第 9 条第 3 款明确规定:"萨米村不得从事驯鹿牧养以外的其他经济活动。"同时,作为萨米村村民的条件之一,即是以驯鹿业为长期职业且尚未以其他工作为主要收入来源的萨米人。这些规定,进一步强化了驯鹿萨米人对驯鹿业的依赖性。

《驯鹿业法》对驯鹿业的生产区域有具体的规定,分为全年牧养区和冬季牧养区(10 月 1 日至次年 4 月 30 日)。这些牧养区在各萨米村中进行分配,由省政府根据牧养区植被情况和其他条件加以划分。萨米村在本村的牧地范围内设立驯鹿业生产所需要的设施,如围栏、屠宰场、驯鹿看护亭、仓储设施等。在本村的牧场范围内,驯鹿迁徙不受路线和地段的限制;在本村牧场以外,驯鹿迁徙必须确定路线,通常为固定的路线,但是由于经济开发和环境变化,驯鹿牧人往往需要改变迁徙路线,这种改变必须以有利于驯鹿业不受损害同时不造成对沿途自然环境、土地利用、他村牧场和居民生活的不利影响为前提,必要时迁徙路线的改变要由省政府批准。在迁徙过程中,不允许将驯鹿留驻于非驯鹿牧养区域,避免在他村牧场经过拖延停驻时间。

瑞典政府对驯鹿业发展实行规模控制,除对萨米村驯鹿数量规定最高限额外,每年都要对萨米村的驯鹿进行实地统计。萨米村在确定驯鹿统计时间和地点后,通知省政府。省政府将委派人员参加统计工作,并有权进入鹿群所在地区或设施了解有关情况。统计结果将列入驯鹿统计表(其中包括该村牧场内牧养驯鹿的数量和驯鹿所有者及其拥有的驯鹿头数等),然后由村民大会确定驯鹿统计表并决定该表的纠错问题。统计工作所需费用由萨米村集体开支。如有驯鹿牧养村民提出纠正统计错误问题,省政府可根据村民提出存在错误的理由的可信程度,衡量进行一次特别统计的费用与纠正错误后对该村民带来的好处是否合理,决定是否进行特别统计。如进行特别统计,所需费用将根据省政府认为合适的比例在提出申请的村民和该村之间分摊。驯鹿统计工作一方面是出于规模总量控制的需要,另一方面也作为萨米村经营驯鹿业在政府有关部门进行企业登记的基础。同时,它也是萨米村驯鹿牧养村民根据拥有驯鹿数量来决定其参与村政管理的权利与义务的依据。

为驯鹿打耳记是驯鹿萨米人的传统,也是驯鹿私有的区分标识。萨米村每一个拥有驯鹿的村民,其所有驯鹿都打有独特的耳记标识。打个比方说,瑞典 2500 驯鹿萨米人经营驯鹿业,那么现行的驯鹿耳记应该有 2500 种。在"鹿湖"村的驯鹿营地,我们曾试图辨认驯鹿耳记的区别,但却茫然不知所"异"。只有在驯鹿牧人将他和妻子儿女各自所拥有的驯鹿耳记图形一一画出后,我们才发现其中的差别。驯鹿耳记是财产归属的标记,对于驯鹿牧人来说意义重大,所以牧人们识别耳记的能力极强,尤其是在将混群驯鹿加以区分时,他们能准确地辨识自家的驯鹿。财产的归属性和驯鹿管理的必要性,使驯鹿耳记也成为《驯鹿业法》中专门的条款规定。对驯鹿耳记进行登记注册,由驯鹿牧人提出书面申请,其中包括申请人姓名、法定居住点、作为驯鹿标记的村名、标记的图形拷贝等内容。驯鹿所有者只能有一种标记被登记,该标记必须符合下列条件:1. 明显区别于其他有效的并可能用于申请者的驯鹿群混养的驯鹿耳记;2. 图形使他人难以改制。符合上述条件的申请经省政府登记注册后即行生效。对于相同、相似,或稍做改动即完全相同的耳记图形,省政府在接到萨米村或驯鹿主人的申请后,可下令废止某个或几个驯鹿标记或作出修改。此外,由于分家、遗产分配、迁居等原因造成驯鹿易主或村籍变更,驯鹿耳记也需要变更或打上暂停标记以示区别,对此《驯鹿业法》均有详尽的规定。通常为新生幼鹿打耳记需在幼鹿出生年度内完成,经村理事会同意亦可延长到次年 4 月份之后。根据《驯鹿业法》的规定,给驯鹿打耳记由萨米村负责,驯鹿主人在向村理事会报告后也可自行实施。如在牧场内发现带有伪造、被毁坏、陌生的或图案不规则的标记的驯鹿,萨米村有权将其捕获、屠宰并出售,收入归村所有。此后两年内,驯鹿主人若有证据证明他对被处理的上述驯鹿拥有所有权,可以从萨米村索回扣除收养、屠宰、销售等费用后的剩余资金。

驯鹿私有、混群放牧是萨米村驯鹿业的基本特点。萨米村民在驯鹿业生产方面的投入除自行购置汽车、机动雪橇、越野摩托车和其他必要的生产工具以及饲料等外,还必须分摊萨米村组织管理村业生产所需要的公共费用。这方面的费用以预付和年终结算等方式收取,同时也包括驯鹿牧人及其家人为本村所付出的劳务价值折算。在费用分摊方面,要根据村民拥有的鹿群大小来决定份额。不再从事驯鹿业生产的村民对他停业后发生的开支不负责任。向村民收取费用必须提供账目单,讲清收费用途、交费时间、交纳数量等。

对萨米村的村际之间的关系,法律上没有特别的规定,各萨米村均为平等、独立的驯鹿业经济单位。但是,对驯鹿业生产过程中的某些问题,各村则有相互配合的义务。例如,村际之间驯鹿混群时,所在村对进入本村牧场的外村驯鹿必须尽快进行分离。分离的时间和地点应在分离前尽早通知该鹿群可能来自的萨米村,该村有义务派出分离并赶回这些驯鹿所需的人员。如果接到分群通知后,该村拒不派出人员,负责分群的萨米村有权将这些驯鹿宰杀并替所有者卖掉。驯鹿所有者有义务为此支付驯鹿管理、归还、宰杀和销售鹿肉所需的费用,除非此前另有村际之间的协议。

如果萨米村所属牧区内驯鹿生产工作管理混乱,省政府应萨米村民或某个权益依赖于该村者的要求,可责令该村理事会在一定时间内改进工作。如在规定时间内未能改进,省政府有权委任1名督办接管该村的驯鹿牧养管理工作,并监管该村的其他经济事务,督办有权按省政府的有关规定向该村索取酬金。

(三)有关生态环境保护方面的规定

萨米人所从事的驯鹿业生产对生态环境的依赖性很大,驯鹿主要靠自然采食生存,人工饲养只具有辅助意义。瑞典北部的矿产、森林和能源开发,对自然环境产生了重大的影响,对驯鹿业经济的发展也构成了威胁。同时,驯鹿业生产本身和萨米人的生产、生活所需,对自然条件的需求在生态环境趋于恶化的情势下也需要纳入环境保护的范围,在这方面《驯鹿业法》也作出了相应的规定。

对驯鹿业生产,主要通过对牧养区域的界定和对各萨米村牧场的划分加以规范,不允许在牧养区域外放养驯鹿。迁徙过程中驯鹿如在不允许放牧的地区停留,使该地区草场等环境受到损害或使该地区人们的生活受到骚扰,省政府可应当事人的请求,责令萨米村将驯鹿赶走,否则处以罚款。

对萨米村民生产、生活所需,主要通过有关采伐、捕鱼和狩猎的规定加以限制。在驯鹿萨米人的生产、生活中,对木材的需求量很大,如牧场围栏、住房、仓储设施、柴薪、生活器具和手工艺制作等,都需要大量木材。对此,法律作出了相应的规定。在拉普兰属地,驯鹿牧养区到1992年6月底仍属于国家,但后来被特别开放为牧地的耶姆特兰省和科帕尔里省的部分地区,萨米村的村民可以根据需要采伐木材,用于制造工艺品和柴薪,但是只能采伐枯树、被风刮倒的树、采伐后所剩余木、雄性松柏和个别生长在边沿地带的阔叶树木。在1992年6月底前属国家直接支配,或被划为公共森林的土地上的萨米村牧养区内,萨米村民用于建筑房屋和改建住房的木材采伐,只能按土地所有者的指示进行。上述采伐是免费的。如采伐与上述规定不符且所伐属正在成长的树木,则需按市场价格付费。在驯鹿饲料发生困难时,萨米村可在村属牧养区内采伐长有青苔的老树,首先是枯树或不再生长的树木。在部分地区,政府对不属于萨米村的村民,但从事较大规模手工艺制造业的萨米人颁发采伐木材的许可证。对萨米村民在捕捞、打猎方面的规定,前提是只限于满足个人或家庭生活所需,就是说不能以此为业用于经营。同时,出于动物保护的需要对出现在规定地区之外的萨米村牧场内的熊、狼、山猫、狼獾一类动物,只有在政府规定允许的情况下才能猎杀。

《驯鹿业法》在土地和水源转让方面也有规定。除对萨米村和萨米村民有关权益的保障外,如果转让的目的在于保护自然资源,如设立国家自然保护区之类,国家将因其土地、水源权利的转让而对驯鹿业发展的影响给予补偿;如果转让不是以保护自然资源为目的,如开发矿产、建造基础设施等,在没有特殊理由免收费用时,必须交付转让费。国家的补偿费和受转让方的转让费由萨米基金和受让影响的萨米村分享。

除上述 3 个方面的内容外,《驯鹿业法》还包括对主要代人养鹿、持有驯鹿牧养许可证的萨米人的权利与义务的规定,对驯鹿业生产过程中产生的责任、赔偿等问题的规定。如驯鹿群在禁止放牧的时间内对驯鹿牧养山区的农田、草场和果园造成危害,将根据损害情况由驯鹿所有者、有关萨米村进行赔偿。同样,驯鹿受到外界的伤害,驯鹿主人也有权要求赔偿。驯鹿在迁徙、留驻于合法牧场时,当地居民不得设障碍或纵狗骚扰,否则予以罚款。如当地居民未按规定将非牧用犬加以锁链控制或关闭在家而造成对鹿群的骚扰,驯鹿所有者或牧人有权将狗猎杀,同时要尽快向警察部门报告。萨米村的村民如对村民大会、理事会或省政府委派的督办人员所做的决定不服,有理由认为该决定违反了法律、法令、村章程或侵害了个人权利,可以向省政府提出控告;对省政府根据《驯鹿业法》有关条款所作决定不服的萨米村或村民,可向地区行政法院提出上诉;对国家农业部门的决定不满者,也可向政府提出上诉。

总之,从《驯鹿业法》方方面面的规定来看,驯鹿萨米人及其驯鹿业从牧养驯鹿业的资格、权利与义务,到驯鹿业生产的组织管理,都纳入了严格的法律保障和规范之内。而且该法律的制定和内容在很大程度上具有从驯鹿萨米人及其驯鹿业出发的特点,并以其内容具体、权利与义务划分清晰、责任与处罚规定明确而表现出实用性和可操作性等法律特点。该法的实施范围和对象虽然十分有限,但是在保障从事传统生产行业的少数民族群体的权益方面却有重要意义和实际成效。

四、现存问题与发展前景

瑞典的萨米人属于跻身于现代化发展行列的少数。就驯鹿萨米人这一少数中的少数群体而言,20世纪70年代以来的发展也是令人瞩目的。他们所从事的传统生产行业虽然仍属于自然经济范畴,但是生产形式、生产工具、生活方式的现代化特点十分显著。

拉普兰地区的开发,使这一地区的交通、能源、通讯等基础设施的现代化达到了相当高的水平,这对萨米村和驯鹿萨米人的生产、生活方式产生了重大影响。萨米村民居住在现代化的定居住宅中,汽车、机动雪橇、越野摩托、直升飞机等现代化交通工具的广泛使用,使驯鹿业游牧迁徙的艰辛程度大为降低,生产时效显著提高。驯鹿业的规范管理和驯鹿萨米人权益的法律保障,使这一传统生产行业作为瑞典经济社会中特殊的经济类型和驯鹿萨米人的主要收入来源得到了比较稳定的发展。驯鹿萨米人的生活方式、生活质量也达到了相当高的水准。

在瑞典国家高福利政策的保障下,萨米人的教育、医疗、就业条件不仅达到了全国的平均水平,而且在一些方面还得到了特殊的保障。如萨米语言的使用传承、萨米文化的继承和发扬,都纳入了国家有关法律、法令和政策的保障之下。特别是萨米语言正式纳入教育课程,以及瑞典政府遵循1992年11月5日在斯特拉斯堡签订的《欧洲地方性语言或少数民族语言宪章》的规定,使萨米语言的发展作为一种文化财富得到了社会的普遍尊重。此外,萨米民族的传统文化,也得到了现代化的发扬。在约克莫克的萨米博物馆中,具有萨米人传统居住形式特点的各展厅以大量的实物、丰富的图片、栩栩如生的标本并配以声像、视听的现代化手段,全面反映了萨米人的历史和现状。该博物馆不仅收集、保存了有关萨米人历史、文化、生产、生活等方面的实物资料,而且收集了大量有关萨米人研究的著作等文字资料,对宣传萨米人的历史和文化发挥了重要作用。萨米人的传统手工艺制作技术,不仅在萨米民间职业学校中作为专门的科系进行教授、传承,而且手工艺制品、绘画的创制已成为一些萨米人的职业。萨米手工艺制品和绘画艺术作为具有浓郁民族特色的旅游商品打入了市场,并得到萨米民间手工艺基金会在市场信息、商品流通和展销等方面的支持。

萨米人观念的现代化是其作为少数民族发展的重要标志之一。物质生活条件的现代化进程和现代传媒技术的影响,使拉普兰地区早已摆脱了观念封闭和地处边远的旧格局,驯鹿萨米人的经营观念、商品意识、价值取向也发生了根本性的变革。传统的驯鹿业生产、传统手工艺制品的商业化、驯鹿业生产营地旅游业的开展,使萨米人的现代化观念建立在发挥本民族文化特点的基础上,而不是简单接受某种现成的、既定的观念模式和行为方式。

毫无疑问,瑞典驯鹿萨米人的现代化发展与瑞典国家的现代化进程是直接相关的,它也反映了瑞典政府对萨米人的法律和政策的实施成效。同时,近些年来国际社会对土著少数民族权利的关注与重视,联合国有关组织和欧洲联盟对土著少数民族发展经济、文化的支持与资助,也为萨米人的现代化发展创造了条件。但是,就瑞典的萨米人来说,他们在现代化过程中仍然面临着一些难以克服的现实问题。这些问题对萨米人的发展前景又显现了不利的因素。

（一）土地与水源问题

对萨米人来说,从拉普兰地区进入殖民历史之始,土地和水源所有权问题就已经成为萨米人争取民族权利斗争的焦点。20世纪以来,瑞典政府对拉普兰地区的资源开发和各类基础设施的建设,征用、占用了大量的萨米人传统牧地和水源,使游牧迁徙的驯鹿业经济因地域的缩小和传统迁徙路线的改变而受到诸多不利影响。为此,萨米人进行了长期不懈的斗争。如前文所述延续了15年之久的耶姆特兰省牧地诉讼案,即是突出的一例。90年代以来,随着冷战后世界民族主义浪潮的影响和国际社会对土著少数民族权利的关注,北欧萨米人的民族意识和联合意识也显著增强,瑞典萨米人对土地和水源的权利要求,也部分得到满足,瑞典政府于1992年6月底在耶姆特兰省和科帕尔贝里省又特别开放一些区域作为驯鹿牧养区。尽管如此,萨米人社团、组织和驯鹿萨米人仍然把争取土地和水资源的所有权作为萨米民族权利斗争的主题。

（一）驯鹿业发展问题

驯鹿业对自然环境具有很强的依赖性,地域、水源、植被是驯鹿发展的基本条件。拉普兰地区的开发不仅使驯鹿业传统地域和水源使用范围缩小,而且它所引起的生态环境变化则对驯鹿业产生了更为深远的消极影响。我们在斯德哥尔摩访问自然地理研究所时,研究人员向我们展示了拉普兰地区植被恶化的图片资料,并指出那些日益扩大的斑斑裸露处难以再生植被。驯鹿主要以地衣植被的苔藓(又称石蕊、驯鹿苔)为食,这是一种北极圈覆盖面积较大的一种灌木状地衣,大都分株、直立,高可达 8 厘米,但生长极为缓慢,每年仅生长 3—5 毫米,所以驯鹿觅食后的地区苔藓地衣的恢复需要很长时间。这也决定了驯鹿业生产不断迁徙和对广阔地域需求的特点。但是,在驯鹿牧场大幅度减少的情况下,有限的牧场被过度使用,加之经济开发、滑雪、旅游业的发展,对地衣植被的破坏日益严重,并直接影响到驯鹿业经济的发展。无独有偶,祸不单行,1986 年苏联切尔诺贝利核电站的泄露事故殃及了拉普兰地区。带有放射性物质的云团飘过拉普兰上空时,雨雪将放射性尘埃带到地面,拉普兰苔原地衣饱吸了这些有毒的"甘露",驯鹿又毫不犹豫地吃下了这些被污染的苔藓,由植物、动物和人构成的食物链只剩最后一环面临毒害了。是年,当第一批驯鹿被宰杀之后,肉类检疫人员惊恐地发现:97%被宰杀的驯鹿,每公斤鹿肉所含放射性活度高达 1 万贝克勒尔,是安全量的 33 倍。这对充满收获希望的驯鹿萨米人无疑是毁灭性的打击。虽然这一惨重的损失最终由国家承担下来,但是核污染对驯鹿业的威胁却成为笼罩在驯鹿萨米人经济上的阴影。当时,科学家预测核污染的影响将持续 5 年。[①] 然而,10 年后的今天,我们了解到的情况是,这场危机并未过去,1993 年宰杀的 84099 头驯鹿,有 7895 头不合格,占 9.4%;1994 年的不合格率为 11.9%;1995 年不合格率为 3.2%。事实表明,一些科学家认为核污染的残存物铯 30 年后才会影响减半的见解并非危言耸听。除此之外,生态环境保护和动物保护对驯鹿业也产生了影响,自然保护区的划定减少了驯鹿业的牧场,对一些食肉类动物的禁猎保护使驯鹿的兽害问题凸显(每年损失约 7 万头)。政府对兽害进行的赔偿仍有较大差距。这些因素导致了萨米人驯鹿业发展的危机。

---

① 参见布赖恩·杰克曼:"拉普人最后驱赶畜群",《民族译丛》1987 年第 2 期,第 62 页。

（二）传统文化的传承问题

如前所述,驯鹿萨米人事实上是萨米民族文化的当代承载者与传承者。但是,他们的人数很少。萨米文化在很大意义上可以被称为"驯鹿文化",这是它建立在驯鹿业经济基础之上所决定的。由于瑞典以国家法律的形式确定了从事驯鹿业生产的萨米人资格,从而也导致了对萨米民族文化政策的局限性,萨米幼儿园、萨米小学、萨米民间职业学校的有关专业(如手工艺、语言等)只限于具有驯鹿业家庭背景的萨米人,而其他大多数、甚至绝大多数萨米人则与这种继承本民族传统文化的特殊权利无缘。当然,他们也没有资格从事驯鹿业生产和获得萨米村村民的地位。因此,虽然萨米学校的设施和教学条件优良,甚至超过了一般的瑞典学校,但是其生源很少,使民族语言和文化的传承活力难以形成群体规模。而且,即便是萨米村的村民,也并不都将子女送入萨米学校,他们也要考虑子女成年后的就业和进入主流社会的需要。如"鹿湖"村接待我们的萨米牧人,他的儿子在萨米学校学习,小女儿则在瑞典学校就读。这种状况不可避免地造成萨米传统文化传承、发扬后继乏人的危机。

（三）驯鹿萨米人经济收入问题

驯鹿萨米人主要靠驯鹿业生产获得收入,《驯鹿业法》对此有严格的规定:一是萨米村不得从事驯鹿牧养以外的其他经济活动;二是萨米村村民的条件之一为长期从事驯鹿业并尚未以其他工作获得主要收入者。这些规定一方面限制了企业家、投资者在驯鹿萨米人居住和牧养驯鹿地区兴办其他产业的可能,限制了非驯鹿萨米人加入驯鹿业生产或获得萨米村村民的利益要求;另一方面也限制了萨米村发展驯鹿业产品加工和搞多种经营的可能,限制了萨米村村民通过其他生产活动获得更高收入的愿望。当然,这种限制对保护驯鹿业经济的发展是有意义的,但未必是《驯鹿业法》要求萨米村"使驯鹿牧养以经济收益最好的方式进行"的最佳选择。尤其是在生态环境恶化、兽害问题突出、驯鹿规模总量控制、驯鹿肉市场价格受到俄罗斯等国驯鹿肉以低价打入等因素的制约下,瑞典驯鹿萨米人的经济收入势必减少。在这种情况下,渔猎收入又受到环境保护和动物保护以及仅以满足家庭生活所需的限制，传统手工艺制品的生产又受到专事此业的萨米家庭作坊质优价高、占有市场的挑战，萨米村村民的收入来源除去出售驯鹿业的原料性产品外，很难拓展。旅游业的发展虽然给萨米村带来新的财源，但是对萨米村及其村民来说并非能够普遍受惠，在离城市较近、交通便利的地方旅游光顾多些，且接待者要具备一定的能力（如会讲英语、有固定的参观点和必要的设施等）。据萨米议会有关人员的介绍，萨米村年产驯鹿肉 280 万公斤，收购价为每公斤 40 克朗。如按 2500 萨米村村民平均，人均收入为 54400 克朗，除掉 30％的税，实际收入为 38080 克朗（约合 4500 美元）。而一个驯鹿萨米人家庭每年需 3 万—4 万美元的收入，驯鹿业的收入只能满足这种需要的 60％左右，其他则需要家庭副业来补足。近些年来，由于各类机动设备的配置，驯鹿牧人家庭用于生活消耗的费用也明显增多，加之牧场自然条件的恶化，对人工饲料的需求加大，驯鹿业生产的成本逐步提高，这使驯鹿萨米人的经济收入呈下降之势。

从上述几个方面的问题可以看出，由于驯鹿业经济对自然环境的依赖性，在生态环境趋于恶化的形势下正面临着发展的困境，而且这种困境使发展需求与政策保障之间的矛盾日益突出，形成一种连环制约的状态。在政府扶助、国际社会支持、萨米民间团体的资助下，萨米村、萨米村民、驯鹿业、萨米文化和教育能够得到必要的经济扶持和补偿，但是现实问题与政策导向的关系又使我们对瑞典驯鹿萨米人的发展前景形成了以下几点看法：

首先，萨米人争取民族权利的斗争自 20 世纪 90 年代以来呈上升之势，这与当代世界民族问题凸显、土著民族运动高涨的大背景有关。具体来说，北欧萨米人在政治、经济、文化方面的联系加强，具有行使一定程度自治权利性质的萨米议会成为合法开展萨米人捍卫民族平等权利斗争的代表，北欧三国之间的萨米议会交流密切，俄罗斯萨米人也建立了自己的组织。萨米人的民族认同、自我意识显著增强。在拉普兰时，我们也听到萨米人"这里是拉普兰，不是瑞典"的说法，但是民族分离主义和北欧三国及俄罗斯萨米人联合起来建立萨米民族国家的极端情绪并没有市场。瑞典的民族关系是比较融洽的，更何况绝大部分萨米人已融入了瑞典的主流社会。但是,以驯鹿萨米人为主的有关土地、水源、民族文化等方面的权利斗争和要求仍会继续,不过主要是经济利益调节问题,不会形成政治性的民族问题,而且主要以和平方式和合法形式出现,正如萨米人自己所说:"我们是一个历史上就没有过军队的民族。"

其次,驯鹿业生产呈衰落之势。由于自然环境的恶化和驯鹿牧养区的萎缩,驯鹿规模总量受到限定。作为以出售驯鹿肉多少来决定经济效益的生产行业,其规模受到控制、产品类型单一、收购价格不变,就很难突破现有的收入水平。驯鹿萨米人出售的驯鹿肉为 40 克朗 1 公斤,而驯鹿肉上市后则以其等级、部位卖到 90—130 克朗 1 公斤。瑞典是高福利、高税收、高物价的国家,但是由于俄罗斯进口的驯鹿肉价格低廉,使驯鹿肉市场价格处于稳定状态。但是驯鹿萨米人生产资料的消耗和生产工具等劳动成本的投入却由于物价上升而增加。在这种情况下,提高驯鹿的出栏率也就意味着鹿群拥有量的减少和再生能力的下降。在驯鹿业收入必须是驯鹿萨米人主要收入来源的法律规定下,多宰杀驯鹿是实现主要收入(60%)的唯一选择。而其他收入如超过家庭收入的 50% 则有被取消萨米村村民资格的危险。在这种主、客观条件的制约下,驯鹿萨米人的驯鹿数量已经表现出逐年下降的趋势。据"鹿湖"村接待我们的驯鹿牧人介绍,前些年他家拥有 500 多头驯鹿,现在只有 350 头左右。

第三,驯鹿业经济的衰落趋向,使萨米民族文化的传承受到内在的影响。驯鹿业经济是萨米文化的物质基础,也是瑞典国家对萨米文化予以扶持的政策依托。萨米语主要通行在驯鹿萨米人群体之中,萨米语言和传统文化教育也是针对这一群体的。其优越的条件和严格的身份限定,不仅引起非驯鹿萨米人的不满,而且也引起一切从事萨米研究的学者的义愤,认为这是一种民族内部的不平等。对于驯鹿萨米人来说,法律规定了他们拥有牧养驯鹿的权利,在驯鹿业规模难以发展甚至萎缩的情况下,排拒非驯鹿萨米人加入萨米村的要求亦属必然,更何况萨米村村民还享有文化教育等方面的优越待遇。但是,这种利益格局的形成,在驯鹿业日渐衰落的条件下,又迫使驯鹿萨米人为求生计和更多的收入而另择他业,这又造成了驯鹿萨米人群体逐步分散、游离于萨米村之外的可能。这不仅将使萨米语言有限的活动载体日渐减少,而且将加剧教授、传承萨米语言和文化的学校的生源日少的危机。

上述问题的存在及政治、经济、文化发展的态势,使我们在客观地肯定瑞典政府对萨米人政策的成效的同时,也不得不对《驯鹿业法》和有关政策对萨米人经济、文化权利保障方面的制约性进行思考。《驯鹿业法》对萨米人与非驯鹿萨米人从事驯鹿业生产的资格限定,沿袭了将一个民族"分而治之"的历史传统,当然这也是驯鹿萨米人从群体利益出发维护现实权益的愿望。但是,在萨米人民族文化教育传承体系中将非驯鹿萨米人排除在外,又是令人难以理解的,尽管这种规定在一定程度上反映了驯鹿萨米人群体的利益要求和非驯鹿萨米人民族意识的淡化。无论如何,对驯鹿业经济、萨米文化的这种法律和政策保护,由于其实施对象的严格限定而产生了内在制约性。这种内在制约性或许并非制定法律和政策的初衷,而且将通过驯鹿萨米人的利益权衡和自主选择表现出来,但是这种自主选择的被迫性也是明显的。如果驯鹿业经济在上述存在问题和发展趋向影响下萎缩、削弱下去,萨米村的村民将不得不做出从事其他行业的选择,融入瑞典的主流社会而成为"与瑞典人无异"的非驯鹿萨米人,由此而产生的后果是驯鹿萨米人群体的溶散、萨米学校及其民族教育特点的消失、萨米语言传承的失落。只有商品化的萨米手工艺品以其构思巧妙、雕琢细腻、编织精密、镶嵌美观和色彩自然等特点,成为象征萨米人民族文化的存在而保持活力。假如瑞典的驯鹿萨米人在现代化发展的进程中由于主、客观的制约因素而逐步失去驯鹿业经济基础的依托,那么有关土地、水源的要求和萨米人民族运动以及语言文化权利的需要也就成为无源之水、无本之木了。这对于瑞典国家的社会整合与淡化、消除民族异质性的需要来说,无疑是一种加快了的自然过程。而这种加快,恰恰反映出瑞典对驯鹿萨米人的法律和政策所产生的潜在效果。

（郝时远、张世和、纳日碧力格,《世界民族》1996 年第 4 期）

6. 以养鹿为生的萨阿米人在瑞典的地位

从种族角度来说,萨阿米人(即拉普人)是一个特殊的民族。在瑞典居住的一万左右的萨阿米人中,约有三千人从事驯鹿,长期以来这是他们主要的谋生手段。不能把养鹿单纯看成是一种职业,因为它在很大程度上主宰着萨阿米人其他方面的文明:他们大多数主要的文明特点完全或部分地受着养鹿业的影响,在语言上、生活方式上和物质条件方面都是这样,然而养鹿业正受着威胁。

有一种理论认为十三世纪后期最早把萨阿米人归属瑞典的是马格努斯·拉都劳斯国王。根据国王的意旨,瑞典当局采取了干预萨阿米人生活的最初措施,即向比卡尔发布指令并授予他们特权。比卡尔主要是那些同萨阿米人进行贸易的商人,但是他们也享有向萨阿米人征税的特权。另外,因为他们有权独立控制萨阿米人,所以他们不久就建立了一个直接隶属于国王的税收机构。在此基础上比卡尔又把拉普人居住的地方划分为三个区。每个区都有一个税收官,由该区最富有的比卡尔担任。在中世纪,图尔耐、吕勒和皮特三个拉普区各设征税官一名。萨阿米人向比卡尔纳税直到 1554 年。在国王古斯塔夫·瓦萨采取措施后,比卡尔的统治才告结束。但是比卡尔并没有消失,而是在萨阿米人中间经商直至 17 世纪。

古斯塔夫·瓦萨向拉普人居住区派去的执行官最初的任务也像比卡尔一样,是向萨阿米人征税,但是他们也以国王的名义负责执政管理,因此萨阿米人一直称他们是"国王的奥尔玛依(国王的人)"。起初,那些被派去的执行官既是萨阿米人的法官,也是唯一的行政管理人员,但是早在卡尔九世执政时期,这种制度就已发展成了比较大的行政管理机构。

拉普人居住区最早的教堂也是在卡尔九世执政时期出现的,这样拉普人居住区就分成许多教区,萨阿米人过去的村庄就受教区管辖。以豫卡斯耶维教区为例,那里的教堂是 1603 年建成的,在此之前,它南边的席格瓦拉村和北边的蒂格瓦拉村各有一个执事。

直到那时,萨阿米人在法律上的地位还是比较好的,例如萨阿米人可以在执行官手下当执事,在法庭上他们总是以陪审员的身份出现。然而从 17 世纪中期起他们的地位就下降了。当时一方面由于官方鼓励向北部萨阿米人地区移民,所以开始了瑞典人向拉普区最初的移民运动。萨阿米人和新迁移去的瑞典人之间发生了竞争,这种竞争在 18 世纪日趋尖锐,而到了 19 世纪这两个民族的矛盾达到顶点,并转化为公开冲突。

派瑞典人管理拉普人的制度在 18 世纪末废除,直到 1886 年制定养鹿法时才重新恢复。新型管理机构的建立主要是为了缓和两个民族之间的矛盾。在养鹿法的基础上又为现代的拉普村体制制定了新的方针。这样,每个村庄从行政管理上是一个单位,从地理划分上有固定的边界也是一个单位。新的方针还包括有关不同季节游牧的规定以及其他一些与养鹿有关的条文。这个第一次制定的养鹿法 1898 年又加以修正,1928 年又制定了现行的养鹿法。应当指出的是,为了制定一个更切合现实的养鹿法,1964 年又成立了一个新的调查机构。

1966 年 1 月 24 日议会首席行政监督官提供了一份关于萨阿米人法律地位的报告,明确指出了修正养鹿法应当包含的内容。首先指出,当局在制定影响到养鹿事业的工程计划的初期阶段,理所当然地要听取萨阿米人对有关问题的看法,而且这些看法在萨阿米人中间确实有代表性。以前在对开发工程进行调查时,萨阿米人往往被忽视,而在动工以后才去听取他们的意见。但是,那样做没有多少意义,因为既成事实,已经无法改变。

按照惯例,以养鹿为生的萨阿米人应当享受一些特殊权利。这些权利在养鹿法中已部分地加以阐述。

然而,为了更好地维护这些权利,则需要成立一个更有效的组织。因此人们建议把目前拉普事务局的组织任务分成两部分。这就是说瑞典全国联合会领导的萨阿米人村庄要对萨阿米人的利益负责并从法律上维护他们的权利,一般的行政管理事务和未来的土地使用权出让问题由省政府处理。这样萨阿米人的要求就比较有保证,真正得到重视,但以前却不是这样，因为以前没有一个这方面的有力机构。

议会首席行政监督官还进一步指出了明确物质方面一些规定和实行办法的必要，这样在解决高山地区发生的利害冲突时就有了标准。这个问题极为重要，因为萨阿米人是否能作为一个特殊的民族存在，在很大程度上要取决于这一点。

最后，议会首席行政监督官还涉及了经济赔偿的分配问题。到目前为止，进行开发时的经济赔偿都作为拉普基金。拉普基金对整个养鹿事业是有益的，但有关鹿群占有者却没有得到应有的经济赔偿。另外，萨阿米人自己的机构应当有支配拉普基金的权利，到目前为止，基金完全是由农业部国家官员管理的。

以上的情况说明修改养鹿法是多么必要。从他的结论里也看出议会首席行政监督官意识到了法律的制定和文明的关系。

长时间以来，这个少数民族越来越受排挤，而他们的生计也受到社会发展的威胁，因此在制定法律时要给他们武器，让他们维护自古以来属于萨阿米人并在法律上得到保证的权利。这样，如果可能的话，就可以把以养鹿为生的萨阿米人代表的文明保留下来。

瑞典的拉普人居住区分为 44 个村庄，这里不包括卡里特斯地区的"准许养鹿区"。44 个村中有 34 个村是高山养鹿，10 个村从事森林养鹿。这些村庄各自为一个行政单位，每个村的放牧区都有自己的范围。这些村庄坐落的形式一般都是狭长的，为西北—东南走向。村庄大小差别很大。诺尔保登地区辽阔广大，而拉普人居住的南部地区，特别是海尔叶达伦和达拉那的最北部则由比较小的单位组成。

国家管理机构分为五个管区，包括诺尔保登北区、南区和林区萨阿米人居住区，它们的管理机构均设在吕勒欧；另外还有管理机构在乌默奥的维斯特保登区和管理机构在厄斯特松德的耶木特兰区。每个管区的顾问（执行官）以下设训育员监督官二至三人，每人一般管辖三个村庄。训育员通常住在萨阿米人住地附近越冬的村庄里，主要是作为顾问的联络人。

这种行政管理机构，在地方上的最高机关是省政府，为上面的国家机构负责拉普人的政治事务。上面的国家机构系指农业部及其下属机关,主要是农业管理局。国家财产管理局是维护萨阿米人共同权利的一个机构。但是,因为财产管理局和国家是同样的机构,就经常出现这样的情况:在涉及萨阿米人水土权的案件时,国家既是起诉者又是答复者。

然而,为了彻底搞清萨阿米人在瑞典社会中的地位,在简略介绍国家方面组织机构的同时,还要补充说明一下萨阿米村庄内部的组织情况。

萨阿米村庄是由居住在当地的所有家庭组成。每个家庭的户主每六年选举一次村长。但是村长选出后要得到省政府的承认,因为村长不但在本村内是深孚众望的人,而且也是拉普事务局在这个村里的代表。换句话说,村长必须同时为双方效劳,既要忠于信任和推选他的选民,又要尽到省政府赋予他的责任。很明显,这种忠于双方的困境使村长在工作中无法有效地发挥为萨阿米村服务的才能。萨阿米村每三个户主还要推选一名代表组成委员会,由村长担任主席。这个代表机构是本村的最高权力机构,也是与外界机构联系时的代言人。

由萨阿米人发起,所有萨阿米村于 1950 年共同成立了瑞典全国萨阿米人联合会(SSR)。全国联合会作为一个机构,最主要的作用是制造舆论,最重要的活动是每年召开一次全国性会议。会议在冬季举行,会期为三天,在拉普人中心居住区轮流举行。会议期间全国各萨阿米村庄和各萨阿米人协会均派代表参加。这种全国性会议是一种议会式会议,通过表决对瑞典全国萨阿米人联合会在全国萨阿米人事务方面的活动作出决定。对国家方面来说,它作为一个压力集团其效力与日俱增,特别是从 1962 年联合会有了一个法律代表以来更是如此。各次全国会议详细阐述的决议,共同构成一个广泛的萨阿米政治纲领。第一次全国性会议是在 1918 年召开的。不是以养鹿为生的萨阿米人也通过他们的 13 个萨阿米人协会成了瑞典全国萨阿米人联合会的成员。

要真正了解养鹿为生的萨阿米人在瑞典的地位,必须考虑上面介绍的组织系统所包括的国家方面的拉普事务管理局和政府机构、萨阿米方面的萨阿米村和瑞典全国萨阿米人联合会这四个组成部分。

在地方上,萨阿米村和拉普事务管理局之间的联系主要是通过村里举行的年会;在年会上村民们集中在一起,由顾问担任主席,训育员担任记录,进行协商。会议所处理的事务主要是检查对养鹿头数登记情况、查阅账目、对鹿身上新的标记进行登记以及土地出让等。土地出让问题特别重要,这是关系到是否有权在耕作线以外地区进行狩猎、捕鱼和建筑的问题;根据养鹿法第五十六条,只有在不意味着"对拉普人进行障碍性侵入"的情况下才能批准。尽管这样的事务和萨阿米人的生计息息相关,但他们却没有否决权。使人伤心的是这种制度并不总是令人满意的,许多这类事情都是在萨阿米人一无所知的情况下由省政府处理的。

封建思想残余的表现形式之一是,在一个地区居住的鹿群所有者,不能聚集在一起讨论他们自己选出的主席领导下处理的地方内部政治事务。因此,瑞典全国萨阿米人联合会最近的纲领之一,是主张萨阿米村要有自决权。这个问题极为重要,它是瑞典全国萨阿米人联合会提出的对整个养鹿事业管理的组织形式进行改革,让萨阿米人将来对自己的事务有更大影响这一建议的一个组成部分。在瑞典全国萨阿米人联合会内还努力对新的养鹿法施加影响,这实际上是非常困难的。

这篇文章的目的是使人对以养鹿为生的萨阿米人在瑞典的地位有所了解。作者本人的看法是,主要方面是社会利益和萨阿米人利益之间的关系,而对这种关系所产生的问题从多方面进行阐述,被认为是描写萨阿米人现实情况的正确方式。从列举的例子中大概可以清楚地看到,萨阿米人主要的谋生手段在很大程度上受着威胁,而且发展非常迅速。如果萨阿米人不完全失去作为一个特殊民族继续生存的可能,萨阿米社会究竟还能承担多少损失。自从瑞典全国萨阿米人联合会成立以来,萨阿米人的利益比以前得到了重视,但是距离萨阿米人作为一个特殊民族有保障地继续存在还相差很远。瑞典政府负有重大责任,国家必须比以前更多地考虑萨阿米人的利益。保留萨阿米人和萨阿米文化是巨大的社会利益,不能因为缺乏远见而付诸东流。

(杨永范摘译自《瑞典少数民族》,《民族译丛》1980 年第 5 期)

7. 一个变化中的民族——伊恩·惠特克谈萨阿米人

萨阿米人也称拉普人,现在更通行的叫法是萨阿米人。其人口总数在 3.8 万—4 万之间,主要分布在斯堪的纳维亚半岛的瑞典、挪威和芬兰三国,俄罗斯也有一部分萨阿米人居住。萨阿米人的人口一直处于自然增长的趋势。

人们都承认拉普人的血统。在瑞典的登记制度下,登记非常容易,一般来说是尊重本人意愿的。对现代的年轻人来讲,他们还是希望保持自己的血统,因为萨阿米人在教育上可得到一定的特殊照顾。还有一种情况:有些人离开萨阿米人的本土很远,但是他们还是登记为萨阿米人。

萨阿米人有 7 种方言。萨阿米语属乌拉尔语系芬语族,和瑞典语、挪威语完全不同。但芬兰人一般不懂拉普人的话。有一种方言作为萨阿米人的标准语。萨阿米人的文字是统一的,采用的拉丁字母和英文的拉丁字母差不多,只是个别的字标上个语音,除此之外,书写方法是一样的。现在,它的比较统一的方言是三国交界处的方言。少数萨阿米人使用大民族语言,他们在国会里讲国语,而不讲萨阿米语。

大概在 1962 年时,萨阿米人可以到主体民族的学校去上学。一些萨阿米人把自己的孩子送到主体民族的学校去学习,以便使他们能介入广泛的社会竞争。

萨阿米人生活中最重要的内容是饲养驯鹿,从而构成了以驯鹿文化为主的生活方式。萨阿米人的传统宗教有多种观念(如萨满教仪式和熊崇拜)。17 世纪以后,萨阿米人全部皈依了基督教新教中的路德宗以及克拉半岛上的东正教。今天,那些古老宗教只剩下一些残余,人们能从他们在基督教礼拜时的那种狂热举动中看到古老的萨满教的影子。

萨阿米人属于欧罗巴人种,其特征是身材矮小,头短,脸膛扁平带有突出的颌骨,皮肤呈浅色,眼睛呈灰色,有黑色成缕的头发。他们被看作是因生活条件艰苦而形成的欧罗巴人种的特殊类型。

拉普人有 2000 多年的历史。1000 年以前,拉普人还过着宁静的生活,后来 500 年间皮毛商到了那里,他们收购毛皮,据说他们也收税,实际上是纳贡。15、16 世纪左右,瑞典的势力逐渐扩张,同时也向北扩张。大概在 16 世纪,瑞典人扩张到北部地区。1670 年,瑞典王下令对北部进行勘查,同时鼓励基督教士去传教。这些早期有文化的教士中有一位瑞典人收集了一些档案并汇集成书出版。从此有关拉普人的记载越来越多。

在通过移民和传教等向萨阿米渗透的同时,三国政府还通过一些不平等法律限制萨阿米人的生活和经济活动。自 17 世纪中叶起,萨阿米人的地位走向恶化。后来 200 年间发生过多次纠纷。很多萨阿米姑娘与白人通婚。相反,白人妇女嫁给萨阿米男人的却很少。

1850 年发生了一个重大变化。萨阿米人酗酒严重,当时一位传教士搞文化复兴运动,劝萨阿米人戒酒。这个运动一直延续到今天,对人们并没有什么了不起的实际效果,只是对那些接受他们教义的人有些约束力和用处。

第二次大的变动是在 20 世纪初,新铁路在北边横跨瑞典,用于运输铁矿石。有些铁矿是在萨阿米地区,1920 年,政府给萨阿米人一些资金补偿。

1754 年,瑞典与萨阿米人有一协议:允许他们跨越山区到其他国家去活动,这个协议是起作用的。19 世纪 80 年代,三国之间的边界线变得严格起来,从那时开始,时常发生边界冲突。之后,瑞典人也作出规定,不让萨阿米人跨越边境。

下一次的变化是在 1920—1930 年之间。北部的铁路也修好了。第二次世界大战时,芬兰和瑞典被占领,影响了萨阿米人,因为根据季节变化,驯鹿要进入德国占领区。当时,瑞典人不愿意到动乱地区去,由于战争影响,驯鹿方式有所改变,一年中放牧时间长了一点。

战后重建又是一个变化。1945—1960 年,在挪威和芬兰是重建年代,特别是在芬兰的萨阿米人,由于原来属于芬兰的领土划入苏联,萨阿米人可以自己决定自己的国籍。80%—90% 的人选择了芬兰国籍。

这样,他们返回芬兰找个地方驯鹿,原来的居民就得让出地盘给他们。这时萨阿米人迁到芬兰北部,驯鹿方式也发生了变化。

关于现代拉普人的情况。到目前为止,萨阿米人在文字拼写方面还有困难。随着广播和电视在萨阿米地区的出现,地方电台用萨米语进行广播,这对萨阿米文化的复兴起了一定的作用。

现代萨阿米人还在以下两方面发生了变化。一是在驯鹿的管理方面,突出的变化是驯鹿人之间进行合作,促进合作的主要原因是不少年轻人离开了本土,到外地去工作,造成牧民人手短缺。他们还引进了现代化的设备,其中很突出的是他们用步话机管理牧群,甚至租用飞机驱拢动物。另外,他们还使用履带式雪车。现在瑞典每个萨阿米人家庭有三辆雪车,这种自动雪车在冬天很有用处,它可以使驯鹿走得更远。50年代,萨阿米人住在帐篷里,冬天使用鹿拉雪橇,夏天用驯鹿驮东西。1975年我再去看萨米人时,正是自动滑雪车被引进的时候。我发现每家萨阿米人至少有两栋房子,供他们沿着驯鹿路线在不同季节居住。每个萨阿米人家庭都有彩色电视机,不少人家有"奔驰"牌轿车,许多萨阿米人都很富裕。

另外就是政治上的变化。70年代以后,他们成为应该注意的政治力量。10年前,芬兰成立了萨阿米人委员会,虽然没有明显权力,但在商谈萨阿米人事务方面,这是一个重要讲坛。萨阿米人得到了绿色和平组织的支持。现在可以突出地看到,拉普人的政治已被外界人改造。

萨阿米人现在有两位大学教授。他们有自己的、能力很强的支持者和赞助者。

有一点要加以补充。萨阿米人还有这种情况:他们根据自己的生计来认识自己,比如他们说自己是打鱼的萨阿米人、养鹿的萨阿米人,或者是其他的萨阿米人。上一次我去的时候,有人告诉我一个新词——文化萨阿米人。这些人都是在电视台当广播员,从事高级职业,不饲养驯鹿,和普通人不一样。从这里可以看出萨阿米人的进步。但是,他们和其他人之间仍有差别,其他人甚至给他们一些贬称,看不起他们,不把他们看成自己人。

萨阿米人接受了这样的事实:由于牧场越来越小,他们不一定只从事驯鹿工作,大约只有 10％的人从事畜牧,个别地方目前还有 60％和 70％的人从事驯鹿工作。这样,他们对"异己"萨阿米人的抵触情绪不像印第安人那么强烈。

(刘兴武口译,周旭芳整理,《民族译丛》1988 年第 2 期)

8. 日本的阿伊努人①

阿伊努人是日本最古老的居民,也是日本除大和民族以外主要的一个少数民族。据说他们原来居住在日本各地,是当时最早的土著,后来才被逐聚居日本的北部。我国《新唐书·日本传》记载了日本派往唐朝的使节的话,说:"又妄夸其国都方数千里,南西尽海,东北限大山,山外即毛人。"这里的"毛人",即指阿伊努人,可见至晚到我国的唐代(公元八九世纪)阿伊努人已聚居于日本的东北部。清末黄遵宪《日本杂事诗》有一首云:"聚云挥剑日挥戈,屡逐虾夷奏凯歌,西讨东征今北伐,古来土著既无多。"指的就是阿伊努人(虾夷)被征讨追逐,造成"古来土著既无多"的状况。

大约在一百多年以前,阿伊努人还遍布日本最北部的北海道,但从明治二年(1869 年)七月日本天皇设"开拓团"开拓北海道以来,在这块"国内的殖民地"上,经过一百年时间的"开拓""拓殖"和"总合开发",已经使这个 78000 平方公里的广阔岛屿上的阿伊努人人数缩减,而且逐渐局限居住在若干个居民点里。

关于阿伊努人的历史以及过去的语言、经济、文化、风俗习惯等,前人已有不少调查报告和著作,叙述比较详尽。1983 年 8 月,我们在东京大学的著名文化人类学家中根千枝教授的安排下,到北海道去调查访问了一次阿伊努人。在北海道,承北海道乌达利协会的负责人贝澯

---

① 本文系作者 1983 年 8 月担任东京大学东洋文化研究所研究员期间,与索文清同志一道,在北海道乌达利协会副理事长陪同下,根据在北海道实地调查的情况写成的。

正先生的陪同,我们对北海道几个阿伊努人的主要居住点,诸如室兰市的白老、日高的平取、旭川的近文,以及阿伊寒等部落进行了访问,本文就是在这次调查的基础上,介绍一下日本阿伊努人最近的情况。为了对比和加深了解,必要时也涉及一点他们的历史。

一、阿伊努,在阿伊努语里,是"人"和"好汉"的意思。不过因为阿伊努人过去长期处于被歧视的地位,所以"阿伊努"这一称呼在日语里有时又被带上一些被歧视的色彩。因此北海道的阿伊努人又自称为"乌达利"即"同志"和"伙伴"的意思。北海道阿伊努人的组织"北海道乌达利协会",原来称作"北海道阿伊努协会",从 1961 年 4 月改称现在的名称。

日本的阿伊努人对我国怀有深厚的感情。从 1974 年以来,他们曾受中日友好协会的邀请,四次组织访问团访问中国。每次访问归来,团员们都写有感想,印成书本,广泛地介绍中国和自己在旅行中的感受。这次陪同我们的贝泼正先生,就是第一次访华团的团长。曾先后到过北京、上海、内蒙古的锡林浩特和广州等地。在北京时,曾受到廖承志同志的接见,给他们留下既深刻而又亲切的印象。在接待我们以后,贝泼正先生又在 1983 年 11 月率领阿伊努人访华团第四次访问了中国。正因为这个原因,所以我们每到一个阿伊努人聚居地,贝泼正先生总设法通知访问过中国的阿伊努人前来会见,共同畅叙中日人民的友情,并相互了解少数民族的情况。

日本学界认为,阿伊努人是日本的最早居住者,贝泼正先生告诉我们一个民间传说,说阿伊努人所崇奉的火种是一位叫做"富士"的女神,而日本著名的处于休止状态的火山"富士山",就是阿伊努人祖先过去崇拜的火神之山,所以,"富士山"的名称就由此而来。在北海道访问期间,不少人告诉我们,那里的很多地名都是阿伊努语的遗留。如北海道的首府,以雪景著名的"札幌",日语读作"萨波罗",原来也是阿伊努语,意即"沼泽"的意思。关于这一方面,日本的学者永田正氏写有《北海道虾夷语地名解》、国学院大学教授金田一京助氏写有《北海道的地名》等著作,都从地名上论证了阿伊努人过去遍布日本北部和北海道的情形。

我们在北海道的白老町访问时,从白老町的"民族文化传承保存财团"所属的阿伊努史料馆中看到一册珍藏的新井白石著的《虾夷志》手抄本,读到有一个叫源君美的人在享保庚子正月(1720年)用汉文写的序言,讲了一点古代阿伊努人的情况。序曰:"虾夷一名毛人,古北倭也(原注:北倭出《山海经》)。汉光和中,鲜卑檀石槐闻倭善网捕,东击倭人国,得千余家,徒置秦水上,令捕鱼以助粮食。鲜卑,东胡种,即令鞑靼东北地也。所谓倭人,即北倭也。夷俗善沉没捕鱼,于今亦然矣。夷多种落,目渡岛虾夷,其在东北海中者,曰东虾夷。其徒居于内地者,北谓越国,东谓陆奥国,曰鳄田(原注:一作饱田,今作秋田),曰津川(原注:一作津轻,又作都加留),皆东北之别也。宋书曰毛人五十五国。唐书曰倭国东北即大山,其外即毛人,总言其内外种落也。夷种分居内地,其始不可得详。"这里介绍了古代虾夷人有不同"种落",且在各地移住的情况。阿伊努人毛发比较发达,因此有毛人之称。我们在阿伊寒部落访问时,见到有人还存在这种状况。

日本现在到底有多少阿伊努人?这是一个很难回答的问题。因为日本政府的户籍调查中没有这一个项目,所以不可能从官方得到一个准确的数字。这次访问中,我们得到北海道政府民生部在1997年关于"乌达利"的调查资料。根据北海道各地阿伊努人自报的材料统计,1979年10月1日全北海道有阿伊努人6714户,24160人。①

地区	户数	人口	占北海道阿伊努人的%
石狩	410	1408	5.8
渡岛	92	383	1.6
桧山	25	111	0.5
俊志	29	90	0.4
上川	135	385	1.6
宗古	36	115	0.5
网走	56	191	0.8

① 据北海道政府民生部昭和54年《北海道生活实态调查报告》第3页。

地区	户数	人口	占北海道阿伊努人的%
胆振	1681	6499	26.9
日高	3306	11558	47.8
十腾	269	873	3.6
剑路	500	1817	7.5
根室	175	730	3.0

　　但是据"北海道乌达利协会"的负责人介绍,在上述这个统计数字中,因有一部分与大和民族结婚的阿伊努人及其后代没有申报阿伊努的民族成分,因此有相当一部分人没有统计在内。如果加上这一部分人,则北海道的阿伊努人大约有五六万人。再加上住在日本其他地区的阿伊努人,总数还可能更多一点。但现在日本的总人口已超过一亿二千万人,所以阿伊努人在日本总人口中所占比例是很少的,约占总人口的 0.5‰左右。因此,他们的生活与命运如果不受到高度的重视,会有很快被淹没的危险。

　　在一百多年以前,北海道初设开拓使的时候,北海道总人口才58000(明治二年,1869 年),其中主要的显然是阿伊努人。但是此后,随着大和民族的移民激增,到昭和五十四年(1979 年)时已有 1838284户,5567573 人。即在 110 年内,北海道总人口增加了 95 倍以上。而这里的阿伊努人口,如以 1869 年统计占 80%计算,即约 46000 人为基点的话,到了昭和十六年(1941 年)进行所谓"旧土人调查"时,只剩下15900 余人,只是北海道开始"开拓"时的三分之一。当然,其中也包括有不少人因受歧视的原因隐瞒了自己的民族成分。这种情况延续了很长时间,到昭和四十七年(1972 年)7 月北海道政府的乌达利实态调查时,也仍然只有 4458 户,18303 人。因此前引的昭和五十四年(1979年)调查的 6714 户,24160 人,可以说是近四十年来人口较多的一次统计,它也反映出近年来阿伊努人的觉醒和对阿伊努人权利重视。

　　二、在历史上,阿伊努人从事渔猎业。正如北海道乌达利协会的事务局长葛野宁市所说的一样,过去"整个北海道都是阿伊努人从事渔猎的自由天地"。但自从"开拓"以来,这里经历了开拓使时代、三县一局时代(指 1883 年开始设立北海道事业管理局和札幌、函馆、根室三个县)和正式成立北海道厅的时代,先后执行了开拓使十年计划、北海道十年计划、第一期第二期拓殖计划,以及第二次世界大战以后的两个五年计划等等,大大地发展了这里的现代化农、林、水产业和工矿业,建立了大量的中、小城市,使它成为日本的一个重要的农牧业基地。在面积只占全国的 22%,人口只占 5% 的情况下,却生产了日本全国 100% 的甜菜、70%以上的马铃薯和 37% 的牛奶,使得北海道的牛奶和奶酪驰名全国。但是,与此同时,它也使得生产力比较落后的阿伊努人日益局限在一些聚居地里。而即便居住在城市的阿伊努人,也被一些工、矿、商业企业所吸收,演变为工人或会社员(公司职员)。据昭和五十四年(1979 年)的调查,北海道阿伊努人从业情况如下:

经济从业	从业人数	占全部阿伊努从业人的 %
1. 农业	2,557	20.3
2. 林业、狩猎	361	3.3
3. 渔业(水产养殖)	2,149	19.4
4. 矿业	84	0.8
5. 建筑业	2,447	22
6. 制造业	832	7.5
7. 商业	641	8.5
8. 金融保险业	48	0.4
9. 地产、房产业	10	0.1
10. 运输、通信业	621	5.6
11. 电、煤气、自来水、供热业	71	0.6
12. 服务业	972	8.8
13. 公务员	289	2.6
14. 无法分类	16	0.1
合计	11,398	100

按照日本的分类,上表的 1—3 项即农、林、猎、渔业属于"第一产业",全道共有从业人员 146808 人,其中有阿伊努人 4767 人,占在业的阿伊努人总数(11,398)的 43%。上表的 4—6 项,即矿、建筑和制造业为"第二产业",全道共有从业人员 409050 人,其中有阿伊努人 3363人,占在业的阿伊努人总数的 30.3%。上表的 7—13 项为"第三产业",全道共有从业人员 1005633 人,其中阿伊努人 2952 人,占在业的阿伊努人总数的 26.6%。从全道来看,从事"第三产业"的人数居第一位,从事"第二产业"的人数居第二位,从事"第一产业"的人数最少,只占全道从业人员的 9.4%。而阿伊努人的情况恰好与此相反,居第一位的是"第一产业",顺次为"第二产业"和"第三产业"。这种情况反映出,现代阿伊努人大都是建筑工人、农民、渔民和小手工业制造者及服务员,他们主要从事体力劳动,社会地位普遍都不很高。

在阿伊努人从业人数最多的"第一产业"中,阿伊努人大都为占地不到 1 公顷(15 亩)和 1 到 3 公顷的小农户(占阿伊努农户的 58.4%)。其中专业农户占 $\frac{1}{3}$ 多(35.4%),其余为兼业农户。可见阿伊努人的农户中,占地都不太多,而且兼业农户占有较大的比例(64.6%)。在阿伊努人所经营的饲养业中,以养马(种马或农用马)为最多,喂牛(奶牛或食用牛)次之,此外有喂猪或养鸡的。每个阿伊努饲养户平均饲养食用牛 12.35 头,鸡 152.6 只,但全道平均每饲养户却分别饲养 18.6 头,348.2 只。可见,在农业、饲养业方面,阿伊努人的平均生产率都低于全道的平均生产率。这也导致他们的收入都低于全道的平均收入水平。

在阿伊努人的渔业户方面,专业渔户的数目比过去有了增加,现在已占阿伊努人总渔户的 76.9%,其余的都为兼业渔户。这些渔户以渔船捕捞的,约为渔户的 73.6%。但在渔船捕捞业中,除了少数根本置不起机械,使用无动力的渔船捕鱼以外,还有一半的渔船都是不满三吨的小动力渔船。

即使在中、小企业方面,阿伊努人经营的也大都是只有 1—4 个从业人员的小企业,它们占阿伊努人从业的中、小企业总数的 86.8%,加上 5—9 个从业人员的企业,两者一起占企业总数的 90% 以上。而拥有 30 个从业人员以上的企业只占阿伊努人经营企业的 0.2%。

这种情况也反映在阿伊努人的生活和受教育等方面。以住房而言,在北海道 6714 户阿伊努人中,自己有住房的只有 3970 户,占阿伊努总户数的一半稍多一点(59.2%),而其余的人家都需要租房住。即使在这些有房户中间,据调查,有 626 户需要小修,有 602 户属于危房,已不再适合居住。

在受教育方面,阿伊努人读到初中毕业的只占当年应毕业人数(即原入学人数)的 69.3%(全北海道是 90.2%)。高中毕业的更少,只占应毕业人数的 8.8%(全道是 31.1%)。

从上述统计数字,我们可以对阿伊努人的现状得出一个大致的印象,即他们在北海道从事农、牧、渔等业的人数为最多,但大多数是小农户,或饲养猪、马、鸡、牛的饲养业者,其饲养水平一般都低于全北海道的平均水平。而在渔业中,虽以渔船捕捞较多,但一般都只能使用小动力渔船。阿伊努人经营的中、小企业,大多数是四人以下的小商业,而有从业人员 30 人以上的企业,在阿伊努人中则极为罕见。反映在生活与文化上,尤其是受中等教育(初中及高中)的人数比例,与全道的情况相比,更有较大的差距。

三、在过去,阿伊努人有自己的语言和丰富多彩的风俗习惯。他们拥有可以跻身世界民间文学之林的著名长诗《尤加儿》,有的日本学者,甚至认为它是世界五大叙事诗之一。[①] 但是现在的阿伊努人在日常生活中,已与一般的日本人很难分辨。在我们访问白老町的时候,贝泷正先生特地请八十三岁的老妇人其浦哈鲁来座谈。我们看见她的嘴的周围还有很浓的纹面(刺青)的痕迹,但据说还保留这种纹面的人,在整个北海道也不会超过十个人了。

其浦哈鲁老人尽管已是八十岁以上的高龄,但仍然自己劳动,并且头脑清晰,能够很清楚地回忆自己的身世和过去的生活。她说过去住在名叫近内的靠近山脚的地方,她年幼时,那里已划为日本天皇的牧

---

① 久保寺逸彦:《大叙事诗 Yukar》,《新的日本》第 16 卷,北京:国际情报出版社,1963 年。

场,所以除了原来的阿伊努人以外,也有大和族(他们称之为"和人")搬来居住。二者一共约有十四五户,七八十人。但是在村中他们并不混杂居住,而是分成两摊居住的。由于当地已划为天皇牧场,所以阿伊努人不能自由进出打猎,大部分人从事农业,少数人在牧场工作,但工资十分微薄。当时以种粟(小米)和一种带粘性的黄小米为主,村中的阿伊努人那时的私有观念还不是很强,因此日常生活中都互相照顾,例如盖房子时,很多同村的人都会跑来帮忙,他们那时住的草房,地上放蒲草席,冬天堆铺一层燕麦杆,以便睡觉时能够稍微暖和一点。当时冬天没有棉被,其中絮的不是棉花,而是草杆。阿伊努人原来有自己的民族服装,其浦哈鲁年幼时已经不穿,都穿和服。当时他们还能讲阿伊努话,但在外面讲时,要受人笑话,因此大家都只在家内使用。她回忆有一个家庭,父亲不愿儿子学日语,所以一直不送其子上学校。直到孩子十三岁时,才送去上小学,去了三天,那个孩子就自己跑回来了。她说也有一些阿伊努人拼命学日语的,因为只有这样才能在表面上达到与"和人"一样,以便于生活。

其浦哈鲁幼时,女子还盛行纹面(刺青),大约在成年时进行,即在嘴的周围纹上一道宽边,两端上翘。在生活习惯上,还保留一些自己的民族风习。子女长大后,一结婚就分家另过。老年父母一般随幼子或幼女生活。后来受和人影响,才改为留长子在家。其浦哈鲁还十分高兴地告诉我们,那时也有中国人前来贸易,进行交换。她记得村汇中有一个阿伊努姑娘曾嫁给中国人,后来一起带到中国去了。现在其浦哈鲁有女儿、女婿、外孙等人,分住在近内、小樽等地。

像这样的老年人的回忆录,在日本很受重视。就在我们访问的时候,北海道最大的报纸《北海道新闻》正在"阿伊努的生活史"标题下,每日连载阿伊努八十六岁老妇人砂泼古拉的详细传记。连载前先刊登了砂泼古拉的详细亲属关系和同时代的大事年表作为传记的背景材料,然后每期都配有文物照片、插图和小词典,工作做得十分细致。在扎幌时,我们曾拜访了《北海道新闻》社的编辑局次长北洞孝雄先生和负责采写传记的记者深尾胜子女士。他们为我们了解北海道阿伊努人情况提供了不少帮助,送给了我们上述连载的合订本,并且特地带我们去阿伊努人泽井政敏开的料理店,品尝了阿伊努人的菜肴。

在北海道访问期间,我们曾先后在白老町访问了町议会议员、阿伊努人山丸武雄的家庭;在平取町二风谷访问了乌达利协会副理事长、阿伊努人贝泚正的家;在旭川市锦町,寄宿在"阿伊努无形文化传承保存会"理事、阿伊努人杉村京子的家里;在阿寒町的阿寒湖畔住宿在一家阿伊努民艺店的后楼。这些经历都使我们感觉不到当今阿伊努人在日常生活中与普通日本人有什么特别不一样的地方。但是,阿伊努人毕竟是十分重视和珍惜自己的传统和过去的习俗的。所以他们不仅在自己的房屋中陈列了阿伊努人过去使用过的用具,珍藏过去的照片、录音带甚至小型的记录电影胶片,而且几乎每个地方都建立了规模不等的阿伊努资料馆。除了在资料馆内展出阿伊努文物外,还往往在资料馆旁建筑了过去居住的草房,草房里有阿伊努民间工艺木雕、绣花、织树皮布等具体的制作表演。为了招揽观光客,发展旅游事业,有的资料馆近旁每天还有定时的吹奏口弦、唱民谣、跳传统舞蹈的演出,并有大量阿伊努民间工艺品商店,出售阿伊努工艺品。我们在北海道的从东南到西北的横断访问旅行中,曾先后看到过室兰白老町的阿伊努民族资料馆,沙流郡平取町的二风谷阿伊努文化资料馆,旭川市北门町的阿伊努纪念馆,大雪山附近的大雪山观光史料馆,网走市的北方少数民族资料馆和川上郡弟子屈町的屈斜路阿伊努民俗资料馆等展览馆。它们各有特点,规模大小也不等。如白老的资料馆陈列有不少珍稀史料,有歌舞表演和过去的树皮布的纺织表演。二风谷的资料馆有阿伊努人过去举行婚礼的记录电影。大雪山史料馆饲养大批过去阿伊努人用以祭神的熊类。网走市的少数民族资料馆则陈列除阿伊努人以外的北海道其他少数民族如鄂温克等民族的用品资料。

我们去时,这些资料馆大都游人不断。据在白老町的了解,这里每年四月以后,进入旅游旺季,最多时每天有游客 6000 人,一年大约有62 万人左右。除门票收入外(日本的各种展览,门票都比较贵),还带动发展了旅店业、饮食业、工艺品业、交通及娱乐业。我们看到在这些村子里,不仅给阿伊努人,也给当地"和人"提供了不少就业和振兴本地工商业的机会。白老町有关负责人告述我们,他们准备再建 1300 平米的新资料馆,争取每年游客达到 100 万人。如果每人平均在这里花 5000 日元,这个村一年的旅游营业额就可以达到 50 亿日元。

过去我们只从书本上知道,世界上有的民族曾以树皮织布,用以缝制衣服,但其具体情况却不甚了解。这次在资料馆中,我们看到了阿伊努人纺织树皮布的全部过程,并得到了他们赠予的一些样品,感到十分高兴。我们在札幌市参观北海道开拓团一百周年纪念馆时,承蒙馆内的主任学艺员藤村久和先生的热情接待。从他那里知道:过去一些史书中记载的所谓"虾夷棉"实际上是我国清代官服上的一些"补子"(刺绣),经过我国东北的商人与阿伊努人交换渔猎产品时,输入阿伊努人地区。后来"和人"与阿伊努人交换时,误认为是阿伊努人所制造,故称之为"虾夷棉"的。在中国纪念馆的仓库里,我们也看到这样的几块"虾夷棉",情况的确如藤村先生所讲的一样。这也从一个方面反映了阿伊努人在过去与我国密切往来的情况。而古代阿伊努人自己的刺绣,其风格、样式与此完全不同。阿伊努人著名的纺织品是一种叫作"阿知希"的树皮布。据介绍,它的原料是一种叫做"喔修乌"的榆树皮。一般在每年七月剥取这种树朝南一面的树皮,弃去外面一层硬皮,利用里面的柔软而有纤维的一层,经浸泡后刮去胶质,然后手工分离成丝,捻成线,再由简陋的织机织成粗布。这种树皮布,类似粗麻布,刚中有柔,色泽黄白,过去用来做衣服,现在实际生活中已经没有使用它了,只是作为一种民族手工艺品。

阿伊努人过去还有自己的独特乐器——口弦(摩苦利),它形似一只小的船桨,用竹片制成。长约十四厘米,最宽处约占全长的三分之一。中间缕出一条簧,供吹奏时弹动发声之用。宽处一端穿有细线,吹奏时即拉动细线,用以控制簧片震动,发出各种声音。这种乐器现在还在使用,并制作出售给游人。由于它使用的原料是普通的竹片,制作也十分方便,所以出售的价格较低,成为人们到阿伊努地区后普遍购买的一件有纪念意义的工艺品。

阿伊努人还喜欢唱歌、跳舞。著名的长篇叙事诗《尤加儿》是世界民间文学宝库中的一块光彩夺目的瑰宝。《尤加儿》这一首阿伊努人喜爱的英雄史诗保留了他们过去对天地创造、宗教信仰、男女爱情以及善与恶、光明与黑暗的搏斗的种种看法。北海道阿寒湖畔的阿伊努人曾在 70 年代初把它改编成创世神曲剧进行演出。他们不仅在扎幌市多次表演,1976 年四五月时还在法国巴黎演出了这个由民间史诗改编成的史剧。由于阿伊努人具有特色的民间歌舞越来越吸引人们认识其重要性,所以 1983 年 12 月日本文部省所属的"文化财保护审议会"经过慎重的研究讨论,决定把流传在旭川市等北海道三市五町中的阿伊努古式舞蹈列为国家一级的"重要无形民俗文化财",将受到特别的保护。这是阿伊努民族文化在大量消失的情况下,受到重视和保护的一部分。

四、阿伊努人为了争取自己生存的权利,曾组织过各种组织,以不同的方式进行活动。这里介绍一下北海道阿伊努人最大的组织——"北海道乌达利协会"。

北海道乌达利协会的宗旨,是以提高阿伊努人的社会地位,解决职业问题,少年儿童上学,生产经营方面的经济帮助,民族文化与资料的保存,以及加强各地阿伊努人的联络等等作为活动的目的。现有支部 59 个,遍布于北海道的各阿伊努人居住地。各地除了乌达利协会支部的组织外,还有各种不同名称的"阿伊努民族文化保护会""阿伊努民族学会""阿伊努民族文化传承保存财团"等单位,协同各地阿伊努民俗资料馆致力于阿伊努文化的保存、整理、研究等工作。

现在北海道乌达利协会共有会员 3475 户,13433 人(1983 年 7 月 30 日)。协会有理事会、监事会、事务局及教育文化、青年妇女、中小企业、农林渔业各部,各设部长和副部长。这次陪同我们的贝泼正先生就是协会的副理事长兼教育文化部长。他生于大正元年(1912 年),现年 72 岁,为人诚挚朴实,在北海道的活动中,我们得到他的很多帮助。

北海道乌达利协会原名"北海道阿伊努协会"。从历史来说,早在昭和五年(1930 年)7 月,在扎幌市就召开过整个北海道的阿伊努大会,有各地的阿伊努人代表参加。这次会议讨论了修改《旧土人保护法》,以及对阿伊努高中生、大学生给与经济补助,并帮助贫困的阿伊努人修理和改建住宅等问题。会上选出喜多章明为会长和其他六个副会长。到十一月,协会还出版发行了《虾夷之光》杂志的创刊号。后来由于战争的原因,这个协会的活动就暂停了。第二次世界大战后的昭和二十一年(1946年)2月,又在静内町召开了整个北海道的阿伊努大会,正式成立"北海道阿伊努协会",也就是现在的"北海道乌达利协会"的前身。新成立的协会约有会员2千人,理事长是向井山雄氏。第二年四月,协会的监事道泥和郎曾以5299票当选为日本众议院的候补议员,这是阿伊努人被选入议员的唯一的一次,现在日本参、众两院中都没有一个阿伊努人的议员。

战后新成立的"北海道阿伊努协会"进行了一系列的工作。在昭和二十三年(1948年)10月创办了机关刊物《北方之光》。昭和三十四年(1959年)在十腾国别幕町建成了阿伊努文化考古馆。昭和三十六年(1961年)经大会议决改用现在的名称。次年七月对日高地区的1704户、8074名阿伊努人,进行了生活实态调查。昭和四十年(1965年)召开大会时,已发展到21个支部,拥有会员888户。昭和四十六年(1971年)日本政府公布设立总数为3亿日元的"乌达利福利基金",帮助阿伊努人改善生活,提高文化,其中有一部分就通过北海道乌达利协会支配使用。同年12月建成二风谷阿伊努文化资料馆,投资达123000000日元。次年在协会内部增设民间工艺品对策部会、生活对策部会、土地住宅对策部会、青年妇女对策部会,用于在各方面帮助和指导阿伊努人改善生活。同年7月,北海道调查全道有阿伊努人在11户以上的地区为115个,共有3578户、11308人。在10户以下的地区为51个,共有980户、3995人。合计166个地区,4558户,15303人。阿伊努人要求民族权利的呼声日益提高。

在此情况下,日本参议院的社会劳动委员会的委员长大桥和孝于昭和四十八年(1973年)10月视察了阿伊努地区。同年11月,日本社会党还特别成立了"阿伊努民族对策特别委员会",以川村清一为委员长,有36名国会议员参加了这个委员会。十二月,自民党的北海道代议士会也成立了"乌达利对策推进会"。次年一月,社会党的党代会还通过决议,发表了"阿伊努民族政策"。由于社会上各方面都日益重视阿伊努人的问题,所以这一年四月日本政府的厚生省特别拨款建立了"乌达利特别保育事业"和"保健相谈事业"。农林省也拨预算充实了农林渔业对策的基本调查费。从这个时候开始,日本政府准备以七年为一期,用两期的时间来改善阿伊努人的生活,会员 1347 户。会上讨论了运用道政府拨给的补助经费,如何帮助一部分阿伊努人上高中、入大学、学习技能,奖励民间工艺品的开发等等问题。到昭和五十一年(1976 年)时,协会已正式成立三十周年,支部发展到 43 个,会员达1781 户、7289 人。我们访问乌达利协会时,协会的负责人告述我们,他们正在筹备写一本叫作《从阿伊努看北海道历史》的书,要正确阐明阿伊努人在北海道历史上的地位和作用。

我们谨祝阿伊努人民繁荣、昌盛、幸福,相信经过他们自己的努力,一定会取得更好的地位和发展。

(胡起望文,中国民族学会编《民族学研究》第八辑,民族出版社,1986 年)

三、 美国等地土著民族与小民族生存发展问题研究

1. 美国印第安人政策的演变

一、种族灭绝政策

北美洲原是古老的印第安人长期生活的地方。在 15 世纪,印第安人基本上还停留在原始公社阶段,他们按氏族、部落和部落联盟组织起来,其中氏族是当时社会制度的基本单位。然而,随着哥伦布发现美洲大陆,西方殖民者蜂拥来到美洲,为了给他们征服和掠夺印第安人制造借口,千方百计地诬蔑贬低印第安人,说印第安人天生"是野蛮的奴隶,没有文明","上帝让他们(印第安人)灭亡不是没有原因的"。

较早来到北美的有荷兰殖民者。荷兰殖民者起初用种种欺诈、诱骗方法,攫取印第安人兽皮。一旦熟悉了周围的环境,他们就采取暴力手段,强夺印第安人的土地,对印第安人进行种族灭绝政策。1641 年荷兰人在北美建立新尼德兰当局,颁布了悬赏割取印第安人带发头盖皮条例,规定每割到一个印第安人头颅,上缴带发头盖皮,即付 20 枚珠宝。因而首创了悬赏印第安人带发头盖皮的先例。以后英国、法国殖民者变本加厉地推行杀戮政策,将悬赏的金额愈提愈高。

1607 年,第一批讲英语的白人来到北美,建立了第一块殖民地——弗吉尼亚。北美殖民地的建立,是在驱逐和剿灭印第安人、霸占印第安人土地的情况下进行的,是用血与火的文字,写在人类的编年史中的。在英国殖民者眼里,印第安人是被消灭的对象,从来不计算在殖民地人口范围之内。因此,其残暴行径比起荷兰殖民者更是有过之而无不及。他们所到之处,捣毁印第安人的庄稼,抢掠黄金、奸淫妇女和烧毁果园,将印第安人在自己土地上赖以生存的一切统统毁掉,并对印第安人进行全盘的追捕和驱逐。1723年英国马萨诸塞殖民当局,对上缴一个印第安人带发头盖皮给予100英镑。1756年宾夕法尼亚殖民地特地拨6万英镑作为印第安人带发头皮的奖金。英国殖民者对自然资源的抢劫和破坏,对印第安人的捕杀和奴役,加上带去的传染病,使印第安人大量死亡,人口锐减,濒于灭绝。

美国建国后,承袭英国殖民者对印第安人采取的政策。1787年宪法规定:印第安人不纳税,无公民权,不计算在各州人口之内。可见,印第安人也是美国政府消灭的对象。虽然在建国初期,为了在与英国人、法国人和西班牙人的斗争中赢得印第安人的支持,在边界地区与印第安人保持和平,后来掠取他们的财富,烧毁了他们的茅屋,抢走了他们的粮食,将印第安人不分老幼妇孺,整批地赶走杀光,结果许许多多生机勃勃的村镇被夷为废墟。1814年美国统治者仍实行"捕杀奖励",颁布带发头盖皮条例,规定每上缴一个印第安人带发头盖皮,给予奖金50—100美元。美国统治者以嗜杀为乐,把杀死的四十个印第安人妇女的带发头皮织成一条被单使用。1828年当选总统的杰克逊对印第安人进行无情的掠夺和屠杀,博得北方资产阶级和南方种植园主的喝彩。仅在19世纪初,美国对印第安部落就发动了两百多次袭击和讨伐性的军事行动。1492年哥伦布来到美洲时,现今美国地域上的印第安人估计超过100万,1800年土著人口减到60万,到19世纪末只剩下24万。

印第安人大量死亡,以及顽强抵抗,在统治阶层一部分人中引起极大不安。他们看到,若不改变政策,在不久的将来,美国社会将会出现田无人种、矿无人采的可怕前景;印第安人广阔肥沃的土地以及地上丰富的资源将会成为可望不可及的"海市蜃楼"。这不但使白人断送一项重大财源,而且也会引起世界舆论的谴责。

印第安人为了捍卫家园和自由,展开了一系列英勇斗争。1622年,弗吉尼亚境内的印第安人进行了长达数年之久的游击战争,几乎荡平了詹姆士城。1763年俄亥俄河流域的阿尔贡金族诸部落,在俄太华部落首领印第安人庞提亚克的领导下,把英国殖民者从许多边疆哨卡赶出去,斗争延续数年之久,其影响越过俄亥俄流域,深入宾夕法尼亚、马里兰和弗吉尼亚。1811年11月,美军在哈利逊指挥下,突袭印第安纳州提培堪娄湾由杜堪士领导的武装,杜堪士英勇牺牲。美军竟将他的尸体肢解、剥皮,制成剃刀皮带。这是美国历史上残害少数民族最悲惨最可耻的事件。印第安人的斗争给美国统治者以沉重打击,使统治者意识到印第安人是不会坐以待毙的,必须改变对印第安人奴役的形式。与其让印第安人无休止地抵抗下去,不如在他们的传统的领地上划给他们一些地盘,既可从中获得大量剩余土地,又可避免与之发生冲突,因此美国统治者改变了印第安人政策。

二、种族隔离政策

种族隔离政策是指始于19世纪20年代延续到19世纪80年代美国政府将印第安人圈集在200多个部族"保留地"内,与白人隔离开来的种族歧视政策。美国总统门罗宣称:"印第安人的撤离,使他们解脱日益迫近的消灭,并将促进他们的福利。经验已明白指出,就他们目前情况而论,不论怎样的范围,无论怎样的形式,都不能把他们包括在他们的体系之内。"①

19世纪上半期,反对印第安人的浪潮进入一个新的阶段。随着美国资本主义经济的发展,人口的增多,东部变得拥挤起来;而横跨大陆的铁路的通车,便利了东西交通;同时在达科塔神秘的黑山和其他印第安地区发现了金矿;冒险家们还可以从西部野牛皮取得收益。于是,身为大农牧主的华盛顿的政治家和议员们向当时的总统要求给予他们大量土地。金矿的开采者和拥有铁路的大财主极力呼吁"应该将印第安人置于他们自己的地方"。1830年国会通过了"印第安人迁移法案",原居住在密西西比河东岸的、幸免于战争、疾病和捕杀的30万印第安人,被迫远离家园,由印第安事务署以武力押解到密西西比河西岸的路易斯安娜的荒凉"保留地"。

美国印第安人"保留地"的历史可追溯到英国、荷兰等国殖民时期。

---

① 〔俄〕斯科尔克喇夫特:《关于美国印第安部落历史现状和前途的史料及统计资料》第3卷,第573页。

当时欧洲白人大量入侵,武装抢夺土地,印第安人不为所屈。最后双方缔约划界。印第安人被迫让出一部分土地,建立"保留地"——保留残余土地及独立自主。早在美国建国之初,就曾模仿英国殖民者做法。为了处理由于强令印第安人让地而支付的分期付款,以及用某种服务补偿赔款等事务,1775 年在国会之下成立了印第安事务临时委员会,并于 1776 年成立一个常设机构,1843 年经法律批准,定名为"印第安事务署",附属于国防部,1849 年转归内务部。在美国,内务部是掌管国家资源的联络部门。由于印第安人的土地受到政府的托管,因此印第安事务署似乎理所当然地要归属内务部。

由印第安事务署负责的印第安人大迁徙也是印第安人历史上最为悲惨的一页。在寒冷、饥饿、鞭挞、屠杀下,"有很大部分人因病丧生,几乎所有的儿童都死光了"。① 数以百计的印第安人惨死在途中。印第安人把他们向西退却的道路叫做"眼泪的道路"。大迁徙除靠武力作后盾外,还通过签订一系列条约作为合法依据,其中有的条约是一些部落在被威胁的情况下签字的。许多条约都包含必须向印第安人支付现款赔偿金或永久性的租金,以及在印第安人共同体新聚居的地区提供卫生、教育和福利事业的义务,并且规定这一切都应得到联邦的支持。合约能够规定政府必须履行的义务,后被美其名曰"联邦政府服务项目"。双方缔约手续是由美国总统派使者与印第安部族议约,经参议院批准生效,然而这些协约条文没有涉及印第安人的法律地位,对这一问题美国首席法官约翰·马歇尔在 1831 年断定印第安人在条约中承认自己受美国的保护,并且处在美国的主权和统治之下。他们同美国的关系如同被监护者和监护人的关系。显然被监护者是不享有公民权的。直到 1924 年美国全体印第安人才被宣布为公民,有权参加选举和管理自己的土地。

1840 年后印第安事务署越来越侧重于监督条约规定的租金付款的执行情况以及条约规定的各项社会、医疗和教育事业的管理问题。

---

① [苏]米克鲁霍-马克来民族研究所:《美洲印第安人》,北京:生活·读书·新知三联书店,1960 年,第 56 页。

　　然而不久,迁到路易斯安那一带"保留地"的印第安人的有限平静又遭到了破坏。美国通过与墨西哥的战争以及 1846 年美英条约获得遥远的西部新土地后,印第安"保留地"不再是美国西方的边疆,而是处在美国白人的保卫之中,因而便产生了重新安置西部印第安人的问题。而在新获得的西部地区的印第安人部落,也成为白人进行殖民的障碍,但他们也无法设想能够把这些印第安人迁移到印第安人的保留地中去,因为原来划给印第安部落的保留地,不仅已被来自东部的印第安各部落占据,而且还遭受那些公然违反"印第安条约"的白人移民的侵犯。1853 年上任的印第安事务署主任乔治·梅尼培尼反对迁徙西部印第安部落的主张,指示属员要同印第安人谈判,订条约,条约中要规定各部落必须交出大片的土地才能取得财政上的照顾,同时政府将保证在印第安人的传统领地中,划出较小的区域给他们居住,在那里他们可以在美国政府的保护下生活。这种办法改变了大量集中移居的做法。他确定的政策的许多方面在他任职期间和离职以后三十年间,都继续得到贯彻。梅尼培尼的一套办法为白人殖民事业打开了另一条通途。

　　然而 1871 年国会指示印第安事务署停止同印第安部落谈判和签订条约。这样就收回了印第安人以往享有的与联邦政府谈判、签订条约的地位。在此之后数年间的土地转让,尽管也都有正式手续,并且也都得到了国会的确认,但却缺乏法律保障。

　　印第安人"保留地"是美国政府画地为牢,把印第安人禁锢在内的集中营。关于印第安人保留地与美国联邦政府的关系,首席法官马歇尔于 1832 年确定为"国中之国"。"保留地"所在州的州政府不能加以干预,州的法令也不能在"保留地"实施。然而"保留地"并不像条约所规定的确保"国中之国"的主权,事实是他们的主权时时受到各种威胁。因为首席法官马歇尔也曾说过,"美国国会经过重新议定的条约,可以修改或取消他们的权利"。美国法典专家柯恒认为,这些土地是由美国联邦政府与印第安人同时领有。可见,印第安部族对"保留地"的土地并不保有绝对的所有权。人们一般认为"保留地"是美国政府的托管地,也就是说美国政府有权拿回来。实际上,保留地可以说是美国国内的"保留地"或"殖民地"。

三、强制同化政策

由于种族隔离政策的实行,印第安人被困在 267 个保留地内,到 1887 年其面积仍有 1.38 亿英亩。在这广阔的保留地上,资源丰富。华盛顿的亚塞马尔人、科尔维尔人和基瑙尔特人、加利福尼州亚的胡帕人、新墨西哥州的新斯卡莱罗人、明尼苏达州的红湖人、威斯康星州的梅诺米尼人,都拥有生长着优质木材的广阔的森林地区。亚利桑那州南部的帕帕戈尔人和皮马人所有的土地都蕴藏着大量铜矿。然而由于印第安人对联邦政府"服务项目"的传统依赖,使他们丧失了开发资源、为自己谋利益的必不可少的主动性,因而保留地丰富的资源只对联邦政府和商人、企业主们有利。于是从 19 世纪 80 年代美国政府开始推行强制同化政策。强制同化政策大体分为三个阶段。

19 世纪 80 年代到 20 世纪 30 年代,为强制同化政策的第一阶段。这一阶段的强制同化从两个方面着手:一方面颁布土地法令,进行土地改革;另一方面采取文化同化措施。前者进攻印第安人的经济基础,后者则进攻他们的文化和价值观念。

1882 年国会通过"印第安人土地分配法"——所谓道威斯法,法令规定,保留地的土地由部落所有转为个人所有,土地化整为零,划分给每户所有,称为"份地";而剩下的土地则由政府占用。因此部落组织被取消了,印第安人转入政府的"托管"之下,处于孤立无援的境地。而政府则把所有以前签订的关于印第安土地不可侵犯的条约,以及各种庄严的诺言,就此一笔勾销了,并以"多余部分"的名义,一共没收或占用了 840 万公顷的肥土沃地。1887 年法令规定:印第安人的份地必须保留,由联邦政府托管 25 年,在这期间,土地耕种者不得出售或转让自己的土地。然而没有多少印第安人对农业感兴趣,他们涌向印第安事务署向白人出租土地,结果使租用这些土地的白人庄园主和农民获得了很大利益。在土地肥沃水源充足的地区形成庞大的白人聚居区。1906 年国会通过了对 1887 年法案的修正案,规定印第安事务署有权在印第安人产业主无外人援助的情况下没有能力掌管自己土地时,延长托管期。当一个产业主去世时,他的被托管的自留土地上的利益就全部传给他的继承人。随着时间的推移,越来越多的后裔参加份地上的利益分配,因而在如何使用土地和怎样分配利益上就产生了问题。加上印第安人缺乏资金和现代农具,在资本主义商品经济的袭击下,在白人资本家巧取豪夺下,私人份地纷纷沦为大资本家手中的资产。

1934 年国会通过"印第安人改革法",法律禁止把印第安人土地分成若干个地带,这样就同时废除了 1887 年法案。至此,分配土地计划被废弃,118 个保留地"私有土地"就逐渐转让出来,印第安人又丧失了 60％的土地所有权。到后来印第安人私人被托管的土地只有 1200 万英亩,部落托管的总数只有 4000 万英亩左右。同时白人纷纷迁到"保留地",建起了城镇。丧失了土地的印第安人再也不能从事农业生产,只得到保留地附近的城镇去做工并谋生。

19 世纪 80 年代,美国政府还对印第安人实行文化同化,政府不承认印第安人的语言和文化,印第安人子女必须送到城市寄宿学校上学,使他们同家庭隔离。这种隔离教育的目的是要他们摆脱父母的影响,也就是使其"非部落化",同时使他们接受英美文化。这个计划一开始就遭到印第安人的反对。如亚利桑那州的霍皮人部落就强烈反对这种做法。尽管遭到抵制,这个计划仍继续执行,并在一定程度上被各个部落接受。在寄宿学校毕业的印第安青年陆续在城镇里就业,从而印第安人的城市人口激增。然而他们大多是贫穷的工人,从事笨重的体力劳动,生活在极端贫困和饱受歧视的境遇中。

20 世纪 40—60 年代是美国强制同化政策的第二阶段,这是联邦政府背信违约的 20 年,也是印第安人进行诉讼,并取得一定成效的 20 年。

印第安人和美国联邦政府的关系本是通过协约确定下来的,然而印第安人的土地不断丧失,资源宝藏不断被人掠走。为了维护自己的利益,他们按约办事,进行诉讼。从 1830 年到 1946 年国会共处理了一百多起诉讼案件。由于印第安人不断力争,国会终于通过了 1946 年法案,授权成立一个特别法庭,即凡是印第安人需要解决的诉讼案件都可以向该法院提出。法案规定了可以构成诉讼的原因,或者说是部落可以起诉的理由,并确定了委员会的工作程序和五年存在期限,指望所有的诉讼案都能在五年内得到解决。然而事与愿违,五年期限过去后,案件仍然堆积如山,印第安人不满情绪日益增长。1955 年为处理和解决向联邦政府提出诉讼事务成立了一个诉讼法庭。然而在规定条约以来的一切印第安部落诉讼都不在诉讼法庭的管辖之内,这使得那些先前与印第安人订约而后又背信毁约者逃之夭夭;每个部落还必须得到国会的特殊准许后才能提出诉讼案,这就使许多印第安人不得不遵循复杂又耽误时间的程序。一个案件从取得国会准许到最后解决,旷日持久,既浪费时间,又耗费精力物力,因而许多诉讼就不了了之。

同时,二战后国会里越来越多的人反对联邦政府与印第安人"协约式"的关系,许多议员认为,只要印第安人部落对政府诉讼,政府就可以撤消原条约规定的应履行的义务服务项目,这种"协约式"关系也就结束。因此 1946 年法案被当作是最后取消印第安人与联邦政府之间存在的这种特殊关系的办法。1942 年参议院要印第安事务署主任就关于撤消过去联邦政府向印第安人"提供特别服务"作证。50 年代初,由于印第安人事务署主任狄龙·迈尔的要求,国会开始考虑有关取消几个部落享有的联邦政府服务的法律草案。1953 年国会通过一项决议,决定"在尽可能短的时间内帮助居住在美国境内的印第安人获得与美国其他公民一样的法律权利,一样的利益和责任;结束他们个人受美国保护的状况;授予他们美国公民应当享有的一切权利和特殊利益",接着要求撤消印第安人部落享受的联邦服务。1954 年国会通过了撤消对威斯康星州梅诺米尼人服务的提案,随后又撤消了对下列印第安人的服务:俄勒冈州克拉巴马-库沙塔人部落,犹他州恩塔和奥雷保留地被称为"混血人"的尤特人,还有犹他州尤特人地区大量的小片聚居地。1958 年国会把撤消服务的范围扩大到加利福尼亚的 41 个小聚居区,1959 年又扩大到俄克拉荷马州的乔克托人部落和卡罗来纳南部的卡陶巴人。由于法令违反印第安人意愿,又遭到美国公民的反对,到1961 年约翰·F. 肯尼迪就职后,联邦的服务计划都取消了,不再是印第安人政策的任何组成部分。50 年代国会不仅以法律形式进行撤消服务活动,而且以其他方式争取实现结束联邦对印第安人集团的特殊服务。其做法有下列几步:收回印第安事务署的职权,移交给其他的联邦机构；提供大笔款项，努力推行把保留地的印第安人定居在城市地区的计划；授命有关各州，对印第安人保留地实行民事和刑事管理。

整个50年代里，印第安人都继续坚持只有征得他们的同意，才能撤消服务。但是国会对此置之不理，随着双方矛盾不断激化，印第安人又联合许多非印第安人抵制那些积极主张撤消联邦服务的议员们的努力。印第安人又把事务署过分热心地组织迁居和职业培训的计划，看成是撤消联邦服务方案的另一种形式，对其也是加以抵制。总之，印第安人一般都反对撤消联邦的服务，他们之所以表示反对，不仅因为这些服务是联邦理应按约履行的义务，而且政府提供的这些服务项目对他们来说是必不可少的。

撤消联邦服务，对印第安人产生了某些积极的影响。其一，印第安人集团终于成了一支生机勃勃的政治力量。50年代开始反对撤消服务计划的浪潮，是美国历史上印第安人部落联合的最成功的尝试，美国全国印第安人大会在协同奋斗的各印第安人组织中很快占据了首位。在它的领导下，印第安人经过努力，在1961—1962年间取消了主张修改遗产继承权的法律。60年代末，各个部落终于获得支持，争取通过了1953年法案的修正案，补充了关于州的管辖权必须得到印第安人同意的措词，并且允许过去放弃了管辖权的部落收回自己的这一权利。尽管部落主义思想现在还把印第安人分散在各块土地上，但泛印第安人的感情已空前高涨。

"印第安人都市化"，是撤消联邦服务的第二个结果。20世纪50年代美国政府颁布有关重新安置印第安人的法令，那就是把保留地的贫穷的印第安家庭安置到城市，借以拆散他们同部落的联系，使其逐渐成为普通的城市居民。1956年国会通过了一项专门法律，要对定居下来的印第安人进行职业培训，这一行动大大推动了迁居计划的实施。1961年起印第安事务署变本加厉推行移居政策，促使印第安人进城。1930年在城市中的印第安人只占全印第安人的10%，到1960年就增加到30%。1970年美国进行人口普查，美国印第安人共有791839人，其中43%为城市居民。现在每年还有成千上万的印第安人不断流入城市。

撤消联邦服务的第三个结果，也是最具深远影响的成果是印第安人对自己本身的认识发生了根本的变化。在撤消服务时期，在保留地最有影响的联邦机构是经济事务办公室。这个办公室实行了许多项目，包括：学龄前儿童教育、成年职业培训、儿童援助服务事业。这些计划一律由地方人士执行，而不由印第安事务署的官员和雇佣人员执行。因此，这使得参与执行计划的保留地居民感到一种做人的尊严。印第安人开始意识到，他们第一次能够领导和管理许多服务项目，而这种管理过去一直掌握在联邦白人官僚手中。这样印第安人就发出了要占据印第安事务署各级职务的呼声，主张部落政府承担起责任，对过去传统由印第安事务署经营的项目和服务事业实行管理。这种自决倾向导致一项新的法案产生。1965 年初，最高法院宣布，印第安事务署及印第安人卫生服务局必须优先启用提拔印第安人，从1966 年任命威斯康星州的一个名叫罗博特·贝内特的奥内达印第安人为印第安事务署主任起，该署一直在印第安人的领导之下。1969 年苏-摩霍克人路易斯·布鲁斯接任贝内特的职务。1973 年阿拉斯加州的阿萨巴斯卡族印第安人莫里斯·汤姆逊又取代了布鲁斯。在汤姆逊任职期间，该署有 60％以上的工作人员是印第安人，之后这个比例还有所增加。

70 和 80 年代是印第安人在民族发展上虽取得一定成果，但民族尚未自决，部落仍需努力的时期。70 年代，美国全国印第安人代表大会、全国印第安青年委员会、全国部落主席联合会开始接触，争取通过一项法律，以允许各部落在大片服务计划地区，担负起印第安事务署的管理责任。1975 年 1 月他们的努力得到回报，国会通过了印第安人自决和教育援助的法案。根据这项法案，印第安事务署奉命向部落捐赠并与之订合同，使部落能够掌握过去传统隶属于该署工作人员管理服务项目。

到 80 年代，里根政府指望通过鼓励印第安人自治和吸引私人投资来改变保留地不景气的问题，并设法让他们与白人融合，然而印第安人发现自己仍然处在社会最底层：失业率高，卫生条件差，酒精中毒严重,贫穷,受教育程度低,保留地成为领取救济金区,印第安人成为自己土地上的乞丐。因此,在试图解决美国自己的第三世界即印第安人居留地问题上,罗纳德·里根同他前任一样遭到了挫折。

综上所述:民族歧视、民族压迫是美国印第安政策最主要的特征。建国初,美国虽以争取人权为号召,然而竟取消了印第安人的基本人权,为了强占印第安人的土地和资源,采取了驱逐和屠杀印第安人的种族灭绝政策。随后,又画地为牢,将印第安人集中围困在贫瘠的"保留地",对印第安人实行种族歧视和种族隔离政策。为了进一步掠夺印第安人仅存土地,他们进而实行强制同化政策。"印第安人都市化"使印第安人被同化的趋势加强。但是,同化的过程,也是印第安人觉醒和斗争的过程。印第安人为了挽救印第安民族,争取民族自决,夺回他们的土地,维护和保护本族文化,成立了各种组织,开展了举世瞩目的印第安运动。但是,印第安人通往平等的道路将是漫长而曲折的。

(吴洪英文,中国世界民族学会主办《世界民族研究》内部刊印,1988年第1期)

2. 圭亚那印第安妇女的生育习俗

印第安人是圭亚那最古老的居民,现在大约有4万人,分为加勒比族、阿拉瓦克族、阿卡威约族、阿雷库纳族等9个部族。据统计,他们之中仅有5%的人居住在城镇及郊区,跻身于现代社会。由于历史上殖民主义者的野蛮屠杀与迫害,致使95%的人至今仍居住在偏僻的农村、甚至原始森林和茫茫草原,过着"与世隔绝"的生活。他们以简单的农业、采集和渔猎为生,创造并保留了许多为本民族所特有的风俗习惯。仅就妇女生育方面而言,习俗就多不胜数。印第安女孩12—13岁进入青春期。月经初潮时,她们被告知不要洗澡,不要梳头,要卧床休息,甚至要忌食某些肉类。怀孕与分娩对许多印第安妇女来说,仍然是十分神秘的事情,通常被认为与原始森林、迅猛奔腾的江河以及看不见的神灵联系在一起。这些东西可以操纵和毁灭她们的命运,所以是万万不可得罪的。

在一些部族里,妇女怀孕后仍要承担日常各种负重工作。她们照常和丈夫一起出去种田或打猎。回来时丈夫手提弯刀或猎枪在前边走,她们背扛装满农产品或猎物的瓦拉席(即筐)在后边紧相随。孕妇临产时,有的在其他妇女的陪伴下,有的只身一人,匆匆忙忙进入森林深处,选择一块平地,跪在地上把孩子生下来。时间是相当紧迫的,因为印第安妇女不感到不得已时是不会离开日常工作的。产妇将小孩生下后,自己用手抓挠嗓子眼儿,引起阵阵恶心甚至呕吐,借腹肌的反复剧烈收缩将胎衣排出体外。然后,产妇用嘴将孩子的脐带咬断,并把胎衣处理掉。胎衣或扔或挂,但不能用土埋掉,因为她们认为埋掉会导致孩子灵魂窒息并很快死去。经过一番收拾后,产妇怀抱新生儿返回村子。有时有的印第安妇女正在田间劳动,分娩开始了,于是只好就地生产,自己给自己接生,而后继续劳动。天黑回家时,把农产品和婴儿装在瓦拉席里一起背回家去。许多部族的产妇产后几小时就可以开始正常的家务劳动或田间劳动。只有马库西部族的产妇则可以在床上休息数日。

现在,许多部族仍保留了产翁习俗。妇女生了小孩后,并不认为应该受到照顾和进行休息。相反,丈夫则被认为身体不适和需要有人照顾。所以,小孩一降生,当父亲的便要很快卧床休息,不能外出打猎,直到新生儿的脐带干了为止。在此期间,父亲不能吃肉,也不能动手为自己做任何事情,一切全要别人伺候。否则,他们认为神灵会发怒,夺走孩子的性命。父亲的"坐蓐"工作结束后,要给孩子母亲寻找一种新鲜树皮,用它煮水大约十分钟,产妇每天饮用一些便可以使产后羊水很快消失。

印第安人不喜欢双胞胎,因为他们相信双胞胎与邪恶的神灵有某些联系。在过去,如果产妇生下孩子几天后死了,那么按照当地风俗,孩子也得随同妈妈一起埋掉。只有这样,他们认为才可以避免不吉利的事情。孩子出生的第9天,所有亲戚、朋友要聚在一起,喝皮瓦里酒庆贺一番。皮瓦里酒系用木薯制成的一种烈性饮料。印第安人先将木薯粉烤成饼,然后由老年妇女用嘴嚼成糊状,吐到一个坛子里,密封发酵而成。据说,老年妇女的唾液有加速发酵之作用。

印第安人有丰富的草药避孕知识。据悉,每个部族都有一个巫医或女巫。在她们的指导下,年轻的妇女用某种树皮煮水,连续饮用多日后,便停止来月经,不再出现怀孕。如果一旦想要小孩时,她们再去请求巫医或女巫指导,服用另外一种树皮煎的水,便可在1—2月内使月经恢复正常。据报道,有的部族用某些树的细嫩枝条放在妇女睡觉处的附近,也可以防止怀孕。但有些部族似乎缺乏草药避孕的知识,如在圭亚那南部鲁普努尼草原地区居住的马库西族和瓦皮夏纳族,每户平均有7个孩子。

现在,政府为帮助印第安人实行妇孺保健,在印第安的聚居地建起了一些卫生保健站,并选派一些印第安妇女到首府乔治敦参加妇孺保健服务方面的培训,而后再派遣回到印第安村社里去做有关方面的工作。但由于传统观念的影响,在许多孤立的印第安人村社里,妇女对现代观念持怀疑态度,怀孕后拒绝每月一次的妇科检查。她们尤其不明白的是:"为什么分娩时还要有助产士在场?"因为对她们来讲,分娩是一件地地道道的私事,无需外人知晓与插手。一位26岁的印第安助产士说:"妇女们往往是自己把小孩生完了,才派人来找我。这还有什么用呢?"当然也有一些比较开明的印第安妇女,分娩时由丈夫陪同到政府的卫生保健站去,由助产士按照现代的分娩方法给予接生。还有一些妇女向卫生保健站询问和索取有关避孕的知识及药品、工具等,看来他们不希望过多地生养孩子。

对于印第安妇女的生育习俗,一些民族学家经过调查研究后认为,尽管有些带有迷信色彩,但也有不少是可供现代民族借鉴的。甚至有的民族学家认为古老的印第安妇女生育习俗是对现代社会中妇女的挑战,对那些古老的习俗无疑应加以发掘、整理,使之"古为今用"。

(吴德明文,中国世界民族学会主办《世界民族研究》内部刊印,1988年第1期)

3. 曹瑛焕教授谈美国的朝鲜人和印第安人

亚利桑那州立大学亚洲研究中心主任曹瑛焕教授于 1 月 15 日与中国社会科学院民族研究所的科研人员进行了座谈,应同行的要求,他着重介绍了美国朝鲜人的状况。曹瑛焕教授出生在朝鲜,童年曾生活在我国延边地区,50 年代去美国,多年在美国和日本任教。他根据自己的亲身感受,认为中国朝鲜族的处境比美国和日本的朝鲜人都好。他说:"美国朝鲜人的情况虽比日本朝鲜人好得多,但他们也享受不到中国的民族区域自治,没有本民族的学校。"

曹瑛焕教授对美日两国朝鲜人状况作了进一步的比较。他说,在日本的朝鲜人是最大的少数民族,他们的生活还过得去,但有一个最大的问题,就是存在一种失落感,感到自己没有归宿,无所适从。日本不承认本国国民中有朝鲜族,入了日本籍就要改用日本姓名。在日朝鲜人如上本民族的学校,肯定是没有前途的。然而,即便上了日本的名牌学校,对于朝鲜人来说,想找较好的工作仍是困难的。

加入美国籍的中国人、日本人、朝鲜人被统称为亚裔美国人。亚裔美国人受教育水平仅次于犹太人,而高于美国人的平均水平。亚裔美国人的头脑是美国最好的头脑。亚裔人口仅占美国总人口的 1.8%,而美国名牌大学的亚裔学生却占学生总数的 20%。在自然科学和社会科学的一些科研机构中,亚裔成员占科研人员的 20%,而在一些尖端科学机构中竟达 30%。曹瑛焕教授风趣地说:"美国在科技方面做出成就的人物,很多是华人,虽然还有很多是白人,但其中大多也是外来移民,而不是土生土长的美国人。我很难想象,如果没有犹太人,没有其他来自亚洲和欧洲的移民,美国会是个什么样子?"

曹瑛焕教授说,在美国的亚裔居民中,平均受教育水平以日本人为最高,华人高于朝鲜人,朝鲜人又高于印度人和太平洋诸岛的居民。朝鲜人到美国的历史比华人和日本人短。早先去的朝鲜人大多是农民,后来去的大多受过高等教育,其中不少原是日本的朝鲜人,因感到受歧视而迁往美国。这一代朝鲜人的主要困难是语言问题,尽管受过高等教育,但因为语言不过关,仍然难以找到工作。而他们的第二代在语言上就不存在问题了。去年有位日本学者到哈佛大学去,发现讲堂里的 23 名亚裔学生中竟有 18 名是朝鲜人。曹瑛焕教授说:"与日本相比较,我对美国朝鲜人的前途抱乐观态度,因为在美国他们没有受到歧视,一般都有可能达到中产阶级的水平。当然,要再上去,就困难了。"

关于美国朝鲜人的发展趋势,曹瑛焕教授认为,朝鲜人被同化的速度要比中国人和日本人快。其原因可能是由于其传统文化的坚固性不如中国文化和日本文化,并且居住分散,此外朝鲜人学外语的能力似乎较强。只有洛杉矶的朝鲜人同化的速度较慢,因为全美国 1/4 的朝鲜人都聚集在那里。就目前情况来说,日本人同化的速度比朝鲜人慢,他们保持传统文化的能力比较强。但在日本人中,有一个现象很突出,那就是日本妇女很少有愿意嫁给日本人的,绝大多数美籍日本妇女都嫁给了白人,原因大概是她们不愿意再忍受日本男子的父权思想。朝鲜男子的父权思想比日本男子少一些,华人男子又少一些。这些情况对美国一些亚裔民族的发展趋势都是有影响的。

应中国同行的要求,曹瑛焕教授还谈了对美国印第安人的一些看法。他认为美国印第安人的境遇不佳。首先是由于美国的保留地政策使他们失去进取心,在这方面他们还比不上黑人。此外,印第安人传统文化影响很大,在保留地内更是占绝对优势。有一位印第安妇女,离开保留地后生活很困难,便把一个孩子送给一对白人夫妇作养子,这个孩子与白人父母一起生活得很好,但这个妇女所属的印第安部落得知此事后,便提起上诉,一定要把这个孩子弄回部落。保留地内只有小学,一个印第安人若要上中学,就必须到保留地以外的学校去寄宿,去面对一个全然不同的文化和社会。这就使一些有上进心的印第安人徘徊在两种文化之间,造成感情上的痛苦。一些上了大学的印第安青年身上还要挂着父母给他戴身上的护身符,当他比较能适应现代化社会时,就要被责备为"背叛了民族",当他在竞争性很强的现代化社会中遭到挫折时,就可能退回到保留地去。印第安妇女的性格一般比较坚强、有耐力。有一个女青年,很有志气,想要改变印第安人的境遇,努力学习,上了大学,当上了研究生,但后来由于离婚后生活有困难,又回到保留地去了。曹瑛焕教授说:"保留地内的生活水平不高,但有吃有住,人慢慢就会懒散下来。"

(李力文,中国世界民族学会主办《世界民族研究》内部刊印,1988 年第 1 期)

4. 哥斯达黎加印第安联合会纲领

哥斯达黎加印第安人问题不是新问题。从西班牙人征服和殖民时起,这个问题就产生了。它是由印第安人遭到经济、社会和文化征服直接引起的。事实是,印第安居民的土地被剥夺了,并被赶到该国南北两端最不适宜居住的地方。从那时起到目前,我们哥斯达黎加印第安人一直为生存下来而艰难斗争。

哥斯达黎加印第安联合会,就是在这一生存斗争过程中的适当时机产生的,它一直站在印第安公社一边。当然,以往也出现过"其他历史时机",也曾对印第安事务表示过某些关心,甚至发展到成立组织的阶段,但都没有印第安人的积极参加。那些组织提出的计划和纲领,满足不了我们的要求和利益,有时甚至违背了我们的要求和利益。

哥斯达黎加印地安领导阶层日益明白和懂得了我们公社发展的基本问题。从 1078 年起,随着第一次印第安领袖和领导人代表大会的召开,我们的领导阶层便试图建立一个清楚自身利益和民族要求的印第安自己的组织。哥斯达黎加印第安联合会对此已经并继续向哥斯达黎加印第安人作出回答。

原则

正因为我们的组织扎根于印第安居民之中,我们深知印第安人的行为和思想方法,为此特制定如下五项原则,兹分述之。

1. 尊重印第安文化

如同我们知道和感觉到是哥斯达黎加公民一样,我们印第安人认为自己是现时民族文化成分中那一最古老文化的当然所有者。同样道理,他们要保持那些使我们不同于全国其他居民的品质、传统、习惯、感情方式和思想方式。作为印第安人自己建立起来的组织机构,本联合会完全清楚,一切与我们公社有关的行动都必须以承认和尊重我们的文化的特殊性为出发点;进一步说,所有涉及到印第安人的行动,都应该有利于印第安人自己的文化的繁荣。

2. 一体化

印第安问题不应仅限于公社范围内。印第安问题在公社里特别突出,但显然已向外扩展了。我们的问题不仅仅是公社问题,而且更主要的是影响我们印第安人保持一体化的问题,我们所在的公社可能已与此无关了。鉴于此,我们完全主张印第安联合会的行事原则应该一直注意印第安人行动和思想的一致性,克服(不是忘记)渺小的公社界线。总之,一体化原则努力把印第安人的地方性放到全地区、全国和国际印第安人的范围内来考虑;同时,又努力把我们的问题与大多数非印第安人特别是与我们有共同命运的农民的类似问题放到一起来考虑。

3. 具体化

具体化原则就是指对我们的迫切问题要寻找出具体的解决办法并付诸实际。因此,对于我们的问题,我们遵守雷厉风行和讲求实效的原则。

我们认为,过去经常发生的事实是,对印第安人的具体问题只"满足"于制定一个文件或成立一个委员会。但是,具体化原则并不意味着我们要采取匆忙或随便的态度。具体化原则是指在采取某个应该采取的行动时,要考虑付诸实施的其他原则和具体条件。具体化原则也还指决定某个行动时要充分估价和思考这些原则及所涉及的实际。

4. 参与

在涉及事实上影响到印第安人生存条件的一切事情上,哥斯达黎加印第安联合会接受必须有当事人作为主角参与全过程的进步思想。我们懂得并赞成,不仅在某项发展行动的执行阶段,而且在制定和研究阶段,都应有当事人的自觉的、积极的和全面的参与。因此,这一原则要求我们自成家并站在印第安居民立场。

在实行这一原则时,我们不仅承认我们的人民有不可剥夺的参与权利,而且也承认这一原则对于达到我们联合会的目标有合作意义。因此我们认为,如果没有当事人的坚决参与,任何公共的或私人的团体都没有、也永远不会有足够的财力、人力和设备来推动印第安人的整体发展计划。此外,我们还认为这一原则高于其他原则。如果没有我们的人民的积极和自觉参与,我们怎么能够尊重我们的文化、实现我们的人民一体化或使全面发展行动具体化呢?

5. 全面发展

70 年代期间,我们的错误是忘记了印第安事情是一个全面的问题,只强调发展工程的某一方面,而忽视或忘记了其他方面。与此相反,印第安联合会现在则注意我们印第安问题的整体蓝图,其中包括经济、社会、文化和政治方面。

纲领

前述五项原则,已被本联合会贯彻到中期"行动计划"中,这个计划包括四个基本方案:人才培养方案、印第安协会建立方案、文化复兴方案和体育运动交流方案。实际上,在 1981 年 6 月,也就是哥斯达黎加印第安联合会成立时,就开始为制定和执行这些方案而工作了。

下面,我把行动计划中的前两个基本方案的目前实行情况汇报如下:

1. 人才培养方案

从广义上来说,这个方案旨在培养和训练地方和全国印第安领导人的一般能力和组织工作的特殊才能。同时,它还授权印第安公社制定、执行和评价自己的人才培养计划。

这个方案的第一阶段已经结束:这一阶段的目标是培养 25 名全国印第安领导人,并在 5 个印第安公社举办地方训练班。

第一阶段所取得的巨大成就,远远超出了原定的目标。例如,在仅仅 2 个月的时间里,就举办了 20 期训练班,有 600 人参加。此外,仅从数量上看,即可证明在第一阶段,所有的印第安公社都有代表直接参加,每个公社至少参加一期。按照传统的教育方式,在这么短的时间里,是难以吸收这么多的参加者并完成训练的。但我们认为,这个方案的第一阶段所取得的最突出的成绩,是印第安领导人全面积极地参加了训练班的计划、执行和评价。反过来,这一成绩又促使印第安人继续积极参加其他活动。

2. 生产计划方案

生产计划方案和人才培养方案被定为本联合会的首要方案。我们的工作是要把它们付诸实际。这两个方案相互之间有直接的影响。比如,生产计划方案的目的是加强印第安公社的农牧业经济和手工业生产,但前一个方案的实施,则可以使我们的同胞增强对建立一个有效的生产体系的重要性和战略性的认识。

此外,生产计划方案也完全从整体发展考虑问题。它不仅注意到印第安人需要有及时和适当的货款渠道,而且也注意到无论是为了生产本身还是为了产品的销售,生产者需要有一个技术辅导和组织机构,以及需要提高生产率,多种经营和鼓励印第安农民的企业经营积极性。

(司马节译自《印第安美洲》,1983 年第 11 期,中国世界民族学会主办《世界民族研究》内部刊印,1988 年第 4 期)

5. 阿根廷的印第安问题与政府政策

从 1970 年到 1975 年,阿根廷出现了四个地区性"印第安人联盟",并发展起数以百计的地方组织。这个过程与阿根廷在这一时期所发生的那些政治事变是紧密相连的。无论是从近年来阿根廷政治史上出现的各类政府所采取的态度和行动方面来说,还是从印第安人本身斗争的目标来说,我们都应结合印第安人问题的特殊性来分析这个过程。

因此,在着手评述阿根廷政府对印第安人政策的主要特点和分析自 70 年代初以来印第安组织的出现、发展和壮大过程之前,有必要先分析一下阿根廷印第安诸民族的基本特点，他们在历史上加入全民社会的方式，以及在有关时期的大概情况。

印第安民族

阿根廷的印第安居民分属 15 个不同的族群，七十年代初官方公布的人数是 15 万人，占该国总人口的 0.7%。这个数字未包括那些移居城市的和已经失去自己语言的印第安人。因此，如果加上这两部分，有人估计印第安人口多达 50 万。但笔者认为，官方的统计有缩小的一面，而印第安领导人的估计则有夸大的一面；实际上，目前阿根廷的印第安人不会超过全国人口的 1.5%。

虽然阿根廷的印第安人口比重很小，但分布地域却很广，民族特点也很不一致。这一点不同于拉丁美洲其他国家。造成这种情况的原因，与阿根廷历史的发展和殖民扩张分不开。

西班牙人在拉普拉塔河流域的征服和殖民活动，遇到了那些以狩猎—采集经济为主的印第安民族的抵抗。但是，在殖民扩张过程中，这些民族有的被消灭和同化了，有的则被从中部潘帕斯地区驱散了。被驱散的印第安人一部分向南迁移，到达了目前的拉潘帕、内马背、里奥内格罗、丘布特和圣克鲁斯等省，另一部分则向东北退却，散至圣菲、福莫萨、查科和密西昂奈斯等省；至 19 世纪末，他们在这些地方形成了相对独立的居民中心，成立了超越全民社会之外的自由人。随着马匹的引进，他们的经济也开始转向游牧经济。由于这一点，在各地区各民族中间便出现了某些差别。不过，对印第安人影响最大的，要数因使用马匹而增强了军事抵抗力量。因此，在 19 世纪最后几个年代，阿根廷曾向边境印第安民族发动了最后的征服运动。这个运动与新的欧洲移民大军到来有关：在东北地区，移民需要开发森林以发展粮食生产，在南方则要建立庄园以发展畜牧业。但是，直到 20 世纪 30 年代，印第安人起义仍在这两个地区不断发生，特别是在东北某地区，一些起义运动甚至达到了殊死的地步。居住在那里的托瓦人和莫科维人，尽管曾受过宗教洗礼，但仍与政府军展开了比 1884 年格拉尔战役更为激烈的战斗。而在南方，潘帕、特惠尔切和马普切等民族，在 1972 年圣卡洛斯战役结束多年后,仍拒绝加入全民社会。

阿根廷西北地区印第安居民的情况倒相反。在西班牙殖民时代,目前的萨尔塔、胡胡伊和图库曼等省的印第安人与上秘鲁(玻利维亚)的印第安人是密切相连的。这里的印第安人以农业为主,曾被印加帝国殖民过,16世纪时各支印第安人之间就发生了混合,形成了目前的科利亚民族。这个民族在语言和文化上与玻利维亚的艾马拉人接近,现一点也未受全民社会的同化。

根据以上情况,现可看出阿根廷存在三个明显不同的印第安居住区:1)南部地区,此处有马普切族、特惠尔切族和潘帕族,还有现已消失的奥纳族和阿拉卡卢菲族;2)东北地区,以托瓦族、莫科维族和马塔科族为主,还有势力较小的丘卢皮族、查万特族、皮拉加族和塔皮特族;3)西北地区,核心居民是科利亚族,再向东是奇里瓜纳族和查内族,但这两个民族也常被划入第二个地区。

历史上,白人向以上三个地区殖民有两个目标:一是掠夺和征用印第安人的土地,以发展农业、畜牧业或采矿业;二是通过各种制度把印第安人变成受尽剥削的劳动力。但是,实行的结果则因地而异,致使各族印第安人在全民社会中占着不同的社会经济地位。在东北和南部两个地区,开始时第一个目标压倒第二个目标,结果就形成了一种全地区性的殖民统治制度。但是,到了20世纪初,由于伐木、垦殖土地和放牧的需要,第二个目标便上升到主要地位,印第安人遂被一步一步地变为劳动力。在这种情况下,殖民统治关系向阶级剥削关系的转变非常迅速,结果就产生了农村印第安无产者阶层,他们的生存基础就是作为保留地而留下的小块土地,或者到国家土地上干季节工、短工和甘蔗工。而另一部分失去土地的印第安人则流向城市谋生,成了城市半失业者和失业者大军的一部分。

在西北地区,由于独立前土地已被承认为印第安公社的财产,征用土地受到部分限制,印第安人被变成劳动力的过程要缓慢一些。但是,在某些地方,印第安人也已同样沦落为乡村半无产者或矿业无产者,同样发生了农村向城市的大规模移民。

在以上三个地区,由于印第安人向城市移民,便在城市周围形成了许多印第安人区,人称"可怜的小镇"。在塔尔塔加尔、雷西斯腾西亚、内乌肯、萨恩斯佩尼亚、萨帕拉市等城市,甚至布宜诺斯艾利斯,都可见到这些印第安人的可怜的小镇,其人口目前还由于来自智利、玻利维亚和巴拉圭的印第安移民大军而日见增长。

在文化意识领域内,这些残存的印第安人也遭受着同样的命运。历史上,"短工"或"仆人"是印第安人的同义语;而且目前在城市中,"昏头昏脑的人"则指那些从乡村来的印第安人。

阿根廷政府与印第安政府

直到二十世纪初,阿根廷政府对印第安人的政策就是种族灭绝,其显著标志就是政府军向他们发动了一系列的"沙漠战役"。

但是,从 1867 年起,也开始制定一些法律和法令,给那些已被征服的印第安人留下"保留地",并限制和禁止向印第安公社出售火枪和烈酒。1928 年,开始在印第安人居住区建立政治组织,而不是与他们签订军事协议。这一年,阿根廷还首次召开了众议院专门会议来研究印第安人问题。但是,这次会议没有产生什么结果,还是继承以往做法,即把印第安人固定在保留地里,同时设法把他们变为劳动力。

1946 年,在庇隆将军的政府下,阿根廷制定了比较明确的印第安政策,其主要内容就是给印第安人颁发土地所有证,制定"雇工条例"。此外还包括吸收印第安领导人参加政治,有的被任命为政府官员,有的则充当印第安居住区的政治助理人员。

1955 年的军事政变,使印第安领导人在官方政策鼓舞下开始参与政治的过程中断了。1956 年,印第安保护局被解散,而把印第安问题交给各省政府处理。总的来说,这些省政府在印第安问题上没有采取什么专门行动,实际上是支持了非法征用印第安人土地的新浪潮对印第安人的践踏。

1958 年,在弗朗迪西总统的政府下,阿根廷重新制定了一个全国印第安人政策,依法设立了附属于内政部的印第安事务署。这个政策的许多内容,就是旨在将印第安人纳入全民社会中的。例如劳动技能草案有几条规定说:

1. 要把那些流浪的印第安人吸收到此草案分布后建立的有关文化、社会和经济性质的组织中去,为他们谋求有报酬的劳动、粮食和衣物,为他们建立奖励和救济基金,使他们受到教育和技能训练。

2. 引导和训练印第安人的已是高度发展的适应能力,使他们学会耕作和掌握现代劳动技术。

3. 鼓励节约和合作,发展土著艺术和手工艺品。

4. 保护印第安人人身和财产安全,各级司法机关都要依法保护他们,在涉及到他们的权利和义务,特别是劳动问题时,要向他们提供咨询……

但是,由于没有制定土地政策和无法制止印第安人在工场和工程中所受的剥削,结果在萨尔塔和福尔莫萨等省多次发生了印第安人反抗行动。这迫使印第安事务署于1959年改变了自己的方向,转而把重点放在给印第安人发放土地所有权和收益权证书上了。尽管有这些措施,但在由政府制定的全国印第安人政策和各省统治集团的利益之间的矛盾,却表现得特别尖锐;事实上,那些美好的愿望根本就未能实现。

1961年,新的军政府将印第安保护局设在内政和司法部下,使国家对印第安人采取行动时带上了警察和合法的特点。但不久这个局又撤消了,其职权被下放到各省政府,从而又回到了1956年的老路上。由于这一决定,在里奥内格罗、萨尔塔、查科和内乌肯等省又重建了一些印第安人的事务机构。这些机构带有明显的一体化主义倾向,实际上是支持了对印第安人的土地掠夺和剥削。但是,内乌肯省是个例外,萨帕格省长颁布了印第安人保留地法令,这个法令是有关归还印第安土地的最有进步的省级立法之一。

在60年代上半期以前,阿根廷官方印第安政策的发展表明,在全国政权和地方政府之间一直存在着矛盾,前者想制定一个全国统一的政策,而后者则竭力抵制。

纵观各届政府对待印第安人的政策,其基本点乃是倾向于墨西哥官方印第安主义者提出的一体化的文化同化模式;根据他们的经济和社会福利计划来看,其主要注意力是放在劳动权利、雇工、归还土地及巩固印第安农民阶级等问题上,而没有更多的注意民族复兴。然而,除了庇隆主义政府外,就是上面那些东西,也没有任何一届政府让印第安人参与,而是由一些专家和官员制定并付诸实施的。另一方面,那些军政府总是把印第安问题当作是由内部还是由外部给予保护的问题来看。

1966年的军事政变,给全国印第安政策带来了新的特点。从属于社会福利部的印第安事务司(1968年成立)制定了一份"印第安公社总体发展规划",其主要目标是:1)促进边境地区的定居和社会发展;2)促进边缘地区和低洼地区小公社的发展;3)最终目的是取得印第安人一体化,使他们成为具有一切权利和保障的公民。

到60年代末,这一政策产生了明显的效果,为印第安领导人参与各省印第安事务局的工作打开了道路。但是,这些事务局私底下又有两个目标:一是通过向印第安首领和领导人赠送有限的礼品和财物,缓和与印第安公社发生的冲突;二是通过对印第安公社权力机关的控制,获得更多的印第安人选票。当然,这届"阿根廷革命"军政府的政策,没有使印第安居民的地位发生根本性变化,但它却意外地为恢复印第安公社的政治地位,以及为印第安组织的出现和印第安运动的兴起创造了条件。

阿根廷印第安运动的兴起

60年代中期发生的印第安人向城市移居,渐渐形成了一个深受墨西哥印第安主义思想影响,从而意识到自己民族地位的职员、学生和教员阶层。

在布宜诺斯艾利斯,这一在族属和意识形态方面互不相同的阶层,逐步在文化机构、同省人协会和俱乐部中形成了一些集会中心,这些中心又反过来引起他们组织起来的念头,并由此产生了一种不分差别的民族意识。这最终导致了1968年"布宜诺斯艾利斯印第安人中心"的建立。

在这一组织内部,不但在意识形态方面,而且在民族出身和社会出身、个人和集团利益与前途等问题上,从一开始就是不同的。但是,从中也产生了一些民族思想家,他们开始把注意力转向自己的公社,打算与之建立联系,开展一场"复兴印第安文化运动"。为此,该中心于

1970 年改名为"阿根廷印第安组织联合会",其目的是要重新唤起阿根廷印第安居民的民族意识,为印第安人提出的各种文化复兴要求作出贡献,在创始阶段,联合会的领导权掌握在一批马普切族和科利亚族学生及教员手中,后又逐步吸收郊区印第安人参加(只有这些人与内地部落有频繁的联系)。

此时,墨西哥印第安主义的影响在联合会的思想意识中仍起决定作用,但同时联合会又从《黑人权力》中拿来一些种族主义,从玻利维亚印第安党那里吸收一些主张,甚至还从阿根廷一些慈善组织那里借取一些东西。在这一包括各种理论的混合体中,联合会明确表示的唯一立场,是通过双语教育、尊重公社的家庭和社会组织形式,为保存印第安人的文化和语言特点而斗争。围绕这一中心斗争,他们提出了一个改善和发展印第安居民的教育、卫生和住宅状况的计划。

在这一总蓝图之下,教育被认为是"改变印第安人落后面貌以获得社会好处"的主要办法。这些立场使联合会一度更多地注意扩大印第安计划的目标,而不是他们的一体化和文化同化问题;这还使他们不去分析历史上阿根廷印第安人受压迫、遭剥削和处于落后状态的经济、政治和社会原因。这样,在联合会发展过程的第一阶段,便产生了这样一种思想,即试图在国家政策范围内寻求恢复民族特点的空间,而不深入分析文化同化过程赖以进行的基础。但是,这种思想不久即被修正,一些联合会的成员开始号召人们注意印第安人在庄园和工场里所受的残酷剥削、公社为保卫自己的土地所开展的斗争、政府与一些公社领导人的政治交易,并揭露官方的印第安政策即便不是民族同化,也是采取了家长作风和歧视态度。

与联合会在布宜诺斯艾利斯建立以抵制政府的印第安民族一体化政策的同时,一些有进步倾向的天主教组织则在乡下开始进行唤醒和组织民众的工作,其中也包括广大的印第安群众。从 60 年代中期起,一些学生、教员和牧师的求实态度和志向,使他们在那些印第安比例较高的省份建立起了一批印第安学校训练班和早期的合作组织。这一耐心细致的工作于 1969 年终见成效,这一年分别在塔尔塔加尔和萨帕拉召开了两次印第安代表大会,首次讨论了各省印第安政策以及与地方当局的利害关系。这些问题是由来自公社本身、并且与在各省印第安事务局任职的正统领导人相互对立的印第安领导提出来的。这些领导人一般都是印第安裔教师和首领,在天主教学校受过基础教育,了解自己的公社,他们此时已开始形成为印第安农民的领导者和组织者阶层,并提出了自己的民族-政治主张。

通过这两次代表大会,来自不同民族的领导人增加了接触,发生了联系,出现了建立各省"印第安联盟"的萌芽。而且,通过接触和联系,他们之间还产生了一种共同的民族意识,与由阿根廷印第安组织联合会在城市中鼓动起来的民族意识遥相呼应。

但是,与印第安组织在布宜诺斯艾利斯和各省发展成长的同时,以及随着印第安共同民族意识的出现,也产生了在各省印第安事务局任职并与那些想把印第安组织纳入国家政策下的地方当局的利益相连的印第安官僚阶层。而且,此时的阿根廷印第安组织联合会内部,也分成了两派——一派是站在全国印第安事务局方面的"官方派",另一派是致力于建立印第安基层组织的"激进派"。

随着阿根廷印第安组织联合会和地方印第安组织的影响不断增长,其内部分歧也日益扩大,从中又产生出了一个其印第安出身或真或假的、只关心个人权力和财产并慢慢与公社利益相脱离的领导阶层。

面对这种形势,自 1970 年起,政府又分别采取拉拢、收买或贬低印第安领导人的办法,力图更有效地控制印第安组织,阻挡他们刚刚兴起的激情和切断他们与其他民众的联系。这种情况在内乌肯印第安联盟成立后表现得特别突出,在这个组织内部,形成了一个与省当局和军人集团利害攸关的印第安官僚阶层。

内乌肯印第安联盟与第一次全国印第安代表会议

1970 年,在省政府和内乌肯印第安协会的帮助下,在地主和军人的支持和帮助下,内乌肯印第安联盟宣告成立,其口头宗旨是代表该省马普切人的利益。该联盟第一届领导委员会的组成,从一开始就受到省政府和军人的控制,其成员都是与省社会福利部及一些与保险机构有联系的马普切官员,比较先进的印第安领导人则被排斥在外。

政府实现对上述联盟的控制之后，便着手准备召开第一届全国印第安代表大会，以实现更加狂妄的目的。1972年，与省长竞选运动有密切关系的"第一次全国印第安代表大会"终于召开了。但是，与官方的愿望相反，这次会议却未按照政府的政策来讨论印第安问题。

这次会议是在省官方代表明显占据优势，以及省印第安事务局公开参加和控制的情况下召开的。其他省的印第安代表参加会议受到各省政府的种种限制。事实上，除了阿根廷印第安组织联合会的大批成员参加以外，只有福莫萨和里奥内格罗两省的官方代表团前往；由上述联合会邀请的两名"科利亚人"（实际上是居住在布宜诺斯艾利斯郊区的玻利维亚移民）代表，临近会议结束时才赶到。

但是，当官方企图将马普切代表结成一个团结战斗的集体，并在阿根廷印第安组织联合会的代表与城市官方组织的代表之间划上一条明确的界线，以达到控制会议的目的时，联合会的激进派代表马上就掀起了一阵强烈的反对旋风。

在会议进行中，要求保障公社土地所有权和归还被地主占去的土地，成了印第安人代表发言的中心议题。尽管"官方派"代表对此保持沉默或想从讨论桌上移开，但大多数印第安领导人仍坚持要使土地所有权合法化，这一态度遭到了各省与会官员的强烈反对。最后，印第安代表们又强调，在会议有关土地的决议中必须指出发给公社合法所有证的迫切性，以防止地主的侵占或省政府和国家对印第安人的驱逐和遣散。与此同时，代表们还强调扩大援助项目，诸如双语教育、尊重印第安文化传统、建造住宅、提供医药及制定劳动法，等等。

此外，代表们还提出，在印第安地区的所有官方机构中，应有印第安人参加。关于这一点，尽管在"官方派"代表与"激进派"代表之间有意见分歧，但会议最后还是通过了下述决议："已经设立的或将要设立的印第安事务局，不管是全国性的还是省级或区级的，都将由印第安人来负责。"

但是，官方派与激进派之间的分歧并未因此结束，而且更加严重并直接影响到后来的全国印第安运动的发展。因此，如果说第一次全国印第安代表会议产生了有理智的议案，并使城乡印第安领导人之间有了联系,取得了思想和战略上的一致的话,那它也加深了官方派和那些与公社有联系的激进派之间的不和。在后来的实践中,两者表现出了不同的思想倾向。官方派强调印第安人的民族和文化特点,一般避免谈论印第安受剥削的历史根源,常常采取种族主义的立场;而激进派则强调现存民族统治的社会—经济特点,把建立一个牢固的与人民群众的利益密切相连的印第安组织作为自己的主要战略目标。

总之,第一次全国印第安代表会议分成了两个明显不同的派别,他们具有不同的权力要求和战略,并把这种分歧扩展到了全国;但是,在促进各印第安群体不分彼此地团结起来,以形成和发展统一的印第安民族意识这个问题上,两者却是相互支持的。

1973 年的选举与各印第安联盟

人民对军政府的反对、民众组织的成长和巩固,以及 1973 年全国选举的有利气候,促进了"激进派"势力的发展和一些新的印第安组织的出现。与此同时,"官方派"也获得了关心上述形势的各级官方机构的暂时支持。但是,在第一次全国印第安代表会议上出现的两种思想倾向和两个不同的战略,在双方代表人物那里实际上又常常没有明确的界线。因此这里必须指出,如果要对阿根廷印第安组织的发展过程的特殊情况做比较透彻的分析,就必须考虑它们所在地区的社会-政治形势和它们在每个时期的特殊社会利益。

1969 年底,由一个天主教组织在查科省新庞佩亚地区的马塔科人中间引起了反响,印第安人开始活跃起来,并于 1972 年召开了卡瓦尼亚罗印第安地区代表大会。在这次会议上,土地要求又重新成为主要议题。同年 7 月,托瓦人和马塔科人的这种热情,又传到了莫科维人中间,促使他们联合召开了查科省印第安人会议,并成立了"查科省印第安联盟"。这个组织是由那些加入基督教基层团体的印第安领导人自己发动成立的,未受官方指使和支持,因此,他们是与当地的地主和省政府相对抗的。该联盟集中托瓦人、马塔科人和莫科维人的要求,发动了一场规模宏大的争取土地和农业贷款,以及成立不受省印第安事务局管理的合作社组织的运动。

从省印第安事务局方面来说,由于印第安公社生产的棉花都是由它转手卖出去的(以低于市场的价格收购),便对该联盟的领导人发动了一场镇压运动。但在当地农民组织和工会的支持下,以及在该联盟和阿根廷印第安组织联合会的坚决要求下,那些被抓去的领导人最后被释放了,所取得的成果也得到巩固。

从此,也就是 1972 年,阿根廷印第安组织联合会和查科省印第安联盟在工作上有了联系。这两个组织按照激进派的民族-政治思想,开始制定一个启发、组织和动员全国印第安人总体计划。在这一计划指导下,1973 年底又成立了图库曼印第安联盟。1974 年初,这个联盟在本地区发动了一场要求归还公社土地的运动,公开与省当局对抗,导致结果是它的领导人和组织者遭到了警察的残酷镇压。

与此同时,在布宜诺斯艾利斯,阿根廷印第安组织联合会内部的两派冲突和争夺对该会控制权的斗争,从 1973 年起开始激化。这一年初,制定了一份印第安公社法草案,准备交给刚选出的新政府讨论。这个草案是阿根廷印第安组织联合会思想发展的产物,首次明确规定了印第安公社的定义:"凡是超过 25 人以上的人群,只要意识到自己属于该国最早的某一民族,或者因保存了前西班牙文化因素而明显是这一民族后裔,无论是纯血统还是混血的",即被认为是印第安公社;并且,还附加说明只要是如此,"并不需要保存与全民文化不同的部落语言和习惯"。

上述草案因提出立即归还印第安公社土地,要求发给合作社和提供双语教育获得了一片赞扬声;但实际上,围绕它能否被全国印第安事务服务处列入正式目标,则在官方派和激进派之间展开了激烈的内部争论,因为这个附属于社会福利部的服务处的控制权,掌握在新选的庞隆主义政府的右翼手中。

1973 年年中,政府为了控制阿根廷印第安组织联合会,在布宜诺斯艾利斯城召开了第二次全国印第安代表会议。由法西斯主义者和准军人组织和监督的这次会议,受到了印第安公社领导人和各印第安联盟的代表的抵制;除了在上次代表会议上已明显倾向于官方并力图参加官方机构的一些马普切族领导人以外,阿根廷印第安组织联合会的所有成员实际上都采取了抵制态度。尽管有国家社会福利部的大批官员参加,但这次会议还是完全失败了。这次会议之后,阿根廷印第安组织联合会自行解散了。取而代之的是"联邦首都和大布宜诺斯艾利斯省印第安联盟",其基本群众和支持者是前述"可怜小镇"的印第安居民。这个新的联盟选出了一个领导委员会,由原联合会的激进派和布宜诺斯艾利斯周围的印第安居民点和团体的领导人组成,并得到了内地各印第安联盟和布宜诺斯艾利斯大学师生的支持。

新的联盟积极在全国开展对印第安组织的说服和争取工作。力图建立一个"全国印第安联盟",以代表全国各族印第安人的利益,通过印第安领导人的亲自参与而对国家的印第安政策的制定发挥决定性的作用。这一战略目标不仅影响到查科和图库曼的两个印第安联盟,而且也影响到内乌肯印第安联盟(1974 年下半年,该联盟内部的"官方派"领导人被罢免,而由一个代表各公社利益的领导委员会代替)。

1974 年,在萨尔塔、福莫萨和圣菲等省,也开始建立一些最初的印第安组织;这些组织虽然还不具备成立联盟的规模和能力,但却团结了各族印第安劳动者为争取土地和劳动权利而斗争,并在小范围内进行了文化复兴的斗争。

到 1974 年底,基于一种将印第安民族看作是全体人民中的一个特殊部分的民族—政治思想,以上那些地方组织和各省联盟一致要求向组成全国印第安人联盟的方向前进。但是,这个总的趋势并不代表他们在战略上目标一致,对于阿根廷当时的政治形势,印第安运动内部经常发生争论。不过,采取全国性的行动,则可以说明他们想制定一个总的战略和发展印第安民族团结一致的政治觉悟,说明他们已把经济和组织的复兴斗争放在文化复兴之上。

印第安运动遭到镇压

1974 年末,伊萨贝尔·庇隆政府的内部矛盾,导致了民众组织遭受愈来愈严厉的镇压。在这种政治形势下,各印第安联盟的领导人也遭到迫害,政治机构被拆散:图库曼印第安联盟的组织者和代表人物遭逮捕,并被送到法庭审判;内乌肯印第安联盟失去了战斗力,政治少年宫受到省政府的包围;查科印第安联盟被解散,一些领导人被监视、跟踪和逮捕;联邦首都印第安联盟被警察解散。这样,印第安运动的普遍挫折,至 1975 年又影响到公社合作化试验。从这一年起,随着全体人民的政治和人身权利被践踏,印第安公社也被非法解散,公社的土地亦遭巧取豪夺。

在这种情况下,印第安运动提出的那些最根本的要求落空了;而要求尊重印第安语言和文化的呼声,重新响亮起来。1975 年 3 月,在布宜诺斯艾利斯成立的得到新的军政府承认的"阿根廷共和国印第安人协会",其总路线就是如此。这个协会一成立就强调自己绝对不问政治,公开谴责政治党派和团体(不管是右的还是左的),力图以"西班牙语言文化主义和经济主义"的观点来指导印第安运动。根据他们的会章和在第二次巴巴多斯会议上的发言,他们的主要目标是:1)尊重印第安文化的人格和地位;2)给印第安人土地;3)依法承认印第安公社;4)土著印第安人有选择职业的自由。这个立场强调,印第安问题"不是纯粹的经济-社会问题",应该从印第安运动中排除任何涉及政治、宗教、社会科学和历史讨论的东西,以达到主要目标——设立全国性的印第安领导人代表大会。达到这一步后,再争取国际支持,诸如参加与全大陆印第安问题有关的活动——美洲学学者国际代表大会、印第安人民国际会议、巴巴多斯会议、南美洲印第安代表大会,以便与拉丁美洲其他印第安组织建立牢固的联系。

结束语

由于印第安人在全国人口中的比例很小,以及他们历史上加入全民社会所形成的社会—经济和政治的特殊性,阿根廷的印第安人问题与全国总的社会—历史方向是分不开的。该国所经历的社会—政治对抗的矛盾,必然影响到印第安人的斗争;无论是经济方面的问题还是文化方面的问题,在统治集团和人民大众之间都存在着意见分歧。近年来印第安运动的经验表明了这一点。从运动一开始,内部就分为明显的两派。因没有更合适的名词,我们在文章中把他们称之为"官方派"和"激进派"。这种情况显然与城市印第安知识阶层的出现有关,他们既有条件参加官方政治,又有条件与基层印第安公社接触。阿根廷印第安知识阶层不仅提出了一些社会—政治纲领,而且还发展出一种民族—政治思想;这种思想不仅要求重新估量印第安民族,而且还想在不脱离全民社会的政治形势的前提下,使印第安民族在共同的民族意识的基础上确立政权目标。

阿根廷印第安组织和民族—政治思想的出现,虽然受到全大陆印第安运动和世界上民族复兴浪潮的影响,但与 70 年代初阿根廷社会—政治矛盾的激化不无关系。但是,由于印第安运动与民众运动和社会改革运动联系在一起,它也随着人民阵营的失败而失败。因此,70 年代出现的印第安组织一道也被镇压下去了。印第安运动一旦超越地方或省际斗争的传统界线而具有全国规模,政府的镇压也就愈加严酷。在这种情况下,要想成立一个全国印第安联盟,那是绝对行不通的,除非统治集团的战略计划需要有一个执行官方的印第安政策的印第安组织。

目前,阿根廷的印第安运动,更恰当的说法是印第安运动的余辉,只在城市里有所反映,已经远离产生它的公社;印第安人的斗争已经停止,重新退回民族阵地去了。但是,这绝不意味着阿根廷的印第安问题已最终解决了。

([委内瑞拉]安德烈斯·塞尔文,朱伦译,中国世界民族学会主办《世界民族研究》内部刊印,1988 年第 4 期)

6. 澳大利亚联邦政府对土著居民的政策

土著居民是澳大利亚大陆的第一民族。他们居住在澳大利亚这块大陆上至少有 40000 年。因此,土著居民认为他们是这片大陆的毫无争议的所有者。当欧洲殖民者从北半球迁居南大陆时,就遭到土著居民的反抗。1788 年 1 月 26 日,正当罪犯运输船从植物湾转到悉尼湾来时,愤怒的土著居民手拿棍棒,发出憎恨的叫喊声,表示不要白人到来。这一场面告诉人们,英国罪犯登陆的悉尼湾,不是没有人居住的地方,也不是无主地,而是世世代代居住在悉尼湾的土著居民的土地。1788年2月7日,菲利普宣誓就任新南威尔士总督兼驻军司令官,也就是说,英国当时没有得到土著居民允许,也没有与土著居民谈判,就占领了新南威尔士这片大面积的土地,尽管土著居民反抗,但他们没有先进武器,被迫退让。这就是英国殖民的开始,也就是掠夺土著居民土地的开始。从这个时候起到澳大利亚联邦政府的建立(1900年7月9日英国议会通过澳大利亚联邦宪法)的100多年间,种族关系是紧张的。欧洲人所到之处,都强迫土著居民离开他们世代居住地区,迁徙到贫瘠地带。凡是肥沃土地,殖民者就宣布据为己有。欧洲人首先占领沿海地区,把土著人赶往内地,但是如果内地有适合放牧草地,欧洲人就把这块草地占为己有,把原来居住在草地的土著人赶到沿海。此外,殖民者还以各种规章和政府法令的形式,把土著人的土地宣布为王室土地。从此以后,氏族的土地、村落社的土地通通消失了。澳大利亚——这块原为土著居民的故乡变成了英国的殖民地。原为澳大利亚大陆的主人,却变成了英国的臣民。这是联邦政府建立前的主要情况。当然,200年来情况已发生了变化,各民族在澳大利亚居住已将近200年了,他们对澳大利亚建设作出了巨大贡献并建立了澳大利亚国家。因此,今天的澳大利亚已不是200年前的澳大利亚,而是属于居住在澳大利亚的全体居民。

在这里,我主要介绍联邦政府成立后,1931年英国议会通过了"威斯敏特法案"给予澳大利亚内政、外交独立自主权以后,澳大利亚联邦政府对土著居民的政策。澳大利亚土著居民研究所把对土著居民的政策分为三个不同政策。第一项政策称为"保护"政策,我不同意这一提法,正确提法应该是霸占和屠杀政策,它包括1788—1925年的137年,这一时期的政策,也就是宗主国的政策,其特点我在上面扼要介绍了。第二项政策,称为同化政策,这一提法我基本同意,但应改为同化与歧视政策,更为恰当。这项政策推行的时间为1926—1971年。第三项政策为一体化政策,它推行的时间是从1972年至今。以下我们分别介绍第二项和第三项政策。

（一）同化和歧视政策

这项政策推行了 45 年，它起源于 1926 年，当时澳大利亚还没有取得内政、外交上的独立。1931 年，澳大利亚取得了内政外交独立以后，继承了这项政策。因为当时在澳大利亚的白人中间还存在着土著居民下贱的思想。墨尔本的《雏鸡》杂志典型地代表了这种思想，它在 1938 年把土著居民说成是"一种落后的和低下的种族"，并预言这个种族注定要消亡。该刊物还说，一些欧洲血统的澳大利亚人以"同情和内疚"交融的心情认为，土著人在现代化文明的社会里将不可能生存下去，这个种族将会死光。显然，这是白人至上主义者的观点。这些白人至上主义者还为自己的观点寻找"证据"，说什么在 1930 年，土著已从 300000 人下降到 60000 人，又说今后烦恼的已不是土著人，而是混血土著居民的人口增长问题。于是，一些研究家们把对土著居民的研究集中在混血土著居民的问题上，他们把土著居民按照血统的成份划分为不同等级，并得出结论说，混血居民即使是 1/8 的混血居民也能够在文明和野蛮之间继续生存下去。白人至上主义者甚至以肤色来作为文明和知识的标志，说什么肤色越浅，越有知识、越有文化。白人至上主义者为保持纯粹的白人种族，公然提出在北部地区控制混血居民人口增长的建议，在昆士兰州还要求隔离土著居民，更为反动的是建议土著妇女绝育。

在 1937 年举行的联邦政府和州政府负责土著事务的官员会晤时，他们一致的看法是，纯血统的土著居民终究要消失，问题是土著混血后代问题。为了使土著后代接受白人的文化，于是有人提出，混血儿童不能由土著母亲抚养，应该放在欧洲人居住区的孤儿院或白人家中抚养。白人至上主义者还提出，"成功的土著人就是欧化的土著人"。可见，澳大利亚政府在 30 年代推行的同化和歧视政策，一方面是继承了宗主国的政策，但同时也受到了澳大利亚社会在 30 年代期间所出现的种族主义思想的影响。

1. 同化政策的定义及其性质

什么是同化？在澳大利亚，同化意味着什么？以下摘录几段关于同化的解释。

1951 年，哈斯鲁斯克被任命为土地部长后，立刻号召各州注意土著问题。同年召开的土著福利会议通过了同化政策。会后哈斯鲁克斯向会议写了一份报告。该报告称,同化一词经过一段时间研究之后,意谓期望所有土著居民(包括纯血统和混血后裔)将像澳大利亚白人那样生活。哈斯鲁斯克进一步说明,同化并不意味着压迫土著居民文化,因为几代以后,文化是会进行调整的。哈斯鲁斯克还把同化政策看成是给土著居民塑造他们生活的一种机会,并暗示,未来的澳大利亚社会将是一个单一的社会。

哈斯鲁斯克把同化作为土著居民塑造本身生活方式的概念,成为欧洲人推行土著欧洲化的政策理论。1961年召开的土著福利会议再次反映了哈斯鲁斯克的观点。这次会议关于同化政策作了如下定义:

"所有土著人和部分土著人被期望最终与其他澳大利亚人过着同样的生活方式,作为澳大利亚单一社会的成员生活,享有同样的权利和特权,负有相同的义务,奉行同样的习惯并受同样信仰的影响,像其他澳大利亚人的抱负和忠诚。"[①]

4年之后,在1965年举行的土著福利会议再次讨论"同化"一词的定义。会议确定同化政策的新定义为:"同化政策寻求所有土著居民的后裔将选择与其他澳大利亚人类似的和标准的生活方式并作为澳大利亚单一社会的成员而生活着。"这个定义保留了政府建立单一社会的目的,但比较婉转地把"同样的生活方式"改为"类似的生活方式",并加上让土著人"选择"的概念。

同化政策定义的变化反映了澳大利亚社会发生了变化。由于从1947年起欧洲移民的大量涌入,使澳大利亚社会的民族构成发生了较大变化,这时的澳大利亚社会已经不是以英裔民族占绝对优势的社会了。原先在英裔澳大利亚人中的偏见到60年代已经削弱了,澳大利亚联邦政府也不得不减少对亚裔人的限制。

不管哈斯鲁斯克用多么美丽的辞藻来为同化政策辩解,也不管同化政策的定义有何变化,同化政策的实质就是要把土著人变成黑皮肤的欧洲人,就是要土著居民放弃他们的传统文化,放弃他们世世代代留

---

① 《澳大利亚土著人》,第173页。

下来的生活方式,放弃他们祖先在梦幻年代给他们制定的各项制度。哈斯鲁克斯的观点就是种族主义的观点。

2. 土著居民对同化政策的反抗和进步学者对土著的支持

为推行同化和歧视政策,政府加强控制土著居民。昆士兰法对所有土著居民实行全面控制,实际上等于土著居民丧失了所有公民权。土著居民没有迁徙的自由,没有结社的自由,没有财产权,没有工作权,没有带枪权,甚至连结婚的权利也没有。除那些被允许到保留地以外工作的土著人外,所有土著人都被限制在各个保留地里,受到了昆士兰法的强制控制。

在 30 年代还加强了对混血土著人的控制,政府借口保护即将"消失的种族",制定了修改法案,对土著人的控制达到了顶点。1933 年和 1936 年的北部地区条例、1936 年的西澳大利亚条例、1934 年和 1939 年的昆士兰条例和 1939 年的南澳大利亚条例也都扩大了对土著人的控制,加强了种族间的婚姻和性关系的限制,限制饮酒的条款也更严厉了。当时的法律还规定 21 岁以下的混血儿不能由母亲抚养,由各州监护,交给孤儿院抚养。这项政策的目的在于根除土著文化。但最终目的是结束土著人在澳大利亚的存在,实现同化政策。

为维护本民族的传统文化的生活方式,土著居民从不屈服,他们依然按照他们的生活方式生活,说他们自己的语言,信仰他们自己的宗教。与此同时,在土著居民中间,加强了抗议活动。他们不断地向政府部门写信,要求公正地对待他们。西澳大利亚政府在 1912 年公布关于土著学生进入州立学校的决定后,约翰·基克凯特(土著人)写信给教育部长,抗议这一决定。第一个抗议政府的同化政策的团体产生在 1924—1927 年的悉尼。当时这个团体称澳大利亚土著进步会社。在西澳大利亚,一位名叫威廉·哈里斯的农民发起了一场要求土著权利的运动。1928 年,哈里斯率代表团向州总理提交取消土著法的声明。1934 年在海德兰德港由混血土著人组成了尤拉利昂会社,要求不受土著法的约束,自由地生活。在西澳大利亚,一位土著人向一位记者诉说他自己的不幸遭遇:"你辛勤工作,但你什么地方也去不了,你试图改善你的住地,但得不到像白人那样的特权。"

1932年,66岁的威廉·库帕从库梅鲁甘加保留地逃跑到墨尔本,建立了澳大利亚土著联盟,并向英王请求改善土著的条件和在议会中应有土著代表。

但是,土著人反抗同化政策并不是孤立的,他们得到白人进步学者的支持。1925年在悉尼大学建立了人类学系,1930年创立了《大洋洲》杂志。上述研究团体的进步学者,第一位人类学教授兼《大洋洲》杂志编辑拉德克利夫·布朗在发表第一篇文章时说,人类学不仅是一门科学,而且也是一门与实际价值有直接联系的科学,特别是与政府和土著民族的教育有关。拉德克利夫·布朗和其他民族学家们在30年代撰写的文章,公正地介绍了土著居民。在这些教授中,最著名的是A. P.耶尔金,他要求给土著更好的教育和改善他们的物质环境,并认为土著人有能力从沮丧和贫穷的边缘走出来。当其他人正为促使土著文化告终而工作时,耶尔金争辩说,土著文化的某些方面要保留下来。土著居民不但不会被吸收,而且其他澳大利亚人还可以从土著文化中学到一些东西。英语"袋鼠"一词就是从土著语言中借来的。

1967年联合国教科文组织专家会议通过的《种族宣言》指出,"现在生物学不允许将各族人民在文化成就上的差异归咎于他们在遗传上的差异"。在澳大利亚,欧洲人和土著人文化的成就不一样,但是,他们在文化上的不同成就,与不同人种的体质差异毫无关系。因此,在澳大利亚没有优秀的种族,更没有低下的种族,各民族都是一样的。只要有受教育的机会,有工作的机会,都会作出成就的。

自从第一次世界大战以来,有1500个土著人参加了军队,他们到过许多地方,其中1000人参加澳大利亚帝国军队,在北非和新几内亚的战役中,有一位土著居民出身的士兵由于打仗出色而被任命为军官,他的名字叫格·萨安德尔斯。

在40年代出现了一批受到社会上尊重的土著杰出人物,其中伊克斯·菲特兹罗、道格尼科尔斯两人对土著社会福利做了很多工作,还有足球运动员诺尔斯科特,他代表维多利亚州参加澳大利亚洲际足球比赛,成为球星,之后参加土著事务工作。在白人种族主义横行的30年代和40年代初期,能有一批土著杰出人物出现,那就很不容易。

由此可见,同化和歧视政策在澳大利亚社会里是不得人心的,它不但遭到土著人的反抗,也遭到白人社会进步人士和国际舆论的谴责。而且黑人杰出人物的出现本身说明种族主义者关于肤色越浅越聪明是谬论。

(二) 一体化政策

60 年代限制法规和行政体系废除了,代之而来的是保证土著居民的公民权利,使他们和其他公民一样,有权利选举和获得社会保险利益。

一体化一词在我国出现较晚,70 年代末才开始从西方介绍过来。在民族研究领域里,这一词也是新词。这个词用在民族研究方面,其涵义为不同种族吸收彼此文化,逐渐趋同,并强调把各不同种族(和民族)一致起来。把不同民族和种族一致起来只有在工业国里才能做到,因此,这个词最初出现于美国等工业先进的工业国里。在英语里,同化和一体化有原则的区别。

从下面的解释就可以清楚地理解这两个词的区别。同化政策导致忽视土著居民选择他们生活方式的自然权利,是不对的,而承认土著居民文化价值和他们有权保留他们独特的社会为基础的一体化政策对土著居民来说是可以接受的,于是从 1972 年开始实行一体化政策。

看来,70 年代是澳大利亚民族政策大转变时期,对土著人来讲,已从歧视和同化政策转为一体化政策,对非英裔澳大利亚人的政策也从白澳大利亚人(歧视非英裔民族集团)转为多元文化政策。

对土著居民实行一体化政策的特点是承认土著人有权决定他们的未来,有权保留他们的种族特点,有权保留他们的独特社会。那么,为什么联邦政府要实行一体化政策,原因有以下三个方面。

1. 土著人口的增长和民族意识的高涨

上面我们已经提到,同化政策的制定者们认为,在现代化的条件下,土著居民会消失的,特别是当土著居民在 20 年代降低到 60000 人的时候。在这之后,土著人口开始回升,1961 年,土著人口上升到 85000 人,1966 年又增长到 101978 人,1971 年达到 115000 人。但事与愿违,人口的增长与同化政策制定者们的目的相反。他们对老的政策感到失望与不安,因为老的政策是以土著人口不断下降为前提的。与此同时,随着人口的增长与文化的提高,土著民族意识加强了,势不可挡,1969 年,土著代表团到纽约,向联合国秘书长提交澳大利亚土著的报告。

2. 土著人口城市化比重的提高和政治力量的加强

第二次世界大战后,许多土著居民移居城市,这在土著人民生活中是很重要的倾向,就像美国黑人从南向北迁移,和从农村移居城市一样重要。移居城市,使土著有更多就业机会,丛林中的土著居民谈不上有就业机会,据笔者在丛林中参观,最多也只能在诊疗所做清洁工或商店里做杂工,而且城市里还有更多的机会。当然,并不是所有来到城市的土著人都喜欢城市生活,并找到工作,但是大部分人还是留了下来,也有相当一部分人找到了工作。他们到达城市后,先住在贫民区,所谓贫民区是指没有存放汽车的旧式房屋。在他们经济状况改善后,他们就移居近郊。在 60 年代中期,估计 1/5 的土著居民住在州政府的所在地。1965 年,土著人在悉尼有 12000 人,在布里斯班有 5000 人,在墨尔本有 2000 人。1976 年人口普查时,土著人在悉尼估计超过 14000人,在布里斯班有 6000 人,在墨尔本超过 7000 人。

人口的城市化使土著人更加接近政治中心,他们的下一代有更多的受教育的机会,对土著人的历史、文化有更多了解,增强了自尊心,并建立了土著人自己的组织。土著人的政治观点可以通过这些组织表达出来。

3. 澳大利亚社会进步力量对土著的支持

1965 年国际会议提出了消除一切形式的种族歧视的公约之后,澳大利亚正直学生也起来反对种族歧视,社会上的公正人士也起来反对同化政策。一位土著事务部的官员告诉我,土著也是人,从人道主义讲,我们过去做法不对,现在应该改正过来。

当然,促使澳大利亚当局改变政策不止上述三个原因,但上述原因是主要的。

（ 阮西湖 文,中国社会科学院民族研究所世界民族研究室编:《外国民族问题与民族政策》,时事出版社,1988 年 1 月,内部发行）

7. 圭亚那印第安人的困境与出路

圭亚那地处南美大陆东北部,面积 21.5 万平方公里,绝大部分国土为森林和草原所覆盖。人口在 1993 年中期为 82 万。印第安人为圭亚那土著居民,现有人口 5.5 万,占全国人口的 7.9%。他们分为瓦劳、阿拉瓦克、加勒比三大语族和加勒比人、阿卡沃约人、阿雷库纳人、帕塔莫纳人、马库西人、韦韦人、阿拉瓦克人、瓦皮夏纳人、瓦劳人九大部族。由于历史上圭亚那长期遭受殖民主义统治,印第安人现在仅有 5% 的人生活在沿海城镇及其郊区,其余 95% 的人仍然居住在内地森林和草原之中,从事简单的农、牧、渔业以及狩猎和采集活动,远离现代社会,被人们称之为"圭亚那最少同化的民族集团"。

圭亚那 1966 年获得独立后,政府实行了一系列民族团结政策,企望把印第安人"一体化"到现代社会中。1980 年圭亚那宪法中再次明确规定所有民族一律平等,都享有参与国家政治、经济和文化生活的权利。另外,政府在 60—80 年代实行了多次土地改革,给印第安人颁发了土地证书,使他们有地,在印第安人集中居住区内修筑道路、修建简易机场、建立医疗卫生站、开办学校和商店、打水井和铺设供水设施等,使印第安人的居住环境和生活水平有了一定改善和提高。80 年代初,圭亚那是西半球印第安人口不断增长的唯一国家。但就圭亚那各民族的情况比较而言,绝大多数的印第安人仍然是现代社会的局外人,生活在落后与贫困之中。他们的最基本权利即土地权问题至今没有得到根本解决。作为一个主要以农、牧业为生的民族集团,土地是他们的命根子,土地权就是他们的生存权。印第安人为了生存,不断地为拥有传统的生活区域和土地权进行着斗争。

政府忽视印第安人土地权利问题已有相当长的时间了。这表现在:一、虽然政府在 60 年代曾给印第安人颁发过土地证书,但时至今日仍然有许多加勒比人、阿雷库纳人、阿卡沃约人、韦韦人等印第安人还没有得到土地证书。这些人生活在圭亚那上马扎鲁尼、上埃塞奎博和马休斯岭地区。这三个地区分别位于圭亚那西部、南部和西北部,过去曾是政府有关印第安人的法令中所排除的地区。住在这些地区的印第安人没有土地证书意味着什么,那是很清楚的:他们的居住地日益受到外来伐木公司、采矿公司和农场主入侵的威胁。二、有了土地证书的印第安人,其保留地或居住地域也不一定不受外来威胁。政府往往在开发内地时忽视印第安人的土地权利和要求,甚至某些时候还视印第安人为国家发展经济的障碍。相反,政府对印第安人居住区的开发公司及经济发展项目往往给予各种优惠,直接损害了印第安人的土地权利和经济利益。所以,一张土地证书形同白纸,起不到保护印第安人土地权利的作用。后一种情况在圭亚那进行现代化建设、开发内地资源和发展经济的过程中日渐突出,引起了印第安人的不满和斗争,也引起了国外人类学家、环境保护学家等的关注。

1989 年 10 月圭亚那政府雄心勃勃地宣布了一项开发内地计划,拟在该国中、南部地区创办一个新的大型保留地和科研区,其覆盖面积大约 3650 平方公里,其中 2000 平方公里搞开发,另 1650 平方公里作为保留地搞科研。政府还宣布将邀世界各地专家来此从事科研工作。但据外电报道,尽管它名义上是保留地,可实际上是世界银行的一项"热带雨林行动计划",旨在鼓励圭亚那采伐森林,增加木材出口量。上述地区恰好是瓦皮夏纳人和韦韦人要求拥有土地权利的地区。随后,巴西一家公司投资 1500 万美元,承修一条从巴西边界通向圭亚那内地的全天候公路。90 年代初,公路以每天 1.6 公里的速度向前进展,已经修到了圭亚那中部的安奈地区并从印第安人的村庄穿越而过。公司修筑道路时,沿途毁林占地,给印第安人造成了巨大经济损失而没有付给任何补偿。圭亚那中部地区又恰好是黄金富矿区,随着修路而来的是众多的采矿公司。采矿者有的是圭亚那政府给予了特许权的,有的是走私者。由于缺乏严格行政管理措施,所以采矿者无章可循或有章不循。他们滥伐乱采,有的公司用氰化物从积沉沙粒和碎石中分离金子;有的公司用"导弹"疏浚机和遥控真空吸尘器去沙去水,获取有用矿物。遗弃的有毒氰化物废液污染水质,威胁鱼类生存,严重影响了当地生态,给当地居民带来诸多不安全因素。据印第安人村社的报告讲,采矿的积沉沙污染了水源,在采矿区下边的一条河流中,长达60公里的河道内捕鱼量明显减少。印第安人的生活资源和生命健康受到严重威胁,土地权利更没有保障。

与此同时,加拿大、法国、韩国、南斯拉夫以及巴西其他一些大型公司在圭亚那许多地区也取得采矿特许权。韩国公司在马休斯岭开采锰矿;加拿大金星资源公司在巴拉米塔地区开采黄金和金刚石;巴西的巴拉纳巴奈马公司也在巴拉米塔地区的塔萨维尼取得了采矿权。上述地区都在加勒比族印第安人的传统领地上。据报道,居住在那里的加勒比人生活状况日益恶化,已经到了朝不保夕的地步。他们许多人不得不像上马扎鲁尼河的阿卡沃约人那样离家出走,到委内瑞拉等邻国去寻找生路。值得一提的是圭亚那和加拿大比奥公司、金星资源公司合资的欧迈金矿。该矿地处圭亚那中部地区,据称是南美大陆最大的露天金矿,1992年开工投产。1995年8月该矿氰化物废水池大坝裂缝漏水长达99个小时,泻出污水4万多立方米。污水流入欧迈河,而后汇入圭亚那最大河流埃塞奎博河,造成河水长距离大面积污染,使以该河流为生的2万印第安农民、渔民的生命和财产受到严重威胁和损失。圭政府遂立即宣布该地区为生态灾区,关闭金矿,采取紧急援救措施。随后任命一个由美国、美洲开发银行、英联邦秘书处、联合国开发署等专家组成的调查委员会,对该地区的灾情调查和评估。国内各群众团体或组织纷纷集会抗议。继国外的人类学家、人民圣殿教徒在其领土上"集体自杀"而闻名于世后,再次在世人面前大扬其名。

另外,圭亚那政府通过引进外资、合资、租赁等方式对内地森林资源进行采伐。1984年世界银行向圭亚那投资,用来提高木材产量。1989年加拿大林业公司提供援助,扩大圭亚那伐木区域。委内瑞拉一家公司在林登市南部地区德梅拉拉河畔承租了大约30万公顷的林区。另有160万公顷的林区出租给了一家韩国-马来西亚财团。巴西的一家公司在圭亚那西北地区也获得了伐木权。上述的林区都与印第安人的生活和劳动密切相关。大规模过度采伐森林资源,现已造成了印第安人传统居住区土地非林化。《拉丁美洲新闻》杂志报道,圭亚那地区(包括苏里南、圭亚那、法属圭亚那)的非林化与全球非林化速度相比,还是相当慢的。一位热带森林权威人士在 1989 年曾预言说,以当前的采伐速度看,圭亚那地区在 2040 年以后将是地球上唯一的保留大面积热带雨林的地区。但现在看来这个预言不得不改变了。

采矿和开发森林资源,除了使印第安人的土地权利受到损害,造成其经济落后和贫困外,还给印第安人带来一系列的社会问题,如环境污染、疾病流行、毒品走私、吸毒、酗酒、娼妓、暴力事件、许多印第安文化的毁灭等等。杀人犯罪的事情经常发生。尽管采矿、伐木公司也雇佣一些印第安青年,为其提供就业机会,但公司给他们安排的工作都属脏、累、重活以及危害性和危险性较大的工作,如跳入河内装修抽水机和疏浚机,排除故障险情等。致命事故发生后,公司不让外界报道,不给赔偿费,因此造成严重的社会后果。

印第安人为生存进行了长期的努力和斗争。1966 年圭亚那成立了印第安人土地委员会,专门为解决印第安人的土地问题奔走呼号,开展一些具体工作。1969 年委员会给予合法的足以满足他们眼下及将来所需要的土地权。同时,委员会还建议在圭亚那南部印第安人聚居区的地方创建一个印第安人区,保护和开发印第安人的经济和文化。但令人遗憾的是,政府并没有采取任何切实可行的措施去满足印第安人的上述要求。后来在印第安人组织的一再努力下,政府于 1976 年通过一项印第安人法令,给一些印第安人村社颁发了合法的土地证书,解决了他们迫切要求得到的土地权利问题。但随着时间的推移和情况的不断变化,已得到土地证书的印第安人在国家开发内地的过程中土地权利渐渐得不到保障,新的土地争执问题频繁发生。1989 年在圭亚那政府提出建立中、南部新的保留区并由巴西一家公司承建该地区的全天候公路后,印第安人立即采取行动予以抗议。国际生存人权组织同年 10 月在写给世界银行行长的信中指出,此条公路将从巴西罗赖马穿越圭亚那中部地区,会伴随发生在亚马逊其他地区因筑路而出现的各种问题。信中还说,对印第安人地区的开发导致了大批的采矿者涌入,结果在印第安人中传播了疾病,招来了暴力冲突。信中还说,由于土地被占领,印第安人牧民的流动和疾病的流行,鲁普努尼草原牧场的迅速商业化,似将对当地印第安人产生非常消极的影响。道路将直插圭亚那中部的森林地区,由于滥伐林木,似要加速森林消失。之后,印第安人有关组织和团体一直在为他们的土地权利进行着各种形式的斗争。

印第安人的土地问题是个历史遗留问题,存在的时间是相当长了。它不仅在圭亚那而且在其他拉美国家中都不同程度地存在着。有的国家问题也是相当严重,如厄瓜多尔数千印第安人在 1990 年和 1992 年为土地问题进行起义及向首都基多"进军";墨西哥恰帕斯州农民(主要是策尔塔和佐齐尔族印第安人)1994 年新年伊始举行大规模武装暴动;巴西近年来多次发生无地农民(主要是印第安人)流血夺地斗争。毋庸置疑,印第安人作为世界民族大家庭中的一员有生存权,自然应当有土地权。各国政府应该根据本国国情,妥善加以解决。当然,圭亚那也不例外。其一,这是国家现代化建设的需要。国家要现代化,印第安人的孤立和落后状态是与之很不相称的。解决印第安人的问题是一个复杂而繁重的任务。尽管如此,但是终归是要解决的。其二,这也是国家法律的需要。就圭亚那而言,宪法上明文规定所有民族享有平等的政治、经济、文化等权利。土地权利当然包括在其中。印第安人有权要求得到赖以生存的土地。国内的大民族(种族)印度人、黑人等土地问题能得到解决,那么为什么与之平等的印第安民族的土地问题就不能得到解决呢? 其三,这更是安定国家政局的需要,印第安人的土地问题既是经济问题也是政治问题。如果长期得不到解决,则有成为突发事件导火索的可能,不利于社会安定和国家的经济、文化等方面建设。另据报道,圭亚那在 1966 年摆脱英国殖民统治独立时,"印第安人在圭亚那拥有他们传统的土地"是英国同意圭亚那独立的条件之一。因此,独立后的圭亚那政府应该兑现承诺,有义务保护每个民族的利益不受侵害。

至于国家在进行现代化建设、开发内地资源和发展国民经济的同时,如何处理好与印第安人的生存有密切关系的土地权利问题,这的确是政府面临的一个新课题。圭亚那有这样的问题,其他许多拉美国家也有这样的问题。就一些稍有成效的国家经验来看,其中除了做耐心细致的动员工作和说服教育外,政府还必须统筹兼顾、因地制宜、周密安排,实行综合发展的政策,使当地印第安人有所失也要有所得,尤其是使他们能从眼前的所失中看到长远的所得,识整体、顾大局,在国家兴旺发达的前提下发展自己的传统经济和文化。圭亚那邻国苏里南在实施开发内地森林资源计划时,也遭到了当地印第安人和丛林黑人的强烈反对并引起了国外人类学家、生物专家和环保组织的关注。经多方努力,有关当局提出了发展森林旅游业和开展寻查与森林相关的药品和其他产品的"生物勘探"工作的建议。政府、当地人民和苏里南一家药材公司已与美国的布里斯托尔·迈尔斯·斯奎布药材公司签署一项协议,建立了一个森林人基金会。当地人可以从基金会中得到好处,同时又可以用自己的森林知识,帮助开发药材等资源。生态环境既可得到利用,又可不被破坏。当然其他国家也有好的政策和措施。但不容否认,其中存在的问题还是相当多的。总之,国家在发展经济的同时,必须兼顾印第安人的切身利益,其中包括对印第安人的文化传统的尊重等。忽视或无视印第安人的切身利益,反过来会制肘国家经济的发展,还可能引发政治动乱,这在拉美地区已不乏其例。

不可否认,圭亚那政府在帮助印第安人摆脱困境方面做了大量的工作,其中包括召集印第安人酋长会议听取其意见和要求,80 年代初专门成立"耕者有其田委员会"负责土改工作,为印第安人提供多种贷款及技术训练,发展印第安人经济和文化等。但瞻望圭亚那印第安人所面临的主要问题即土地问题,前景不容乐观。众所周知,圭亚那是南美大陆一个小的发展中国家,80 年代又是世界上负债最多的国家之一。80 年代末国家外债达 17 亿美元,相当于每个国民负有 2500 美元债务,而当年的人均国内生产总值才只有 569 美元。1991 年圭亚那外债又增加到 19 亿美元,人均债务数字就更多了。为了摆脱困境,政府从 80 年代中期以后积极调整经济发展政策,大力引进外资和鼓励私人投资,开发内地林业和矿产资源。但是,应该看到在政府财政拮据的情况下,期望能够拿出足够的款项用来解决开发地带印第安人的问题和照顾他们利益是不可能的,而且实际上政府在执行计划的过程中也的确存在着偏颇,其中印第安人的利益难免不受损害。另一方面,圭亚那是个多民族国家,民族关系比较复杂。印度人和黑人(含混血种人)分别占全国人口的 51% 和 43%,是左右国家政局的两大民族集团。国家政权的更迭主要发生在这两大民族集团的领导人物之间。国内政党都是按照民族界线组建的,主要代表本族利益。各大民族都有自己的政党。印第安人作为小民族集团,没有单独建立政党,而是依附于某一、两政党。名义上印第安人也有选举权和被选举权,但实际上他们很难进入政界,他们民族集团的利益往往被忽视,在政府政策中得不到反映。从圭亚那 1953 年进行首次"人民普选"和 1966 年获得独立以来的政权情况看,印度人政党执政时为印度人谋利益多一些;黑人政党掌权时给黑人照顾多一些。他们对本族以外的其他族成员或多或少地表现出冷漠态度。所以,在野党的政党和民族总是指责台上的政党搞种族歧视,从而影响了各民族之间关系的和谐。在各政党通常代表本族利益的情况下,印第安人作为一个小民族集团而且又没有自己的政党作为代言人,可想而知,其问题的解决将是一个何等艰难、复杂和长期的任务。但是,正如秘鲁共产党创始人何塞·卡洛斯·马里亚特吉所讲的那样:在像印第安人这样一个固定农村习惯和农民心理的种族中,土地一向是印第安人的一切欢乐所在。印第安人已和土地结下了不解之缘。因此,印第安人可以对一切漠然置之,唯独不能对占有他们的土地漠然置之。可以肯定,在圭亚那有关印第安人生存的土地权利等问题没有得到解决之前,他们的斗争还将会继续下去。

（吴德明文,中国世界民族学会主办《世界民族研究》内部刊印,1996 年刊）

8. 今日美国印第安人

［《美国新闻与世界报道》周刊 10 月 4 日一期文章］题：现代生活（作者托马斯·海登）

约翰保罗·琼斯独自站着,缓缓敲击一面生牛皮鼓。这个饱经风霜的高个男子沿着顺时针方向在圆顶的大厅里走了四圈,隆隆的鼓声

跟随着他的脚步四处回荡。他在倾听——不是用耳朵,而是用心来倾
听。时值 6 月底,历时 15 年、耗资 2 亿美元规划并设计建造的华盛顿
国立美洲印第安人博物馆即将竣工。琼斯是来自西雅图的彻罗基/乔
克托部落的设计师,于 1998 年加盟该项目。他说,建筑的"音响效果一
定要完美,你必须能听到鼓声在胸腔中回荡"。

总共有约 2.5 万名土著印第安人来到华盛顿参加 10 月 5 日举行
的揭幕仪式,其中包括退休的教育学教授韦恩·米歇尔。他回忆起自
己的祖母玛蒂·格林内尔——最后一个纯血统的曼丹部落印第安人。
在参加了 1968 年的穷人游行后,101 岁高龄的她宣布:"华盛顿并不关
心土著印第安人。"米歇尔说:"25 年后,变化多大啊! 印第安人……现
在可以感到自豪了。"

迁入城市

博物馆举行揭幕仪式之日,正值美国土著居民历史上的辉煌之时。
印第安人世世代代都是美国最贫困和最受忽视的少数民族,目前仍然
身处 2003 年民权委员会报告所谓的"寂静危机",即歧视、贫困和没有
兑现的承诺之中,失业、滥用药物和辍学的比率在全国是最高的。印第
安人的糖尿病、癌症和心脏病发病率也在快速增长。尽管如此,目前仍
是一个空前乐观的时期。由于数十年来倡导民族自决,教育领域最近
出现改观,新的部落企业取得成功,所以越来越多的印第安人逐渐学会
了"融合两种生活",一方面回归传统文化和价值观,一方面创立成功的
事业。

印第安人可能是美国最复杂的群体。有 562 个特征鲜明的部落得
到了联邦承认,还有其他数十个部落只得到了地方上的承认,或者根本
没有得到承认。他们分布在美国的各个州,有些严格地按照传统生活,
有些更喜欢司法办公室或操作间里的现代工作。印第安人长期与美国
的主流社会格格不入,但他们在美国军队中服役的比例高于其他所有
种族群体。尽管保留地和传统居住地仍然在印第安人的民族特性认同
方面发挥着关键作用,但在接受 2000 年人口普查的 410 万印第安人当
中,有 66% 生活在城市地区。

芝加哥生活着 3 万印第安人。芝加哥美洲印第安人中心的执行主管乔·波德拉塞克说:"印第安人从 20 世纪 50 年代开始进入芝加哥。"联邦政府当时实施了积极"消灭"部落的政策,取消了对 100 多个部落的官方承认,以期实行强制同化。政府在广告中刊登漂亮的现代住宅的照片,鼓励保留地的居民迁入城市。

为了接受教育,为了寻找刺激,也为了获得保留地最缺少的东西——好工作,印第安人从此不断迁入城市。从乡野生活到城市生活的过渡从来都是艰难的,且印第安人还要面对歧视、缺乏教育和文化适应等额外挑战。即使是简单的身体语言也可能带来麻烦。许多印第安人认为,直视别人的双眼是不礼貌的;而在其他人看来,他们低垂的眼神可能会显得躲躲闪闪或者不诚实。

艰难打拼

芝加哥美洲印第安人中心是 1953 年建立的自助机构。中心设在芝加哥住宅区一幢摇摇欲坠的楼房里,由拥挤的办公室、会议厅、食品库和旧衣物库房组成,为来自 100 多个部落的印第安人群体提供各种扶助项目和文化活动。

波德拉塞克是波兰人和奥吉布瓦人的混血儿。他说:"借助长者的智慧和年轻人的活力,我们在突飞猛进。"28 岁的梅甘·班是一名来自奥吉布瓦部落的教师和博士生。她正在实施一个名为"乐观道路"的课外项目。该项目向印第安儿童提供领导才能培训和各种文化活动。

长期以来,政府为印第安人开办的学校始终是一种同化的工具,学校禁止印第安儿童讲母语,强迫男孩剪掉发辫,所以,许多印第安人对教育系统采取敌视态度也就不足为奇了。在保留地,许多部落开办自己的学校,采纳专门为印第安人设计的课程和教育方法。

玛丽·安妮·阿姆斯特朗是芝加哥美洲印第安人中心的图书管理员和行政秘书。她小时候从威斯康星州的拉克迪弗朗博搬到芝加哥,16 岁就辍学了。她回忆说:"我想和自己人在一起。我在那里能够被接纳,不会被人看不起。"但是,像许多印第安学生一样,她后来又重返校园,在 40 岁时拿到了学士学位。班说,印第安大学生的平均年龄是

33 岁。即使对最成功的人士(如芝加哥美洲印第安人中心的项目主管尼兹霍尼·霍奇,他是斯坦福大学 2002 年毕业生)而言,大学的学习经历可能也会充满挑战。来自纳瓦霍/彻罗基部落的霍奇说,进入名校的印第安学生"都是本部落的精英,是许多人的希望所在,所以人们很难相信你也会有烦恼。太多的人不敢寻求帮助,即使学习方面的问题也不例外"。

回归传统

对许多印第安人来说,恢复与本部落的古老文化的联系是重新获得力量和成功的关键。史蒂文·"快刀"·奇夫 20 世纪 50 年代在俄克拉荷马州的波尼长大。他说,他的父母为了生存而心力交瘁,根本顾不上传统。他说,他这代人从祖父母那里汲取了相当多的东西,所以才能让数十种传统舞蹈、游戏和其他仪式"起死回生"。他说:"他们肯定觉得,如果不教给我们这些孩子,一切就会从此失传。真是险些出现这种情况。""快刀"·奇夫说,波尼语几乎已经没人讲了,但是,目前在部落中学它是一门计算学分的课程。他的哥哥一直在忙着转录老式留声机中的波尼语言和有关一些传统仪式的资料,"这样我们就可以听得到,知道它们到底是怎样的"。

如果说,许多印第安人在重新接纳本民族文化之后获得了力量,其他人则在恢复消失已久的民族特性。普查数据表明,印第安人口在本世纪出现了快速增长——从 1920 年的 35 万人增加到了目前的 400 多万人。这是一种远远超过印第安人出生率的飞速增长,表明印第安人越来越以他们的印第安血统为荣,而不是试图加以掩盖。

在沃姆斯普林斯,人们的生活依然困苦。部落政府和企业雇用了 1100 多人,但失业率仍然高达 50% 左右。由于车祸、糖尿病、心脏病和自杀等原因,该地居民的预期寿命仅为 47 岁,和索马里人不相上下。即使如此,也还存在着希望。因为 20 年前,沃姆斯普林斯居民的预期寿命仅为 32 岁。前景是光明的,但对印第安人来说,变革是缓慢的,新的希望仍然是脆弱的。不过,也许班在谈到她的学生时所说的话适用于所有的印第安人:"持久的变化不会骤然发生,但它确实在产生影响。"

(《参考消息》,2004 年 10 月 20 日,第 9 版)

9. 环境难民全球游走

[西班牙《国家报》9 月 17 日文章]题:环境难民(作者克里斯蒂安娜·巴尔奇)

所谓环境难民是指因生存的自然环境日益恶化而不得不离开家园的人。据联合国预测,5 年内全球至少产生 5000 万难民,但他们都不是为了躲避战乱、逃离暴力或贫困,而是因为生存环境不断恶化。有机构预测,到本世纪末环境难民的人数将达 4 亿。

但随着环境的不断恶化,环境难民的概念越来越引起人们的重视。所谓环境难民就是因生存的自然环境日益恶化而不得不离开家园的人。

阿拉斯加:搬迁的因纽特人

美国阿拉斯加西北地区有一个名为希什马廖夫的土著人聚居区,居民只有 600 人。他们都是世世代代生活在萨里切夫角的因纽特后代。5 年前,他们建立起自己的"希什马廖夫重置联盟",想借此唤起政府和媒体对他们居住生活的海岸不断遭到破坏的关注。在一场长达 5 小时的暴风雨后,希什马廖夫的居民眼看着自己的房屋以及篮球场和 4 座已有 20 年历史的堤坝在暴风雨中被摧毁。通常每年 10 月在这里就可看到水面结冰,而如今直到 12 月份人们还可以划船。气象和地理专家建议,他们要在 15 年内彻底从这里迁出。阿拉斯加州政府和美国联邦金融管理部门将拨款 1.4 亿美元用于该村居民搬迁至 200 公里以外的诺姆镇郊区。但村民们更愿意在 20 公里外的 tin creek 岛重新定居下来,费用将比政府的计划多出大约 3900 万美元。但让这些已在这里居住了几个世纪的居民融入另一种文化,然后看着自己的文化消失殆尽,这一代价却是希什马廖夫村的居民不愿意看到的。

造成目前状况的气候变化始于 50 年前。自那时起,该地区的平均气温已上升了 2.4 摄氏度,引发强烈的暴风雨,并使 1/3 的冰层融化。1997 年,居住地离海岸较近的 18 户居民被迫搬迁。但让这些世代居住于此的人迁移至其他村落却有悖于他们的生存原则。虽然政府承诺他们可以像从前一样狩猎,但实际上阿拉斯加地区的因纽特人村落之所以彼此间隔遥远恰恰是出于要公平分配自然资源的考虑。如果希什马廖夫村的居民迁移至其他村落,势必要改变那里的生态平衡。

希什马廖夫村仅仅是未来几年内数百个必须搬迁的沿海村落之一。几百年来都在寒冷中生存的因纽特人将真切地感受到地球变暖给他们造成的危害。

(《参考消息》,2006 年 1 月 6 日)

10. 原始部落语言难倒人类学家

[英国《新科学家》周刊文章]题:迷失在语言中(凯特·道格拉斯)
"你们的世界是怎样被创造出来的?"

生活在"当下"的民族

没有本民族的神话故事只是毗拉哈人吸引人类学家的一个方面。据埃弗里特说,他们基本上没有时间概念,完全生活在"当下"。两代人之间不讲故事,也没有口头传承的历史。除了用粗线条画出灵魂世界中的形象之外,他们也没有自己的艺术。

毗拉哈人是世界上最缺乏物质观念的民族之一,财产寥寥无几,也没有谋求更多财富的欲望。在人类有案可查的记载中,他们的血缘关系也是最简单的——在毗拉哈语中,用来描述特定血缘关系的词汇只有"儿子"和"女儿",除此之外,他们对长辈和晚辈使用的完全是一些笼统的称谓。

毗拉哈文化具有抵御变化的超凡能力。尽管与外界接触了200多年,但毗拉哈人仍然使用单一语言,保持着传统的生活方式。

全世界共有350名毗拉哈人,生活在巴西亚马孙州延绵300公里的迈西河。毗拉哈人的生活方式和亚马孙州其他的土著狩猎部落大致相同,而他们真正与众不同的地方在于对待生活的态度。毗拉哈人的生活非常放松,能够接受现实,从不为未来烦恼,充分享受生活中的快乐。最重要的是,他们是生活在"当下"的民族。

毗拉哈人的生活态度深深地植根于他们的文化,而埃弗里特认为,这种生活态度也深深地植根于他们的语言,他说:"他们的谈话内容仅限于自己正在经历的事情。"他们的词汇和语法也反映出这种"此时此地"的谈话方式,基本上不涉及抽象概念和归纳总结。

学不会算术的民族

毗拉哈人的另一个特点与算术有关,确切地说是不会算术。20世纪80年代,当埃弗里特和前妻及3个孩子生活在亚马孙雨林时,毗拉哈人曾找上门来,请他利用晚上的时间给他们上课。毗拉哈人说自己想学习算术,这样的话,以后就不会被那些来村子里收购土特产的外人欺骗了。在整整8个月的时间里,充满热情的毗拉哈人每天晚上都和埃弗里特一家坐在一起,听他用葡萄牙语讲解最基本的算术。突然有一天,毗拉哈人决定放弃学业,因为他们说自己永远掌握不了数字。事实也确实如此。经过了那么长时间的学习,居然没有一个毗拉哈人学会从1数到10,甚至算不出1加1等于几。

一些语言学家认为,毗拉哈人学不会算术证明了一种理论:语言决定思维方式。这一理论是20世纪30年代由耶鲁大学的本杰明·沃夫提出来的,近年来被大多数语言学家所接受。他们认为,由于毗拉哈语中没有表示数字的词汇,所以说这种语言的人无法学会用另一种语言进行计算。

埃弗里特的看法则不同。他在自己的论文《当代人类学》中指出,限制毗拉哈人计算能力的不是他们的语言,而是他们的文化。他认为,毗拉哈语中之所以没有数字、也没有颜色、时间等量化的抽象概念,是因为他们的文化只强调当前的个人经历。毗拉哈人并不是不具备进行计算的思维方式,而是不愿强求,也不愿别人告诉他们做事情只有一种正确的方法。例如,他们能够画出一条完美的直线,却不能每次都准确地写出数字 1。他们喜欢亲密无间地在一起上课,却并不看中西方的知识,甚至强烈反对将这些知识融入自己的生活。……相信毗拉哈人的文化决定了他们的语言和生活方式。

争论还在继续

令埃弗里特真正感到担心的是,毗拉哈人的时间可能所剩无几了。迄今为止,毗拉哈文化一直经受住了外界的影响而保存下来。的确,他们对与外来者通婚的热情说明这个民族拥有一种健康的多元化思想。埃弗里特说:"如果你会说毗拉哈语,又和他们有着相同的生活方式,那你就是他们的一员。"尽管如此,埃弗里特还是担心移民、疾病、酒精以及日新月异的外部世界会不断闯入毗拉哈人的生活。他说:"这种生活方式之所以运转良好是因为环境一成不变。一旦发生巨大变化,它就会土崩瓦解。我担心真的会出现这种情况,而且已经为时不远了。"

(《参考消息》,2006 年 5 月 4 日)

11. 美国人权一窥: 原住民利益遭侵害

内容提要: 联合国人权理事会消除种族歧视委员会在 2013 年 3 月 1 日的报告中向美国提出警告,称其直到 2011 年 11 月 20 日仍未就委员会提出的关于美国侵犯原住民人权的问题向委员会作合理的报告。笔者主要就目前北美存在的人权问题做一简单分析。

龟岛(Turtle Island)是原住民对北美的称谓。这个名称来源于古代易洛魁(Iroquois)产生的传说。据说,当地球还是一个被水包围的星球时,从天空落下来一个孕妇,当她快落水时,一群天鹅轻轻将她驮至一个巨大的龟背之上。海狸们将沙子铺在海底让她可以走路。之后,乌龟背上就形成了地球。

当美国就世界各地的人权问题发表空洞的言辞,甚至通过美国国务院提供各国人权评估报告时,美国政府却几乎只字不提他们对这块土地上最初的居民即原住民的不断侵害。从早期殖民时代以来,美国政府与龟岛原住民签订了 370 个所谓的"条约",但一个都没有保留下来。联合国人权理事会消除种族歧视委员会在 2013 年 3 月 1 日的报告中向美国提出警告,称其直到 2011 年 11 月 20 日仍未就委员会提出的关于美国侵犯原住民人权的问题向委员会作合理的报告。笔者主要就目前北美存在的人权问题做一简单分析。

首先,是修筑得克萨斯—墨西哥边境隔离墙。美国修建该隔离墙的主要目的是阻止所谓的恐怖主义者、非法移民和私贩毒品者进入美国。国土安全部在隔离墙的修建中忽视了 36 部联邦和州法律,包括《国家环境政策法令》《美国印第安人自由法令》《行政管理法令》。得克萨斯古老民族奇卡布人(Kikapoo)、西得克萨斯的伊斯莱塔(Ysleta del Sur Pueblo)部族和阿巴彻(Apaché)部族自古以来就生活的土地成为隔离墙修建的牺牲品。隔离墙的修建并没有征求这些原住民的意见,彻底破坏了生态环境和土地,侵犯了作为这些社区组成部分的神圣文化遗址。隔离墙使这些原住民难以获得传统仪式必需的物质材料。阿巴彻人的权利尤其值得重视,因为这个部族未获得美国政府认可,根本不能寻求法律保护。在隔离墙的修建过程中,得克萨斯—墨西哥边境非原住民商业企业——例如河湾高尔夫度假村的财产和运作未受影响,这也是值得注意的。

其次,北美亚利桑那州在圣山旧金山山峰筹建的亚利桑那"雪碗"(Snowbowl)滑雪度假村项目,对美国西南部所有原住民的文化实践和神圣仪式造成严重影响,尤其是度假村滑雪用的雪是由引到山上的污水制成。消除种族歧视委员会代表西南地区的本土民族就此向美国第九巡回法庭提起了司法诉讼,渴望获得关于诉讼结果的信息,要求美国政府就滑雪度假村项目对原住民文化权利的侵犯行为提交报告。

最后,国家和联邦立法委员一再试图干扰内华达州原住民的祖地(ancestral lands),将其开发用于跨国矿山开采、能源合作和商业发展。特别值得一提的是,向内华达州雅克山倾倒核废料造成的致命破坏,在西肖肖尼(Newe Segobia)部族祖地上继续进行地下核试验,这是对1863年红宝石河谷协定的根本性侵犯。西肖肖尼部族已经宣布他们的土地为无核区,然而美国政府继续将这些土地用于地下核试验,在过去60年里,已经进行了1000多次核爆炸试验,这些活动从根本上说都是非法的。

以下情况也值得提及。亚利桑那州圣卡洛斯(San Carlos)的齐恩德(Chi Endé)部族的权利在过去和现在都明确受到侵犯,美国政府以每年9000英亩的速度向科科尼诺(Coconino)、凯巴布(Kaibab)和普雷斯科特(Prescott)森林喷洒12种主要除草剂,这些除草剂包含橙剂(Agent Orange)中使用的一些成分,橙剂是美国军队在越南战争中使用的一种使树木脱叶的除草剂。美国林务局借口消除蔓延性杂草和植物物种,喷洒这些有毒的除草剂,事先没有通知齐恩德部族和其成员,也没有征得其同意,已经在每个园林区喷洒,涵盖了从索诺拉沙漠到混合针叶森林的各种生态区,而且在此过程中污染了水资源。大约287.3万英亩的森林已经受到影响。这些危险的环境条件已经给齐恩德部族当中很多人造成了致命的健康伤害,他们目前正遭受着癌症和其他疾病带来的痛苦,这些疾病是由有毒的水和蔬菜造成的。

对原住民的种族灭绝始于15世纪哥伦布率领欧洲海盗的第一次入侵,从加勒比海开始,接下来是南美洲和中美洲,然后17世纪在龟岛(北美洲)。尽管美国已经创造了一个庞大的资本主义全球化帝国,创造了巨额财富,但这种对土地、矿藏和财富的贪得无厌在造就世界上最富有的经济和军事强国的同时,忽视了对原住民人权以及利益的保护,而且使其生存、发展也遭到威胁。现在是诸如联合国人权委员会和世界法庭这样的正义团体要求美国停止其继续进行种族灭绝活动、停止对国际人权法的侵犯的时候了;是时候要求美国,为了全球的正义、和平与和谐,无条件地将土地和主权交还给原住民。美国在世界各个大陆固执地为资本主义工业追逐资源,对自然资源环境甚至其他民族造成巨大的破坏难辞其咎。

（作者：朱利安·库尼(Julian Kunnie),迈克尔·希尔(Michael Hill);作者单位：美国亚利桑那大学;中国社会科学院世界历史研究所 郭子林译。中国社会科学在线,2013 年 11 月 06 日)

12. 美国印第安人教育政策： 强制与自由之间的钟摆运动

印第安人的教育问题,一直是美国教育史上的重要问题。美国联邦政府的印第安人教育政策由来已久。不过,政策推进也并非"一帆风顺",而是在曲折和变革中前行。实际上,美国的印第安人教育政策就如同钟摆一般,在强制与自由之间摇摆,延续至今。

从内战到二战：长久的强制同化到短暂的自由

内战后,伴随着联邦权力的扩张,强大的美国联邦政府开始加强社会控制。就印第安人问题而言,美国政府开始逐步采取强制同化的做法,逐步教化印第安人接受主流文化。根据宋银秋教授的研究,以1878 年的道斯法案为标志,美国的印第安人政策进入了"强制同化"的阶段。在这一时期,教育和学校作为实施同化政策的重要场域,处处体现着联邦政府"文明化"印第安人的迫切需求。

首先,联邦政府在印第安人保留地之外设置寄宿制学校。其次,公立学校成为促进印第安人文明化和白人化的"改造所"。根据丁见民教授的研究,印第安学生进入公立学校之日,就被剥夺了保留本民族文化特征的权利：剪去特色发辫,脱去民族服饰,禁用"土著"语言。这些政策意在从感官上削弱印第安青少年对于自己本民族文化的认同。公立学校的教学内容强调白人文化而否定印第安学生的母文化。为了从根本上断绝印第安学生对于本民族文化的热爱和认同,印第安人寄宿学校中大量的课程内容,都在强调白人文化高于、优越于他们的母文化。在这样的学校中,无论印第安青少年究竟能够接受多少"文明"的教育,他们与母文化在空间和感觉上的紧密联系已经被强制割断,成为了文化上的孤儿。

不过,这种政策在罗斯福新政期间发生了一次短暂的转向。根据丁见民教授的研究,受到人类学家的调查研究以及进步主义教育观念的影响,美国联邦政府对于印第安人教育政策的导向由强制变为自由。

具体而言,远离印第安人聚居区域的民族寄宿制学校,被设置在保留地的全日制学校所取代。同时在教育内容上,学校也开始传授符合"土著"文化的内容,并提倡保留民族文化的双语教学制度。在这样的政策之下,受教育者能够在相对舒适且自由的文化氛围中接受教育。不过,好景不长,这种宽松的教育政策为二战所中断。

二战后:强制再现

二战后,伴随着冷战背景和国家福利的扩张,对于国内族裔和文化同质化的政治需要在美国逐步上升。印第安人作为特殊的公民群体,再度成为美国政府同化政策的目标之一。

按照胡玉萍教授的研究,这一时期的美国印第安人教育政策的主要特点在于寄宿制学校的复兴等方面。这种政策的目的是让印第安人融入美国主流社会。但是,由于社会资源和经济资源的不对等,这种同化做法在表面上实现"平等"的同时,其结果反倒加剧了印第安人低下和落后的地位。

这里实际上牵涉到机会平等和结果平等的矛盾。同化印第安人的做法显然属于结果平等的做法,但是却忽视了印第安人游离于主流社会的状态。大部分印第安人居住在保留地中,他们远离教育资源相对充裕的经济发达地区。因此在本质上,他们享有不平等的地位。这种采用政策强制"同化"的做法,也表现了美国政府对于印第安文化的不尊重。

在同化方针的背后,蕴含着文化线性进化的预设:印第安人被设想为无限向往"现代文化"且需要主流社会帮助的"后进生"。殊不知，对印第安人而言，生活在自己熟悉的文化和社会环境中，才是他们最感到舒适的生活方式。这种情绪折射在教育领域，直接体现为印第安人入学率的降低。因为进入设置在保留地之外的寄宿制学校，即意味着背井离乡，被迫进入陌生的异文化之中，并饱受歧视。

与此同时，那些进入高等学府的印第安人，他们在学校的学业表现并不出色。这依然源自于他们所处的不平等地位。教育资源的不平等导致了印第安学生的学业能力无法与同龄的白人学生相比。同时，文化的隔阂也令他们完成学校的任务异常困难。因此，这就是一场不在同一条起跑线的竞争。

更为严重的是，印第安人学业不佳的现实，反而加深了主流社会对印第安人智力和文化上"落后"的印象。结果是一个恶性循环：印第安人的"落后"印象，引发了同化的需要；同化的实践反而验证了其落后性。最终，印第安人被打上了天生劣于白人的种族烙印。

其实，正如笔者前文所言，不仅是当时的美国主流社会，也包括今天的我们，常常混淆了"天生"或"遗传"和成长环境的区别。资源分配的不公以及历史上遗留的社会等级差异，导致了某些民族/族裔群体被置于"天然"的弱势地位。由于无法享有良好的教育和公平的竞争机会，他们世世代代在贫困线上挣扎。在这一点上，政府负有不可推卸的责任。因为如果任由市场调配，包括教育在内的各种资源，必然集中于优势者手中，也就是经济学上所称的"马太效应"。政府应当扮演的角色，是保证基本的公平，让弱势者也有可能通过教育实现向上的社会流动。

20 世纪六七十年代至今：延续至今的自由

到了 20 世纪六七十年代，美国政府的印第安人教育政策由强制再度转变为自由，且延续至今。这种教育决策的改变，离不开美国社会种族关系和政治话语的转向。

在美国历史上，民权运动是 20 世纪六七十年代的标志性事件之一。不同于人们的一般认识，民权运动不仅是一场黑人争取平等权利的运动,也是由各个少数民族/族裔共同参与的一场民族/族裔意识觉醒的社会运动。

其中,包括印第安人在内的各个族裔/民族都在强调获得平等和公平的地位,反对白人控制的主流社会的各种歧视。在这场运动中,印第安人的民族意识也得到复兴,强调自己的独特性,并要求获得联邦政府的承认和平等对待。

作为回应,联邦的印第安人教育政策也逐渐由强调"同化"转向尊重"多元文化"。所谓"多元文化",在教育领域即意味着肯定印第安人文化存在的合法性,并承认其与白人主流文化平等的地位。同时,"多元文化"要求政府尊重印第安人在教育政策上的自主性,鼓励其发展具有本民族特色的文化。

在教育管理方面,印第安人通过行使对学校的管理权,改变了部落对公立教育的负面印象。根据丁见民教授的研究,以纳瓦霍保留地为代表,保留地内部逐渐建立了由印第安人自己管理的中学和大学。这些学校的课程设计贴近印第安学生的实际生活和学习水平,有助于重建他们对于自身学习能力的信心,同时服务于部落社会的现实需要。这些学校的教育目的不再完全是"教育"印第安人"拥抱"并追逐白人主流价值观,而加入了增进他们对于本民族文化的自豪感和认同感的相关内容。

在教育内容方面,印第安传统文化和语言被引入课堂。不同于传统否定和贬低印第安文化的歧视态度,政府开始逐步鼓励印第安保留地内的学校开展传统文化教育,允许并鼓励学生在学校内使用部落语言。由此,学校不再是白人主流文化在印第安人保留地的一块"飞地",而成为了文化多样性的"孵化器"。

这种全新的教育政策收效显著,直接体现为更多的印第安学生愿意进入公立学校接受教育,在学习科学文化知识的同时,保留本民族的文化特色。教育领域对于印第安人的歧视逐渐消弭,为尊重所取代。同时,越来越多的印第安人进入大学,接受高等教育。

在笔者所在的爱荷华大学,就设有专门的印第安学生文化节。在这一天,拥有印第安部落身份的师生穿着本民族的服饰走上街头,向市民和学校师生宣传自己的文化,骄傲地告诉别人自己的"特殊"身份。不得不说,这种自豪感不仅与民权运动后以"种族平等"为基调的社会价值观有关,更为重要的是,新的教育政策促进了印第安人的民族自豪感和自信,他们不再为自己的族裔/民族身份而感到不安。

(万澍文,中国教育期刊网 2016 年 6 月 28 日)

附　　录

1. 北极地区受政策措施等影响，居民适应气候变化能力变弱

中国社会科学报综合外媒报道　加拿大和澳大利亚研究人员合作的一项新研究显示，尽管受到多种不利因素影响，只要有适宜的政策指导和运用，北极地区居民就有能力适应气候变化。

加拿大麦吉尔大学与澳大利亚阳光海岸大学研究人员对全球 135 项以北极地区气候变化、抗冲击能力、脆弱性等为主题的研究进行综合分析后发现，北极地区居民具有适应气候显著变化的固有能力，是由于长期以来他们已经习惯了多变、不确定的气候条件。但当前制约北极地区居民适应气候变化的能力与一系列非环境因素有关，如土地管理模式过时、缺乏长期规划、缺少拥有实权的地方决策机构、教育和金融发展长期滞后等。麦吉尔大学地理学系副教授詹姆斯·福特（James Ford）表示，历史上，北极地区居民通过灵活使用自然资源来适应气候变化，但现在许多外部压力和限制正使他们难以充分利用自然界提供的机会。

该研究显示，北极地区内各居民群落适应气候变化能力存在显著差异，这取决于气候变化速度与多种非气候因素之间的相互作用，包括群落依赖资源的范围和类型，例如居住在西伯利亚的维柳伊萨哈人，主要依靠畜养牛和马来维持生计，他们正受到降雪量和降雪时间变化的威胁，而加拿大境内的因纽特人，可以通过改变捕鱼和打猎时间、地点来应对北极海冰快速融化趋势；机制僵化，针对渔猎活动的政策法规和配套制度已经跟不上环境变化的速度；适应气候变化的举措多见于家庭或社区层面，且主要是被动反应而非主动行动，也未转化为大规模的长期规划；经济、健康、教育方面落后，使北极地区居民在气候变化面前

普遍较为脆弱。

福特表示,恰当的政策措施对于北极地区适应气候变化很重要,如在加拿大北部和美国阿拉斯加州,在野生动物资源管理中将科学、传统知识、地方需求结合起来的做法加快了信息交流,减少了冲突。不过,科学与传统知识之间的冲突有时难以解决,也有人担心有权势利益相关者会以适应气候变化为名推行特定的政治议程。北极地区气候变化情况预示着更低纬度地区未来将面临的气候挑战。因此,研究人员建议,应进一步研究为何北极地区某些居民群落成功地适应了气候变化而另一些没有,这将有助于更好地了解哪些因素会对适应气候变化的努力构成障碍。

(王悠然编译,中国社会科学网,2016 年 1 月 14 日)

2. 加拿大北极因纽特人调查

2010 年 6 月,受加拿大外交部和加拿大驻华大使馆"加拿大研究专项奖"的项目资助,我有幸到了加拿大北极地区努纳武特(Nunavat,因纽特语中意指"我们的土地")自治区的首府伊魁特(Iqaluit)进行了田野调研,获得了丰富的第一手资料。

加拿大因纽特人,其总人口约 5 万人,仅占加拿大原住民总人口(117 万)的 4.3%,占加拿大总人口(3100 万)的 0.016%。目前,因纽特人的 90%集中居住在加拿大北部的 46 个社区(努纳武特自治区和西北地区),另有 10%的人口因为上学或临时就业而居住在大城市(如渥太华、蒙特利尔、黄刀市等)。努纳武特是加拿大第一个原住民自治区,成立于 1999 年 4 月 1 日,面积 224.2 万平方公里,人口约28,000 人,85%为因纽特人。首府伊魁特市,位于巴芬岛(Baffin Island)上,人口 7250 人(2009 年)。努纳武特仍保留着原始自然之美,磁北极、北极熊是这里的特色,6 月份每天 24 小时都有日光,称为"极昼"。

　　伊魁特的物价高得惊人,让我承受不了,这里的物价是加拿大南部的 3 倍,因为大部分物品从南部空运过来,没有公路,只能坐飞机,从蒙特利尔到伊魁特的往返机票费相当于北京到蒙特利尔的国际机票。本人在伊魁特住了 7 天,每天的住宿费是 200 加元(1500 元人民币),一碗牛肉米饭 25 加元(150 元人民币)。

　　历史上,因纽特人过着游牧渔猎生活。20 世纪 30 年代以来,加拿大政府对因纽特人采取了一系列的定居行动,使大部分因纽特人实现了定居。目前,伊魁特作为努纳武特自治区的首府和加拿大北方新兴的北极城镇,人口增长很快。伊魁特国际机场可以起降大型飞机(空客 380,波音 777),现有三条航线,分别飞往渥太华、蒙特利尔、耶洛奈夫以及其他 28 个社区。很明显,从传统的渔猎生产方式转向现代城镇生活,因纽特人的经济和社会生活方式发生了巨大的变迁。游牧民定居通常会导致两方面(积极的和消极的)后果。定居后,因纽特人在住房、交通、医疗、教育等方面享受到政府提供的现代化生活。在北极城镇伊魁特市,我们看到,具有传奇色彩的拱形圆顶小雪屋(igloo)已经让位于设有暖气、水电齐全的房屋,小雪屋仅在狩猎时使用;现代的交通较为便利,传统的狗拉雪撬已大都被雪地车、越野车、自行车及各种汽车和卡车取代;长矛已被来福枪淘汰。然而,定居后的现代生活,也使因纽特人在社会经济生活上面临严峻挑战。因为失去原有的生计方式后,大多数因纽特人依赖政府的福利和救济生活。在因纽特社区,就业难、住房拥挤、酗酒、年轻人的自杀率高、文化断裂等社会问题突出。这对中国的启示是什么呢? 自然要考虑游牧民定居后的健康、教育、就业、文化断裂问题。基于加拿大因纽特人的定居实践,我看到,将游牧民搬迁到村镇或部落居住地或都市地区附近,也许能解决一些问题,但必然将产生大量社会经济问题。

　　(杜发春文,中国社会科学院民族学人类学研究所网,2010 年6 月 28 日)

3. 教科文组织总干事伊琳娜·博科娃女士在世界土著人民国际日的致辞

今年,我们纪念具有里程碑意义的《联合国土著人民权利宣言》十周年。值此良机,让我们弘扬土著人民权利,弘扬他们对实现相互理解、和平与可持续发展的独特贡献。土著人民传承并践行着独特的文化,与自然环境和睦相处。他们所广泛体现的语言多样性和文化多样性,是我们共同人性的核心所在。保护他们的权利和尊严,就是保护我们自己的权利,尊重人类的灵魂、过去与未来。

土著人民的保护和福祉从未如此重要。虽然土著人民文化多样,家园也分布在 90 多个国家,但作为与众不同的民族,他们在保护自己的权利方面面临着共同的挑战。3.7 亿土著人民,虽然不到世界人口的 5%,却占世界最贫穷人口的 15%。

本着这样的精神,教科文组织最新一期的《全球教育监测报告》为推进土著人民权利提供了具体指南和政策建议。2002 年,教科文组织推出了"当地和土著人的知识体系"计划,旨在支持各国政府在科学知识和土著人民知识间形成合力。联合国秘书长科学咨询委员会发布"土著和当地知识与科学促进可持续发展"政策简报,进一步推动了这项工作。这一切都启发了教科文组织全新的"与土著人民交往政策",以确保联合国宣言的有力实施。受益的将不仅是土著人民,还是全人类和我们的地球。让我们共同努力,并且一起传播这样一个讯息:我们都是土著人!

(联合国教科文组织,2017 年 8 月 9 日)

4. 北极行记: 北极圈论坛大会召开

10 月 16 日至 18 日,第三届北极圈论坛大会在冰岛首都雷克雅未克举行。来自50多个国家的与会代表（包括国家元首、议员、科学家、原住民代表、环保人士等）就北极地区的安全、商机与可持续开发、科学合作和研究、原住民权益等议题展开了广泛的讨论。

中国外交部长王毅也在开幕式上发表视频致辞,着重强调中国在参与北极事务过程中所秉持的"尊重""合作"和"共赢"三大政策理念。副部长张明则率领代表团到冰岛首都雷克雅未克,出席中国国别专题会议。

近些年来,因为气候变化、新航道的开辟以及所蕴藏的丰富的自然资源等原因,北极越来越受到国际社会的关注。9月下旬,记者受挪威驻上海总领事馆邀请前往北极采访。在为期8天的行程中,记者分别前往了挪威首都奥斯陆、北部城市特隆姆瑟以及斯瓦尔巴德群岛,与研究北极的科学家、学者、政策人士和原住民进行了交流。

从斯瓦尔巴德首府朗伊尔镇(Longyearbyen)出发5个小时之后,年轻的向导弗里德里克(Frederick)驾驶着橡皮艇慢慢驶进亚美尔湾(the Bay of Ymer),那里是埃斯马克冰川(Esmark Glacier)所在地。环顾四周,北冰洋上漂浮着大大小小的浮冰,船体与这些浮冰碰撞发出咔嚓咔嚓的响声。弗里德里克谨慎地控制着橡皮艇前进的方向,"我们得小心,"他说,"要不然就会像泰坦尼克号一样。"

在离埃斯马克冰川200米处,弗里德里克关闭了橡皮艇的发动机。"我们不能再过去了,那样会很危险。"他一边解释一边从便携袋里拿出一壶咖啡,示意我和其他几名随行的同伴借此暖暖身子。

放眼望去,埃斯马克冰川周围大都是黑褐色的山川。这些山川上或多或少覆盖着皑皑白雪。"夏季即将结束,等到了冬季,这里就会是白茫茫的一片。"弗里德里克说。

与世界上的很多地方不同,北极并没有严格意义上的春夏秋冬之分。冬季和夏季是两个主要季节,每年的11月至来年的4月是北极的冬季,平均气温在零下30℃左右。每年的7月至9月则为北极的夏季,平均气温在3℃—12℃。但无论是冬季还是夏季,北极总会存在大大小小的冰川以及浮冰。

"不过现在的情况和以前有了很大的不同。"弗里德里克说,"北极的冰川正在消融，北冰洋上的浮冰也比过去少多了，这一切都是因为气候变化。"

气候变化对北极的消极影响

对很多人来说，气候变化并不是一个陌生的字眼。在有关气候变化论述方面，最有力的结论主要出自 1988 年成立的联合国政府间气候变化专门委员会（IPCC）。该机构分别在 1990 年、1995 年、2001 年、2007 年和 2014 年发布了 5 份气候变化综合报告，指出人类活动所排放的二氧化碳等温室气体是导致气候变化的主要原因。尽管这 5 份报告充满权威性，但也受到了诸多气候变化怀疑论者的质疑和否定。

"现在对于气候变化所产生的原因依然充满争论，但在我看来，二氧化碳等温室气体的排放导致气候变化的这一论断是确凿无疑的。"总部设在挪威北部城市特隆姆瑟（Tromsø）的北极理事会秘书处主任马格努斯·约翰内松（Magnus Johannesson）说，"我们应该立即行动减少二氧化碳的排放。"

而就北极地区而言，多数科学家认为，在过去的 30 年里，北极地区的气温上升是全球平均气温上升的 2—3 倍，该地区气温变高的趋势要比其他地区更加明显。

"气候变化是导致北极越来越受到国际社会关注的一个重要原因，但依然有许多普通民众对北极有一个误解，"挪威海洋研究所研究员梅丽莎·切里奇（Melissa Chierici）说，"在他们看来北极和南极一样是一片冰雪覆盖的大陆，但其实北极以海洋为主。"

一直以来，对于北极地区的地理范围有着多种解释，但通常的看法认为，北极是指北纬 66°34′北极圈以内的地区。北冰洋是该地区的主体，海洋面积大约为 1460 万平方千米；陆地区域面积大约为 800 万平方千米，囊括了俄罗斯、加拿大、美国、芬兰、冰岛、瑞典、挪威、丹麦（格陵兰岛）等国部分国土。

由于北极的构成主要是北冰洋，因此气候变化对北极的影响，更多是体现在北冰洋的变化上。

2013 年 4 月，美国国家和海洋大气管理局（NOAA）发布的一份研究报告显示,早则 2020 年,晚则 2050 年,北冰洋夏季将会进入无冰期。

类似北冰洋海冰减少的论证在政府间气候变化专门委员会(IPCC)第五次评估报告《决策者摘要》中也有所体现。《摘要》中提到,1979—2012 年间北极年均海冰范围在缩小,缩小速率很可能是在每十年 3.5% 至 4.1% 的范围内(每十年 0.45 至 0.51 百万平方公里的范围),夏季最低海冰范围(多年海冰)很可能每十年缩小 9.4%—13.6%(每十年 0.73 至 1.07 百万平方公里的范围)。北极海冰每十年平均范围的平均减少速度在夏季最高(高信度);1979 年以来连续的各个十年,每个季节北极海冰的空间范围都在缩小(高信度);根据资料重建,具有中等信度的是,过去 30 年间,北极夏季海冰范围退缩史无前例,北极海表温度至少在过去 1450 年来异常偏高。

"北冰洋海冰减少、海水温度上升等又会导致海底的甲烷释放,而这会加剧气候变化的趋势。"特隆姆瑟大学博士后研究员安娜·斯尔亚科娃(Anna Silyakova)介绍说。

"气候变化同样会加剧海洋酸化的问题,这在北冰洋尤为明显。"切里奇说,"全球变暖使得北冰洋上的海冰日益减少,这让北冰洋海水面积更多暴露出来,由于冷水更容易吸收二氧化碳,因此北冰洋的海洋酸化问题更为明显,而这会对海洋生态系统进一步产生消极影响。"

不仅仅是海洋生态系统,对那些生活在北极的动物来说,气候变化同样是一个不得不面临的难题。

在斯瓦尔巴德群岛朗伊尔镇,对于那些初次到来的人,当地居民往往会给出两个中肯的建议:不要一个人去偏远的地方;如果要出镇子,那就必须带上猎枪。"原因很简单,那就是你不知道什么时候会遇见北极熊。"当地一名居民告诉我。即便如此,北极熊真正的天敌也并非是人类,而是气候变化。

在北极,北极熊处于食物链顶端。很多情况下,它们会依靠海上浮冰来捕捉主要食物海豹,但气候变化正加速北冰洋浮冰的消融,这无疑增加了北极熊觅食的难度。今年 8 月,德国女摄影师克尔斯汀·兰根伯格(Kerstin Langenberger)拍摄了一张震惊全球的照片,一只瘦骨嶙峋的北极熊站在一块浮冰上,面容憔悴,这与人们印象中强壮的"北极王者"形象相去甚远。

不只是北极熊,生活在北极地区的另外一种动物——驯鹿同样也面临着气候变化所带来的烦恼。

驯鹿主要以青苔、苔藓等为食,但大气温度的上升增加了降雨的频率,雨水降落到地表之后结冰,这使得驯鹿难以获取青苔、苔藓等食物。即使驯鹿能够吃到青苔、苔藓,但这些青苔、苔藓也沾染到了有毒的霉菌,而这反过来又会危害驯鹿的健康。

"我们的研究发现,驯鹿繁殖的数量与冬季降雨密切相关。在那些没有雨或少雨的年份,驯鹿繁殖呈现出高出生率的状态,但在那些多雨的年份,驯鹿繁殖率则很低。"挪威极地研究所研究员阿什德·佩德森(Åshild Ø. Pedersen)介绍说。

萨米人对采矿和保护传统文化看法不一。关心驯鹿繁殖和生存问题的还有罗纳德·斯炯门格(Ronald Strømeng),作为一名萨米人,他说他也关心气候变化问题,因为萨米人的传统文化与驯鹿密不可分。同因纽特人一样,萨米人是北极地区的原住民之一,主要分布在芬兰、挪威、瑞典、俄罗斯四国境内。放养驯鹿、打鱼以及农业耕作是萨米人传统的生活方式,其中,驯鹿饲养又被认为是萨米人最重要的文化特征。

"气候变化是一个极其复杂又不容易解决的问题。"斯炯门格说,"有很多萨米人以饲养驯鹿为业,因此我们会对气候变化感到担忧。"他目前在特隆姆瑟与其家族成员共同成立了一家名为 Tromsø Lapland 的旅游文化公司,以此推广萨米文化。

气候变化等全球环境问题已经给萨米人的传统生活方式造成了严峻挑战。而现在,煤炭等矿产资源的开采更进一步加剧了他们所处的困境。在萨米人所居住的社区,越来越多的煤矿采掘活动正在侵占和挤压着驯鹿饲养所需要的土地。

"以前,驯鹿会在夏季和冬季之间进行迁徙,但有的矿业公司为了开采矿产资源会在驯鹿迁徙路线中间开辟一片矿区,这就造成驯鹿无法迁徙的问题。"斯炯门格补充说,"矿业资源的开采占用了大量的土地,这又使得驯鹿饲养用地越来越少。"

问题在于，并不是所有萨米人都反对矿业开采活动。在采矿和保护驯鹿饲养这一传统文化之间，萨米人内部有着不同的声音。

"有很多人，比如我就支持矿业开采，因为这可以增加就业，但也有很多人，比如我的表兄他就反对，因为他认为这冲击了萨米人的传统文化。我们之间存有分歧，谁也无法说服对方。"斯炯门格强调说，"围绕着矿业开采和保护驯鹿饲养传统文化的争论将会继续，因为每个人的利益、立场、原则不同，这会影响他对一件事情的看法，和气候变化一样，这也是一个很复杂的问题。"

斯炯门格还表示，与自己的父辈相比，自己可谓是幸运的一代。在过去，萨米人与世界其他地区的原住民一样面临一系列的难题，比如贫困、环境破坏、无法有效保护自有土地与自然资源以及权利无法得到保证等。"在我父亲那一代，萨米人的权利并不被挪威政府所重视，现在挪威政府则尊重萨米人的权利。"他说。

这种尊重在保护萨米人传统文化和进行矿产资源开采之间便有所体现。

2005 年，挪威通过了《芬马克法》(The Finnmark Act)，该法的目的是为当地居民的利益加强对芬马克土地和自然资源的管理，平衡驯鹿饲养和非耕种地区上的商业和社会用途，实现生态可持续发展。

2010 年，挪威议会又通过了一部新的《规划和建设法》(The Planning and Building Act)。这部法案增强了挪威市政当局保护萨米文化的能力，如果一个企业或者社会团体希望通过项目建设改变土地用途时，市政当局有权进行阻止，由萨米人所组成的议会在规划事项上也有反对的权利。

2013 年 3 月，挪威政府施行了一项新举措以便吸引外来投资者参与其国内的煤炭等矿业开采。值得注意的是，挪威政府的这项新举措特别提到了在萨米人所居住社区进行矿业开发的利益问题。挪威政府规定，相关开采活动需要遵照经济合作与发展组织(OECD)关于跨国公司行为的原则以及联合国关于商业和人权的指导性准则。

"保护萨米人传统文化和进行矿产资源开采，这不是一个简单问题。"挪威外交部北极事务政策顾问托米·法拉克(Tommy Flakk)说，

"（挪威）政府希望能在二者之间求得平衡,同时实现北部地区的可持续发展。"

挪威政府重视知识及旅游业发展

挪威国土面积的三分之一以及挪威领海面积的 80％位于北极圈以北。此外,挪威 10％的人口生活在北极圈以北地区,是在北极圈内生活的各国人口中数量最多的。也正因此,如何更好地发展北部地区也成为挪威政府北极政策的一个重大目标。

对此,挪威政府提出的方案是,将挪威北部打造成为知识驱动型和具有创新活力的地区并积极推动旅游等服务业的发展。

知识的发展离不开教育与科研的投入。近些年来,挪威北部地区的各个大学和学院均新增了招生名额和科研基础设施,拥有博士学位的人数也差不多翻了一番。

在科研方面,挪威政府 2010 年在北部城市特隆姆瑟成立了弗拉姆研究中心(Fram Center),该中心集合了挪威国内 20 多家科研机构的力量从事跨学科研究,重点围绕着北极自然科学、北部地区社会经济发展等议题展开。

2013 年,挪威研究理事会为北方高纬度地区研究拨款约 5.7 亿挪威克朗(约合人民币 4.5 亿元)。目前,挪威在有关北极科研出版数量上仅次于美国和加拿大排名世界第三。

科研和教育上的投入也正在为新型产业发展创造机会。2009 年,挪威开始实施一项海洋生物勘测战略,希望能将海洋科学研究应用到商业领域。特隆姆瑟大学北极生物发现研究中心主任埃里克(Eirik)介绍说,他所领导的一个研究小组正在进行海洋有机生物活性试验,以便从中开发出新型药物,治疗癌症、糖尿病以及心脏病等。

而在旅游业方面,挪威外交部的一份资料显示,在 2000 年至 2012 年期间,挪威北部地区的国际游客人均住宿量增长 19％,大大高于其他地区 9％的游客增长率。在 2011 年至 2012 年期间,仅近海游轮乘客便增长了 41％。为了提高北部地区旅游行业的形象和加强国际营销,政府于 2009 年成立了挪威北方旅游董事会,旅游业的重要新兴市场国家包括俄罗斯和中国。

在斯瓦尔巴德群岛首府朗伊尔镇,当地一名酒店经营者说,在过去,来斯瓦尔巴德群岛旅游的主要是欧洲人,但现在中国游客的身影越来越多。"这是一件好事。"这名经营者说,"一方面,中国游客能够领略到北极风光;另一方面,这能为我们带来收入。"

希望中国积极参与北极事务

除了中国游客之外,来自中国的投资者也越来越把目光聚焦在北极。在朗伊尔镇,听一些当地民众讲,有中国投资者希望购买当地的土地开发旅游。但在挪威南森研究所副所长阿里德·摩尔(Arild Moe)看来,要想在斯瓦尔巴德群岛购买土地对于中国投资者来说,并不是一件容易的事情。

"斯瓦尔巴德群岛的环境政策非常严格,如果要想在当地建造旅游基础设施,必须要得到挪威政府的许可。"摩尔说,"但不得不说,中国现在越来越关注和重视北极,因为中国正在成为如同美国那样的全球性力量(Global Power)。"

在许多分析人士看来,中国之所以对北极体现出兴趣,主要有以下几个原因:气候变化;北极航道利用;进行能源贸易投资以及参与北极治理等。

中国对气候变化的重视不难理解。中国大陆海岸线长约 1.8 万公里,有超过 6700 个岛屿,经济活动和人口分布主要集中在东部沿海地区。北极冰川消融将导致海平面上升并有可能诱发海啸、风暴潮等极端天气,而这很有可能会给中国东部沿海地区造成巨大的经济损失。

但在另一方面,北极冰川的消融客观上也为新航道的开辟创造了条件。一直以来,经马六甲海峡、印度洋、苏伊士运河、直布罗陀海峡到欧洲的航道是中欧贸易往来的主要选择。与这条传统航道相比,北极东北航道的优势在于:海上通航成本减少、海盗威胁的可能性降低、区域内地缘政治相对平稳等。在探索北极航道方面,中国已经有了积极的尝试。2013 年 8 月至 9 月,中国中远集团"永盛号"货轮进行了北极东北航道的首次成功试航。今年 7 月至 10 月,"永盛号"货轮再次顺利完成了北极东北航道的往返航行。

北极丰富的能源资源是中国渴望参与北极事务的另一重要原因。美国地质调查局 2008 年 7 月发布的一份评估报告称,北极拥有世界 15％的未勘探石油和 30％的未勘探天然气。除了油气资源以外,北极还拥有丰富的渔业和生态物种资源。

2014 年 6 月,中国军方智库解放军军事科学院国防政策研究中心发表了《战略评估 2013》,该报告称,北极地区丰富的油气资源与便捷的航运条件,对于确保中国经济可持续发展具有重要意义,北极地区有望成为中国未来海外能源的重要供给基地。

"无论是气候变化、北极航道利用、获取能源资源还是地缘战略的考虑,中国都热衷参与到北极治理中来。"摩尔说。

目前,北极理事会是中国参与北极治理的一个主要平台。中国在 2006 年申请成为北极理事会永久观察员国并在 2013 年正式获得这一身份。

在北极理事会秘书处主任马格努斯·约翰内松看来,中国在获得北极理事会永久观察员国身份之后,应该积极利用这一身份继续在北极理事会框架下参与北极事务。"在接纳中国等国家成为永久观察员国之后,如何与这些观察员国进行更多接触成为北极理事会一项很重要的工作。"他说,"在我看来,中国应该积极在北极理事会所设的各个工作组提供富有建设性的意见和建议,这是中国在未来参与北极事务中应该要着重做的。"

特罗姆瑟大学—挪威北极大学社会学系政治科学及社区规划教授拉斯姆斯(Rasmus Gjedssø Bertelsen)则认为,中国等新兴经济体的快速崛起是导致北极议题"全球化"的一个重要原因,但在参与北极事务过程中,中国与北极国家之间存在一个相互适应的过程。

"从中国角度来说,应该以一种合作、非挑衅的方式参与北极事务;而从北极国家的角度来说,这些国家也应该以一种合作、非威胁性的方式接纳中国,将中国整合进北极事务中来。"拉斯姆斯说。

值得注意的是,中国外交部长王毅 10 月 16 日在第三届北极圈论坛大会开幕式上的视频致辞中也着重提到,中国是北极的重要利益攸关方。在参与北极事务方面,中国一贯秉承三大政策理念:即尊重、合作与共赢。

王毅还强调,合作是中国参与北极事务的根本途径。中国愿同北极国家、北极域外国家以及其他北极利益攸关方增进交流、加强合作,在气候变化、科研、环保、航运、可持续发展、人文交流等广泛领域取得务实成果。

"当下中国参与北极事务最佳的合作方式依然是与北极相关的科学与环境研究。"拉斯姆斯强调说,"为此,中国应该继续发挥科学外交的作用。"

(中国社会科学网,2015 年 10 月 23 日)

5. 不利气候条件使玛雅文明走向没落

中国社会科学报综合外媒报道

辉煌一时的玛雅文明是如何衰落的? 日前,美国莱斯大学和路易斯安那州立大学的学者们在中美洲的伯利兹找到了答案。他们认为,干旱等不利气候条件使玛雅文明走向没落。

研究人员在伯利兹的"大蓝洞"——一个 400 英尺深的珊瑚礁底部的幽深洞穴中提取了一些沉积物样本,并将其与伯利兹内陆地区石灰石岩坑的沉积物样本进行比较研究,发现两种样本年代处于距今 1000—800 年间,当时正是玛雅文明衰落的时期。样本中铝和钛两种元素的比例与当时热带气旋带来的暴雨及其引发的水土流失有关。研究人员发现,样本中钛元素含量较低,说明这一时期热带气旋数量比以往偏少,干旱比以往持久。

伯利兹所在的尤卡坦半岛是水资源比较稀缺的地区,古代玛雅人大多靠石灰石岩坑中蓄积的雨水度过干旱时期。不过长时间持续的干旱有可能耗尽了储存的饮用水。水资源出现危机后,随之而来的就是饥荒、动荡和战争。

对此,耶鲁大学考古学家哈维·魏斯和马萨诸塞大学气候学家雷蒙德·布拉德利表示,气候变化和干旱曾导致许多古代文明衰落。不仅仅是玛雅,中东的阿卡德帝国、古埃及以及秘鲁的莫切文化等都深受其害。

(闫勇,中国社会科学网,2015 年 1 月 14 日)

6. 加学者呼吁尊重原住民群体

本报讯(记者王俊美)12 月 9 日,加拿大萨斯喀彻温大学(University of Saskatchewan)历史学教授凯斯·索尔·卡尔森(Keith Thor Carlson)在北京理工大学发表演讲,讲述加拿大西海岸原住民的历史,内容包括欧洲移民的殖民历史以及加拿大原住民生存状况的变化。

卡尔森在接受本报记者采访时表示,尽管加拿大政府多次对原住民表示理解与尊重,但主流社会对原住民的偏见与歧视由来已久。他提出,早期欧洲殖民者的殖民方式包括征服殖民(conquest colonialism)和移民殖民(settler colonialism)。前者是指殖民者利用殖民地的资源和劳动力为本国获利,如英国从 18 世纪开始对印度的长期殖民。而欧洲殖民者在北美洲实行的是移民殖民,即攫取原住民土地,并在此基础上繁衍生息。

18 世纪末,欧洲殖民者首次到达加拿大西海岸,把天花等疾病带到北美,缺乏抵抗力的原住民因此大量死亡。卡尔森表示,原住民一般是通过口述的形式记录历史、分享知识的,而疾病的肆虐使大量年长者死去,造成原住民历史与文化出现断层。从 19 世纪下半叶开始,为同化原住民,加拿大开始将原住民儿童送入寄宿学校,不允许他们讲本民族语言,不得保留本民族风俗习惯,并将其与父母隔离。原住民必须居住在有限的"保留地"上,否则会被剥夺公民权。

卡尔森表示,自己的母亲曾收养过原住民后代,他见证了原住民的诸多苦难与不幸。尽管目前情况已经有所改善,但加拿大当局的某些决策仍会损害到原住民的利益,如在未经原住民群体同意的情况下,在"保留地"开展工程建设。他呼吁,加拿大政府该做的不是破坏后的修复、伤害后的安慰,而是从自身出发进行反省,与原住民寻求和解。

(中国社会科学网,2016 年 12 月 15 日)

7. 学者文章： 呼吁澳大利亚提高原住民教育权益

因历史原因,澳大利亚原住民群体一直与现代社会存在文化、教育和经济上的隔阂。6 月 27 日,科技世界新闻资讯网和对话网发表的学者文章提出,目前澳大利亚原住民在接受高等教育方面处于"绝对弱势"的境地,呼吁澳大利亚从多层面推动提升原住民群体接受高等教育的比例和质量。

激发原住民受教育意愿

据澳大利亚各大学综合统计结果显示,目前澳大利亚原住民中只有不足 1.6% 的适龄学生进入高等院校接受教育。原住民群体在文化、信仰、社会支持系统上各成体系,这也造成他们对现代高等教育的认知存在一定偏差。

过去十年来,澳大利亚政府和高校已意识到问题的严重性,并采取了一些措施来提高原住民学生接受高等教育的热情和比例。然而,有学者批评称,这些政策大部分是从提高原住民学生的社会经济地位出发的,而原住民学生的真实愿望和感受很大程度上却被忽视了。

为解决相关问题,澳大利亚纽卡斯尔大学近期进行的研究便把焦点集中在原住民学生的"愿望"上。研究发现,不管原住民还是非原住民儿童,从他们的职业理想和愿景来看,两者之间并无巨大差异。这些儿童都渴望长大后成为医生、教师、兽医和艺术家等。研究认为,提高原住民儿童教育权益的第一步便是要从小学阶段做起,发现并激发这些原住民儿童的真实愿望。

然而,澳大利亚纽卡斯尔大学教育学教授珍妮·戈尔(Jenny Gore)表示,等这些孩子长大,他们的理想一定会发生变化。这可能是他们出于家庭背景的考虑,也可能是出于职业前途的考虑。有一个奇怪的现象是,在澳大利亚读写算术统考中表现好的原住民学生,反而放弃了进一步接受高等教育的权利。

项目的研究数据显示,对非原住民学生来讲,在读写算术统考中表现好的学生中有72%会进入高等院校甚至是名校就读,但这一比例在原住民学生当中只有43%。但同时进行的调查又显示,原住民学生进入高等院校的意愿并没有降低。"到底是什么导致了这一反差,这正是我们开展研究的目的。"戈尔说。

多种原因导致原住民入学率走低

研究发现,多种原因影响着原住民学生继续进修的选择。

研究显示,文化和地理原因使得绝大多数原住民学生生活在偏远地区。在这些区域,高等教育助学贷款等社会金融服务效率偏低,加之家庭经济因素,使得很多孩子碍于学费等经济原因不愿意进入大城市学习,而更多选择就近就业。

戈尔表示,社会上存在的种族偏见也会渗透至高校。虽然现在很多高校会出台校园指导项目来帮助原住民学生更好地融入新环境,但潜在的种族隔阂使得这些学生依然会感受到诸多不公和压力。从更广泛的层面上来说,一位出身中产阶级的非原住民学生和出身偏远地区的原住民学生在校园里面临着不同的境遇和机会。

同时,澳大利亚高等教育在原住民群体中的发展不过几十年时间,近十年来才有较大进展,这意味着很多原住民学生可能是家族中第一个进入高校的学生。他们缺乏在陌生都市环境里生活和学习的经验以及相应的指导,家庭和学生对陌生的求学环境存在一定的恐慌和抗拒心理。戈尔谈到,非原住民学生在进入高等教育阶段会有来自财政、金融系统、家庭等各种途径的资金支持。但对于原住民学生来讲,即使除去家庭因素,各种社会服务配套也远滞后于其他学生。

另外,目前原住民尚未看到高等教育可以给他们带来"明显的好处",比如所获得的经济和社会收益会显著提高。但他们却面临更高的风险和调整,家庭也要付出较高成本。此外,过往对政府机构的不信任使得原住民学生"牵连到"对高等教育的不信任。这些观念的转变需要相当长的过程。

尊重原住民文化

戈尔表示,高等教育中存在的障碍需要被打破。这些问题可以通过多方面努力来解决,一方面,要关注早期原住民学生的愿望,了解他们的愿望是如何受到当地社会、文化、经济和种族影响的。另一方面,基于原住民家庭及学生本身对高校的误解,政府和高校要改进宣传策略,使原住民学生能够看到接受高等教育是实现自己职业抱负和人生理想的重要手段。

另外,有学者指出,在加大原住民与现代教育理念相融合的过程中,更好地理解、尊重原住民文化,高校更加包容多元文化也极为重要。据澳大利亚广播公司的一项数据显示,欧洲人刚开始移民时,原住民有约 250 种语言,但现在只剩下 120—145 种,其中绝大多数属于濒危语种。此前也有报告显示,原住民要想在澳大利亚获得成功,就必须面对丧失本民族文化的风险。这些问题使得原住民有种自有文化被侵袭之感,也成为他们抗拒与外界进行文化沟通的原因之一。

(中国社会科学网,2017 年 06 月 30 日)

8. 老智慧、新研究——发展中国家如何应对气候变迁

Rosalia 与 Jesus 互不相识,甚至说着不同的语言。Rosalia 是艾马拉人(南美洲印第安人的一支),是生活在玻利维亚高原的农民。Jesus 是久负盛名的国家公园的导游,他属于盖丘亚族(南美印第安人的一大

分支)。Rosalia 和 Jesus 正是被安第斯山高高的山系给隔开了。

他俩并不知道,其实还有一条命运之绳把他们连在一起。他们都和大自然有着紧密的联系;都敬仰象征着大地母亲的女神"帕查玛玛";都关心着古老传统和先人智慧的传承。然而,面对全球化的挑战,这些古老的知识不够用了。

大的气候改变了,水资源匮乏变得越来越明显。干旱、寒流和洪水威胁着安第斯山农民和贫困人口的生存。多亏瑞士的援助和科学知识,让 Rosalia 和 Jesus 可以乐观地望向未来。瑞士资讯 swissinfo. ch 派出记者,在拉丁美洲最贫穷的国家之一,探究着他们针对气候变迁而采取的顺应之道。

一片平坦而荒凉的草原,几个光秃秃的小山丘耸立在单一而枯燥的景色当中。远处雄伟的、白雪皑皑的安第斯山隐约可见。在海拔4000 米以上的玻利维亚高原,树木非常鲜见。

一座砖房,旁边是粘土打墙垒的牲畜圈。56 岁的 Rosalia Mamani Alvares 和她的老伴儿,就住在这里。她头戴一顶波乐帽,这是安第斯人常戴的一种典型的帽子。两个孩子很早以前就离开了家,"他们搬到城里去了。"Rosalia 叹了口气。

许多农民都离开了高原上贫穷的山村,生活在首都拉巴斯的城市之中。然而 Rosalia 还是留在了 Caquiaviri,尽管这里气候恶劣。一群鸡,6 头牛,5 只羊,都属于这对夫妇,"我们拥有的不多,但还是有一些。在城里我们啥都没有。"她说。

Rosalia 是农民,在屋前的一小块土地上,她种了土豆、藜麦、大麦和 Canihua——一种类似于谷类的作物。8 月份田里长出来的还不多,这里缺水。

该地区既没有河流也没有湖泊,就靠雨水,甚至泉眼也很少。已经好几个月没下雨了。雨季变得越来越短。

缺水并非唯一的问题。"寒流还有不约而至的冰雹会将藜麦的收成毁于一旦",Rosalia 说。

最严重的干旱

对 Caquiaviri 和 Pacajes 省的农民来说,气候变迁是实实在在的威胁,既具体又长期。去年夏天的收成因为大雪打了水漂。玻利维亚其他地区也因干旱而歉收。"这是有史以来最严重的一次",来自科恰班巴的农民说。

Rosalia 的收成还不错。虽然土豆比往日小,但大部分收成都得救了。她之所以能够对抗气候变迁的严酷,多亏了其他农民推荐给她的新品种。

保障收成的项目

Rosalia 邀请我们去村小学,Acero Marca 村的小学里弥漫着节日的气氛。对艾马拉人来说,8 月是特别的月份,这是一段敬拜"帕查玛玛"女神,充满着礼物、献祭仪式、大餐和舞蹈的日子。

女人们放下乐器和民族礼服,就把我们往学校的院里儿领。她们等不及要给我们上自己制作的特色美食。她们用奎奴亚藜和 Canahua 磨面,做成富有营养的菜肴。

学校里有一台磨谷机和一个生产食品的房间。"她们可以把农产品拿到这里来储存、交换和出售。"瑞士 Helvetas 发展中援助组织 Agricoltura resiliente 项目的负责人 Javier Gonzales 说。他的项目旨在加强当地农民的食品安全。

有机防冻剂

Acero Marca 村的 40 家农户种地不用农药。"当然他们也没有时间和知识来自己制作天然的肥料",Javier Gonzales 说。学校的另一处空间于是变成了生产有机肥的小型制造中心。

"这一地区的土地并不很肥沃。"Gonzales 说。天然肥也不足以提升植物的抵抗力,特别是在气候已经发生变化的情况下。Gonzales 是 Helvetas 气候变迁方面的专家。

Rosalia 用实践验证了这一情况,"学校生产的肥料可以让作物变得强壮,不畏严寒。"她说。

藜麦的新生

牛粪和药草提取物难以保障农业产品的收成,更遑论提高产量了。必须要种植多种更结实耐受的作物种类才可以。

过去的 10—20 年间,许多高原上的农民因藜麦的炙手可热而将注意力放在了这种能带来巨大利益的作物身上。这种近似于谷类的作物在全世界都很畅销,可惜价格在走下坡路。"鉴于气候正在发生变化,这种单一的种植模式很成问题。"Javier Gonzales 说。因此提高产品的多样性,引入新的种类和尝试杂交,变得很重要。"这是我们援助项目的重点。"他说。

藜麦,金牌的阴暗面

自 1990 到 2014 年,安第斯山南部的藜麦产量得到大幅增长。节节攀升的价格改善了许多农民的经济状况。然而伯尔尼大学可持续发展与环境跨学科研究中心(CDE)的调查显示,这样的发展也带来了生态上的负面影响,而且已经得到证实(土壤被侵蚀、农药污染)。

Rosalia 在 10 月时种下了 5 种藜麦,都是耐旱、快熟的——只需要4 个月,而不是通常的 6 个月。

对农民来说,气候变迁不过是长长一串挑战中一个新的里程碑。上百年来,他们一直要在极端条件下从事农业劳动。"他们运用祖先世世代代流传下来的知识,来预言气候的变化。"Prosuco 的主席 Maria Quispe 说,这是玻利维亚一个倡导可持续发展和传播知识的联合会。

"Yapuchiri"是艾马拉语"好农民"的意思,是农村的一种机构。它保存和传播着先人的知识。各村各庄都要问它,下个季节的情况怎样?雨水够吗? 有没有冰雹? 要在山上平缓的地方耕种还是在侧翼? 什么时候播种合适?

Miguel Ortega 是 Caquiaviri 的 10 个好农民(Yapuchiri)之一,他学会了倾听和观察土地。起先,他在村里运用的是祖上传下来的知识;后来,在瑞士的资助下,他在教育部参加了再培训。

Yapuchiri 会看，鸟儿在哪里筑窝，昆虫怎么爬。当安第斯山的狐狸拉出白色的粪便，他就知道，今年土豆的收成会不错。

还有植物的花朵，宗教节日时的天气，以及星象，都会暗示出气象的变化。Acero Marca 村的农民相信，Yapuchiri 的预言 80% 都是对的。

Miguel Ortega 重复多次，像下了一道咒语："如果你们种下不同的品种，那么你们不会致富，但有足够吃的东西。"这位"好农民"确信，先人传下来的知识是对抗气候变迁的第一步。不过他也强调说，仅靠传统知识，不足以应对目前的挑战。

"西方的科技、测量站和科学的天气预报对今日的我们帮助很大"，Manuel Ortega 说。对 Yapuchiri 来说，"帕查玛玛"具有根本性的意义。它是一种农业气候的索引，收集了不同的指标，从天气条件到气象极端情况，还有所使用的肥料等。

知识的对话

科学研究和知识对 Yapuchiri 所袭承的智慧形成了有力的补充。这正是 1985 年瑞士援建的科恰班巴（Agruco）大学农业生态研究中心所致力推行的。先人的知识被收集起来，再补充以现代化的科学知识。这便是"智慧的对话"，正如 Agruco 的合伙创建人 Rinaldo Mendieta 所说。

"这种知识和经验的交流，正是在伯尔尼大学的号召下展开的，这提高了我们的抵抗力，也使我们能更好地适应气候变迁。"Mendieta 解释说。玻利维亚是世界上受气候变迁影响最大的国家之一。安第斯山区的平均气温在 10 年内可能会上升 2 度（与 19 世纪中期相比）。到 2100 年，依据联合国的专家报告（IPCC），可能会上升 6 度。

同阿尔卑斯山一样，安第斯山的冰川也在融化。过去 40 年间，冰川的规模几乎缩减了一半，再有 20 年可能就会消失不见。著名的例子是 5400 米高的恰卡塔雅冰川。很长时间以来，它一直是世界上海拔最高的滑雪胜地。然而 2009 年，它的最后一条冰舌也消融了。

无人机：为了冰川融水

玻利维亚有人口 1100 万，是瑞士发展中援助的重点国家。自 1968 年起，合作与发展组织（Deza）就在当地展开行动了。"如今它已是发展合作工作中最重要的外国组织之一"，Pro Rural（西）的员工 Roberto Daza 说。

Pro Rural 联合会实施的就是瑞士的发展计划。"瑞士项目的一大优势就是具有模范带头作用。"Roberto Daza 说。

Deza 每年为玻利维亚提供的预算是 2100 万瑞郎。1/3 用于应对气候变迁和减少灾害风险的项目。合作与发展组织，特别是 Biocultura 项目，如同 Helvetas，特别注重传统知识与科技创新之间的结合。例如为了保护冰川水的流失出动无人驾驶飞机。

我们前往安第斯山的另一端，与高原相距几百公里。在那里，我们见到了另一个戴着典型的玻利维亚式帽子的人。

他就是 Jesus Yapura。他往我手心里塞了几片古柯叶。"你必须用右边嚼。别忘了最后吐在地上。这是帕查玛玛的礼物。有了古柯叶，人既不会感到压力也不会想起饥饿。"他保证说。

这位 30 岁的小伙儿想带我们看看他的"领土"。从 14 岁起，他就开始在拖若拖若国家公园波托西地段担任导游。这里有 165 平方公里的岩石地貌——峡谷、山洞、远足步道和恐龙遗迹。这里的气候也很严峻，白天能到 30 度的高温，而晚上只有零下 10 度。

Jesus 是农民的儿子，始终心系家乡。他曾在科恰班巴工作过一段时间，当时家里的收成太差，而游客又特别少。而现在他已成为拖若拖若国家公园经验最丰富的导游之一，这也是因为他参加了 Biocultura 发展项目下的专业再培训。他带我们看岩石构成，在天上盘旋的兀鹰、蜂鸟、灌木和草药。

"你知道兰巴达是在哪里产生的吗？"他问我。回答："当然是巴西。"他马上纠正我说："错，是在玻利维亚。"于是他用他的排箫演奏起那独特的旋律。

生物文化的旅游业

"对青年农民来说,发现我们这块土地自然的和文化的多样性,也是顺应气候变迁的策略之一。"生物和环境专家 Xavier Carlos 说。这位 Pro Rural 的员工提到的是一种"新型旅游业",将当地社会、文化和精神的遗产放在中心位置。

"生物文化旅游业"受两方面的影响:一方面是资本主义的模式;另一方面则是当地流传下来的传统文化,是一种倡导人与自然和谐共处的文化。"我们产生利润,但也要分配利润。"Carlos 坚定地说。

Jesus 在旺季能挣到每月 3000 玻利维亚诺,约等于 420 元的瑞士法郎,这比双倍的国家最低工资还多。他的家庭和拖若拖若地区的其他农民都从旅游业的发展中获益。国家公园的游客人数从 2014 年的 1 万人,增长到 2.5 万人。

那里种上了多种传统的蔬菜、谷类和水果,并直接在当地加工、出售,甚至在旅游机构中内部消化。因此通往科恰班巴市场的那条耗时耗财的路,几乎被人忘却。当地的妇女们也加入到运营当中,在国家公园里的餐厅服务。

回乡也是策略之一

拖若拖若的最新发展让离开这里的人又回来了。"我的一些朋友,先是搬到科恰班巴去了,现在他们又回来了,因为这里提供了继续受教育和工作的机会。"Jesus 肯定地说。

拖若拖若的乡长 Eleodoro Uriona Pardo 很高兴发生这样的变化。"凭着旅游业和农产品加工业的发展,我们希望搬走的人能够回来。"他斩钉截铁地说。当地人在发掘自己的历史,看护着水和环境。"多亏瑞士的帮助,去年我们才得以将 40 公顷的土地重新绿化,这是非常小但挺高效的事。"他说。

神圣日子的祥云

Rosalia 和 Jesus 只是从环境和气候发展计划中受益的 10 万人中

的 2 位,该项目使玻利维亚受到了瑞士的资助。玻利维亚高原上的 Rosalia 希望抵抗力强的品种可以让她的农产品收成翻倍,她也可以把其中的一部分售出。她所生产的类谷类食品带有有机(Bio)标签,有朝一日也可以进入瑞士。藜麦 Canahua 的生产联合会已与瑞士的大型零售商取得了联系。

对 Rosalia 和 Jesus,以及其他玻利维亚农民来说,新的农忙季节是在好星象的守护之下。在安第斯农历上重要的日子——8 月 2 日的早晨,这是大地母亲月的开始,天空为层云所遮盖。"这样的天气预示着顺风顺水的一年,不再受干旱的困扰。"这位 Yapuchiri 说。

(作者:Luigi Jorio 和 Miriam Jemio Telma。瑞士资讯 swissinfo)

9. 世界环境日|原住民与自然保护区

人与自然,相联相生

在新西兰毛利人的文化中,人类与自然密切相关:两者平等并相互依存,甚至亲密无间。这一理念也反映在毛利语"kaitiakitanga"中,意味着通过保护自然环境来尊重祖先,确保未来的繁荣。

毛利人与土地和自然环境的亲密关系,也体现在世界其他地区的原住民身上。如今,这些易被遗忘的边缘群体正逐步得到世界的认可,被视为自然守护神。

世界原住民人口约 3.7 亿,仅占世界总人口的 5%,但他们拥有的土地面积达 18%,并要求恢复更多传统领地。他们的家园从北极至南太平洋横跨 70 个国家,遍布各个角落,其中包括多个生物多样性热点。

他们的传统和信仰体系使他们对自然抱以更多的珍惜和尊重,具有强烈的领地意识和归属感。这样的知识架构和生活方式,与当前提倡的自然保护及资源可持续利用理念非常匹配。

原住民坚决抵制外来人口强行在他们的领地谋发展。他们捍卫自己的土地,制止非法入侵和破坏性剥削,不论是开河建坝、开荒垦地、还是砍木伐林。

这使他们成为自然生态系统的坚定护卫者,诸如此类的努力能有效减轻气候变化的影响,并加强全球应对气候变化的适应能力。然而公然对抗强大的经济和政治利益集团也使他们成为被攻击的目标,这些少数种族在世界多数地方都面临巨大的生存压力。

根据国际维权组织"全球见证人"(Global Witness)的资料,2015年,16个国家的185人因捍卫其土地、森林和河流免遭破坏而丧生,其中大多数是原住民。

贝尔塔·卡塞雷斯受害者

其中一名受害者贝尔塔·卡塞雷斯(Berta Cáceres),就因抵制在洪都拉斯的兰卡族原住民聚居地建造水坝,于2016年3月被谋杀。12月,卡塞雷斯被授予联合国最高环保奖——地球卫士奖。

联合国环境署执行主任埃里克·索尔海姆(Erik Solheim)曾就卡塞雷斯遇难一事发表声明:"仅仅因为呼吁地球资源得到合理利用,号召公众尊重自然环境就受到生命威胁,这是不可接受的。每个人都有权为保护环境摇旗呐喊。"

在遭受了长达数十年的歧视和忽视后,原住民作为土地和自然的忠实守卫者,其身份以及他们所坚持的传统和信仰正获得广泛的认可,国际社会更加尊重他们从祖先那里继承来的土地及自然资源的使用权,并对他们保存完好的自然和文化价值予以赞赏。

例如,加拿大境内的原住民"第一民族"前几年重新获得了温尼伯湖以东的北方森林地区的控制权。在加拿大联邦政府的支持下,"第一民族"于今年向联合国教科文组织提出申请,要求将29,000平方公里的Pimachiowin Aki地区列入世界遗产名录。

加拿大环境部长凯瑟琳.麦肯纳(Catherine McKenna)表示,建立原住民保护区将推动加拿大实现"到2020年,保护地至少覆盖17％的陆地"这一目标,也顺应了原住民的想法,"他们最了解如何在保护土地的同时,创造更健康,更繁荣的社区。"

世界资源研究所去年的一份报告指出,确保亚马逊地区原住民的土地权利能有效对抗全球森林砍伐和气候变化,且成本低廉。

例如,2000—2012 年间,玻利维亚、巴西和哥伦比亚境内原住民永久森林保护区的砍伐率比其他区域低 2—3 倍。然而,全球各地的原住民只对很小一部分土地拥有永久森林权。

联合国粮食及农业组织林业政策和资源司司长伊娃·米勒(Eva Müller)表示,"原住民的生活与自然密切相关,他们非常关注资源的可持续利用。我们需要赋权原住民,他们的知识和技能对于确保人类和野生动植物的长久发展至关重要。"但这一关键作用并不总得到承认。原住民与国家公园的冲突一直存在。一些国家在建立国家自然公园时会以保护为借口,驱逐原住民或限制其使用自然资源。拥护此举的相关方被指责创造了数百万"保护区难民"。

如今人们逐渐明白,那些被视为"荒野"的地区实则受到当地原住民完善的保护,他们对如何管理当地自然环境有深刻的了解。

原住民的权利如今也被写入《联合国原住民族权利宣言》,并在政府和保护组织的政策和战略中得到体现。

多数原住民都希望在应对环境挑战方面有更多的发言权。

"我们在这片土地上生活了很久,深谙自然规律,知道哪些迹象预示着情况回暖;哪些迹象揭示了每况愈下之势;哪些方式是可持续的;哪些行为是破坏生态的。所以世界需要听到我们的声音。"毛利族首领凯瑟琳·戴维斯(Catherine Davis)表示。

(联合国环境规划署,2017 年 5 月 5 日)

10. 重视美洲原住民的科学贡献

中国社会科学报综合外媒报道,近日,有学者认为,美洲地区原住民曾为科学和技术发展作出过重大贡献,人们应当重视这些贡献,让原住民的知识发挥更大的作用。

加拿大劳伦森大学（LaurentianUniversity）生物学客座教授杰西·波普（JessePopp）1 月 2 日在"对话"网发文表示,长期以来美洲原住民将自身经历与祖先的经验相结合,形成了一系列世代相传的知识,这些知识曾经对科学技术的发展起到过重要作用。例如,美洲原住民驯化了许多植物,其中相当一部分目前在世界上仍有广泛种植,包括玉米、南瓜、马铃薯和辣椒等。原住民关于植物药用价值的知识也推动了药理学的发展。例如,当欧洲移民抵达北美时,原住民曾帮助他们通过使用含有丰富维生素 C 的针叶植物来应对坏血病。原住民的独木舟、皮划艇、雪鞋、平底雪橇等制作技术,被欧洲移民改造后,在旅行和运输等方面得到了广泛应用。

波普称,原住民的生活与他们对环境的认知关系密切,原住民的知识蕴藏着他们对环境及其内部生态系统的理解,既包含传统文化,也有生态知识。从加拿大的实践经验可以看出,原住民在环境变化、野生动物种群监测、行为生态学等方面都可以提供独特见解。他们有关弓头鲸行为的知识帮助研究人员改善了调查方法,在估算弓头鲸种群数量方面取得了更好的成果。因而,结合历史和现实经验,可以看到善用原住民的科学知识可以为现代科学发展和自然资源管理作出更大的贡献。

尽管原住民的知识具有公认的重要价值,但是原住民科学家却非常少见。为了更好地发挥原住民所拥有的科学知识的作用,政府有必要鼓励更多学者研究原住民的科学知识,为原住民提供更好的教育条件,帮助更多的原住民成为科学工作者。

（姚晓丹/编译,中国社会科学网,2018 年 1 月 8 日）

11. 周少青参加北极理事会可持续发展工作小组会议情况简报

经外交部推荐、受中国社科院民族学与人类学研究所指派,本人于2014 年 3 月 23—24 日参加了由北极理事会下属工作机构之一——可持续发展工作小组(SDWG)在加拿大西北地区首府耶洛奈夫举行的工作会议。出席此次会议的代表共有四十多名,他们分别来自北极理事会成员国、观察员国、北极原住民代表组织和一些国际组织。其中,中国正式以观察员国的身份参会。本人是出席此次会议的唯一中国代表。

会议的主要议程有:1. 就一些正在进行的项目进行了信息通报和更新,并就项目运行过程中存在的一些问题深入交换意见。这些正在进行的项目主要有:"促进精神健康和适应力,解决北极社群自杀问题的实证研究(加拿大、丹麦、挪威、美国和俄罗斯)";"北极地区的性别平等问题(冰岛、芬兰、挪威、丹麦)";"适应北极环境(经验)交流:促进对气候变化的适应(加拿大、美国、阿留申人国际协会)";"青年与驯鹿放牧(俄罗斯、挪威)";"环北极地区原住民人群癌症情况评估(加拿大、丹麦、阿留申人国际协会)";"北极人类发展报告(冰岛、加拿大、丹麦)";"评估、监测和促进北极原住民语言(因纽特人基地理事会、加拿大、美国、丹麦)",等等。2. 讨论新的立项,主要有"促进传统和地方知识"、"俄罗斯和挪威北极地区气候变化适应问题""北极海洋生存测绘图""人类在北极"等。3. 开放式地讨论了"适应变化中的北极行动方略(北极监测与评估计划)""北极社群的传统生活方式(加拿大)""北极海洋战略计划(北极海洋环境保护)"等议题。

此外,会议还就信息开放与分享、项目实施的跟踪检查、可持续发展小组的工作规程、相关企业的社会责任等展开了讨论。会议的最后半天,全体与会代表参观了当地(土著人)社区。在那里,土著人代表及相关人员就北极气候变化给当地人生活带来的影响做了专题汇报。

值得注意的是,在整个有关项目实施和论证以及有关可持续发展工作小组活动的相关讨论中,观察员国的代表不被允许提问、质询或提出自己的见解。观察员国代表的作用实际上仅限于"观察"。鉴于此,在会议的最后一个环节——征询观察员国代表是否有发言愿望时,我和法国及国际组织"北方论坛"的代表提出了发言要求。我的发言大致分为三个方面:一是感谢会议提供了分享知识和信息的机会,指出与会者的发言、相互质询等环节给观察员国代表提供了宝贵的学习机会。

同时指出,由于本代表的研究背景和中国的少数民族国情,我特别重视北极开发过程中的少数社群——原住民的权益保护问题,认为根据会议所列议题的内容来看,这一问题得到了应有的重视。但是从现实的情况来看(我举了我在寒风凛冽的零下二十多度的耶洛奈夫街头田野观察到的例子——三五成群的原住民无家可归者和酗酒者),需要在原住民问题上做出更多的努力。第二,我指出,可持续发展工作小组的结构、功能和工作方式让人印象深刻,它将来自不同的组织、国家甚至大洲的人聚集在一起,面对面地协商解决相关问题,这种合作和协作方式是富有成效的;指出当世界其他地区的此类合作模式,仍然仅停留在理论的或理想的阶段时,可持续发展工作小组已经向世人展现了良好的工作实践并使我们受到深刻启发。第三,对于此次会议,观察员国家和国际组织代表的作用仅限于"观察"的现象,我向大会提出建议:能不能让观察员国及国际组织代表从一开始就介入有关项目和活动的提问、评论和建议环节?我解释说,"在我看来,我们(观察员国及国际组织代表)同时具备'局内人'和'局外人'的视角。作为局内人,我们需要进一步了解有关项目和活动的情况,需要参与和建言;作为局外人,我们的观察视角对工作小组的项目运行和具体工作的完善,有着不可代替的补充作用。我认为,大会应该重视我们的意见、建议和作用"。

我的发言在与会的观察员国及国际组织代表中引起了共鸣,我的发言结束后,一些代表纷纷表示,我说出了他们想说而没有说的话。事后,可持续发展工作小组主席对我的讲话做了回应,她说,按照目前工作小组的议事规程,观察员代表还不能直接参与到具体项目和活动的论证、询问、意见和建议的环节,但是今后要考虑在这方面做一定改革。她还私下对我讲,你的发言很好,欢迎你再次参加我们的会议。

可持续发展工作小组是北极理事会从事具体和实质工作的几个工作机构之一,它特别关注的领域有六个方面:北极地区人群的健康和福祉;经济活动的可持续和北极社群的繁荣;教育和文化遗产;青少年;自然和生活资源的管理;基础设施建设。从某种程度上来说,加入北极理事会,成为正式的观察员国只是一个"外交行动"和搭建了一个开展具体工作的舞台,"真正的表演,是在各工作组各项实质性工作上"。从这次参会的具体情况来看,观察员国在"真正的表演"方面还面临着很多的障碍,整个会议过程,发挥核心甚至全部作用的是八个成员国代表和六个北极本地社群的代表。在六个北极本地社群的代表中,萨米理事会代表的表现可圈可点,她的提问和质询几乎涉及到所有项目和工作小组的具体工作。而观察员国(包括所谓的永久性观察员国)和其他国际组织的代表则几乎是一路"观察",没有行使到应有的权利。

人民日报评论曾指出,北极的和平、稳定与可持续发展符合国际社会的共同利益。北极地区的冰雪融化、自然资源的开发所涉及到的气候和环境等问题,不仅影响到原住民和低海拔国家,而且就气候和战略地位的全球性来看,也直接影响到世界各国和国际社会的安全。从这个意义上来看,1996 年成立的北极理事会可谓生逢其时,具有重要的国际意义。不少人认为,合作应是北极理事会的核心,北极所面临和所影响的一系列问题和领域,都需要国际社会的共同努力与合作。但是从这次参会的经历来看,北极理事会的国家性(成员国)和本地性(原住民)色彩较为浓厚,而国际性和普遍性明显不足。造成这一局面的原因,一方面与观察员国和其他国际组织严格遵守观察员(国)义务(即必须承认北极沿岸国家在北极的主权和管辖权、承认只有北极八国可以确定世界各国在北极的行为准则等)有关,也与有关国家对此问题的重视不足有关。

此外,这次会议期间,还有几个有趣的插曲,试择一二述之。第一件事是在圆桌餐会上,一位西方国家的代表,凑到我旁边,大声说"你是从中国来的,听你介绍说你也研究人权,中国和人权这两个词放到一起,真有意思",我回应道"听口气你是在讽刺我们是吧?"我说,你应该看到这些年来,中国在少数民族的权利保护等方面所取得的重要成就,应该看到我们一直在进步——不管是在生活水平的提高方面,还是在少数民族的文化保护方面;同时你也应看到,即使是在北极理事会的框架下,在原住民的权益保护方面也存在着很多的不足,远的不说,就拿眼前耶洛奈夫街头上的酗酒和无家可归的原住民来说,就是问题远没有解决的一个缩影。我的回答得到了同桌其他代表的认可,他们不时地点头,报以赞许。

第二件事是,有人向我提出,中国"削尖脑袋"进入北极理事会,有什么目的,他直言道"北极跟你们有什么联系?"我回答说,"联系肯定是有的,你没有听说过蝴蝶效应么?"我接着说"即使我们不拿气象或全球气候变暖这些专业性极强的内容作例子,你说的'联系'问题,我还可以给你举一个很具体的例子,比如这次失联的马航事件,在这之前飞机上的乘客有几个人会想到他们的命运竟会和一个失意的、有自杀意图的马来西亚机长相关联? 或者,有几人会想到他们的命运竟然和马来西亚国内的政治斗争密切相关? 随着全球化进程的加深,'联系'无处不在,'关联'无时不发生,你若用这种逻辑思考问题,就不会向我提出这样的问题。"我的回答让在座的代表,觉得有些不可思议,其中一个代表评价说,"周的回答好哲学啊!"

(周少青,中国社会科学院民族学人类学研究所,2017 年 2 月 6 日)

图书在版编目(CIP)数据

近北极及其他地区土著民族与小民族生存发展问题研究/何群编著. —上海:上海三联书店,2021.4
(近北极民族研究丛书)
ISBN 978 - 7 - 5426 - 7264 - 3

Ⅰ.①近⋯ Ⅱ.①何⋯ Ⅲ.①北极-民族地区-民族发展-研究 Ⅳ.①C951

中国版本图书馆 CIP 数据核字(2020)第 238103 号

近北极及其他地区土著民族与小民族生存发展问题研究

编 著 / 何 群

责任编辑 / 郑秀艳
装帧设计 / 一本好书
监 制 / 姚 军
责任校对 / 王凌霄

出版发行 / 上海三联书店
        (200030)中国上海市漕溪北路 331 号 A 座 6 楼
邮购电话 / 021 - 22895540
印 刷 / 上海惠敦印务科技有限公司

版 次 / 2021 年 4 月第 1 版
印 次 / 2021 年 4 月第 1 次印刷
开 本 / 640×960 1/16
字 数 / 240 千字
印 张 / 20.25
书 号 / ISBN 978 - 7 - 5426 - 7264 - 3/C・610
定 价 / 55.00 元

敬启读者,如发现本书有印装质量问题,请与印刷厂联系 021 - 63779028